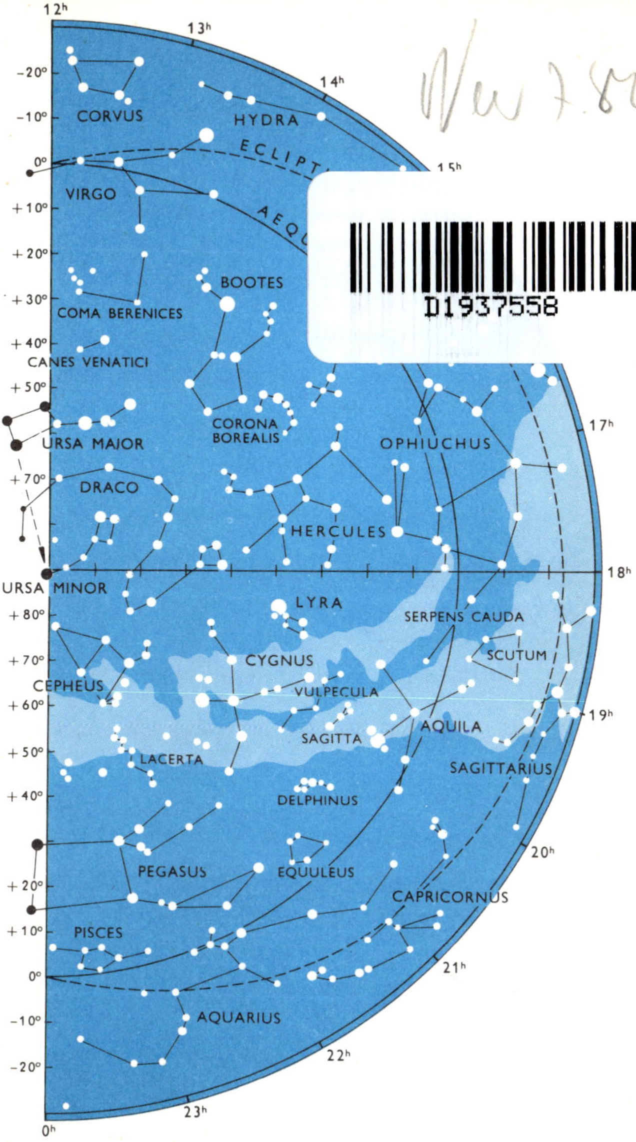
12h
13h
14h
15h
17h
18h
19h
20h
21h
22h
23h
0h
-20°
-10°
0°
+10°
+20°
+30°
+40°
+50°
+70°
+80°
+70°
+60°
+50°
+40°
+20°
+10°
0°
-10°
-20°
CORVUS
HYDRA
VIRGO
BOOTES
COMA BERENICES
CANES VENATICI
CORONA BOREALIS
URSA MAJOR
DRACO
OPHIUCHUS
HERCULES
URSA MINOR
LYRA
SERPENS CAUDA
CYGNUS
SCUTUM
CEPHEUS
VULPECULA
AQUILA
SAGITTA
LACERTA
SAGITTARIUS
DELPHINUS
PEGASUS
EQUULEUS
CAPRICORNUS
PISCES
AQUARIUS

Dausien

TASCHENATLAS DER STERNBILDER

TASCHENATLAS DER STERNBILDER

Text von
JOSEF KLEPEŠTA
Illustriert von
ANTONÍN RÜKL

DAUSIEN • HANAU/MAIN

Siebente verbesserte Ausgabe 1982
TASCHENATLAS DER STERNBILDER
Text von Josef Klepešta
Textseiten 54—96 und Illustrationen von Antonín Rükl
Unter Mitarbeiter von Prof. Oldřich Hlad
Deutsch von Emma Echsnerová

VERLAG WERNER DAUSIEN • HANAU/MAIN
ISBN 3-7684-2384-0
3/02/09/52-07

INHALT

DAS ABC DER STERNE

In einer Zeit in der so häufig über Weltraumfahrten gesprochen wird, wächst das Interesse an den Sternen, die die Funktion von Leuchttürmen bei der Einregulierung automatischer Sonden auf die Umlaufbahn erfüllen. Bei solchen Anlässen lesen wir dann in der Tages- und der Fachpresse fremdartige Namen von Sternen und Sternbildern. Als man Mariner 4 in den Weltraum gestartet hatte, wurde nach sechzehnstündigem Flug auf der geozentrischen Umlaufbahn das Orientierungsmanöver durchgeführt. Anfangs erfaßte der Fühler der Sonde den Stern Markab im Sternbild Pegasus und kurz darauf den sehr hellen Stern Aldebaran im Sternbild Stier. Da jedoch beide Sterne nicht für die Navigation der Sonde im interplanetaren Raum vorbestimmt waren, erhielt die Sonde den Befehl, den Stern Canopus im Sternbild Schiffskiel am Südteil des Himmels zu suchen. Das gelang ihr, und Mariner 4 flog zuverlässig bis zum Planeten Mars.

Entstehung der Sternnamen

An der ganzen Sache ist ein Anachronismus: Im Zusammenhang mit der supermodernen technischen Erfindung werden uralte Namen von Sternen und Sternbildern genannt. Die Namen der Sterne stammen aus Zeiten, wo in Arabien und Persien die Naturwissenschaften blühten und unter ihnen die Astrognosie — die Sternkenntnis. Dagegen sind die Namen der Sternbilder griechischen und römischen Ursprungs.

Es wird wohl kaum je ein Dokument gefunden werden, das eindeutig die Frage beantwortet, wann die Fixsterngruppen zum ersten Mal mit Namen bezeichnet wurden. Eher ist anzunehmen, daß zuerst die Symbole der Sonne, des Mondes und der Planeten ersonnen wurden, denn ihr wirklicher und scheinbarer Einfluß war im Leben der ersten Menschen am ausgeprägtesten. Die Namen der Sterne oder ihrer Gruppen entwickelten sich zufällig und waren nie einheitlich. Mit der Beobachtung der Sterne befaßten sich von alters her die Seefahrer, da sie nach ihnen den Schiffsort bestimmen konnten. Der Auf- und Untergang bestimmter Sterne waren für sie Zeichen für die beginnende Zeitspanne der Seestürme oder der Eintritt günstiger Bedingungen für die Seefahrt. Aber auch Bauern und die Hirten erkannten an den Sternstellungen, ob sich die für die Aussaat oder die Ernte günstige Zeit näherte. Meistens jedoch handelte es sich um die Erfahrungen einzelner Berufe, die, da sie nicht schriftlich festgehalten waren, nur durch Überlieferung erhalten blieben.

Den ersten Aufzeichnungen von Namen kleinerer Sterngruppen um hellere Sterne begegnen wir in Mesopotamien, wo in auf Tonplatten erhalten gebliebenen Texten Namen wie „Stern König“, „Großer Sturmvogel“, „Hund des Sonnengottes“ und ähnliche, vorzufinden sind.

Im dritten Jahrhundert v. Chr. unternahm der Arzt und Dichter Aratos aus Soli, der am Hofe des makedonischen Herrschers Antigones Contaxus lebte, einen entscheidenden Schritt zur Vereinheitlichung der Vorstellungen und der Terminologie der Sternbilder. Er gab markanten Sterngruppen Namen, die der griechischen Mythologie entlehnt waren. Sein literarisches Werk hielt er in einer Handschriftenrolle mit dem

Titel Phänomena (Himmelserscheinungen) fest. Von diesem Werk sind nur Fragmente erhalten geblieben. Eine Abschrift aus dem 9. bis 10. Jahrhundert nach Chr. wurde von dem Mönch Geruvius durch eine figurale Karte des Sternhimmels mit sämtlichen Symbolen ergänzt, die Aratos eingeführt hatte. Diese Ordnung erwies sich als sehr lebensfähig, denn sie überlebte lange Jahrhunderte und widerstand sämtlichen Versuchen einer Änderung der heidnischen Vorstellungen. Aratos „Himmelserscheinungen" waren das Vorbild für die Entstehung mehrerer literarischer Werke. Zu den schönsten gehört der Fasti-Kalender des römischen Dichters Publius Ovidius Naso. Die Fasti waren ein Loblied auf das Leben und hatten die römischen Feste und ihren Ursprung zum Thema. An vielen Stellen führt der Dichter den Auf- und Untergang der Sterne an und zeigt damit die Beziehungen des Menschen jener Zeit zu den Sternen.

Das Lied von Ovid ist unter anderem ein Beweis dafür, wie sorgfältig der Autor die veränderliche Sichtbarkeit eines der Sterne in der kleinen Gruppe der Plejaden beobachtet hat, die, wie wir heute wissen, in einem Nebelschleier eingehüllt sind. Die moderne Wissenschaft vermag diese Erscheinung zu erklären, denn zu ihrer Untersuchung stehen heute mächtige Mittel zur Verfügung. Der Umstand, daß der Dichter diese Tatsache mit bloßem Auge vor fast zwei Jahrtausenden erkannt hat, ist mehr als bewundernswert. An einer anderen Stelle sagt Ovid:

Halb nur siehest Du in der Nacht, bevor Dir die Nonen
dämmern, den Skorpion glänzen am Himmelsgezelt *

* Ovidius: Festkalender (Fasti), Buch V, Vers 417 bis 418 in der Übersetzung von E. Klussmann.

Ein anderer römischer Dichter, der die Sterne beobachtete, war Vergil. Einer Bauernfamilie entstammend, hatte er seine reichen Erfahrungen in seinem Werk „Georgica“ festgehalten. Er gilt mit Fug und Recht als der Berater der Landwirte, die er auffordert die Sterne zu studieren, da ihr Auf- und Untergang ihnen kundtun werde, wann die verschiedenen Arbeiten zu verrichten seien, wenn die Landwirtschaft blühen soll. Er selbst beobachtet die Bienen und nennt die günstigste Zeit für das Herausnehmen des süßen Honigs:

Zweimal drängen sie vollen Ertrag, zwo Ernten dem Biener! /wann Taygete jetzt die Plejad' ihr herrliches Antlitz/ hob, und verachtend ihr Fuß des Ozeanus Ströme zurückfließ; /oder sobald sie geschreckt vom Gestirn des regnichten Fisches/ traurig in winternde Wogen hinab am Himmel sich senket *

Jede Kultur hatte ihre eigene Vorstellung von den Sternen: Die europäische Kultur war durch die antike Kunst der Griechen und Römer beeinflußt. Ihre Vorstellungen unterschieden sich von jenen der asiatischen Kultur, und wieder andere findet man in den Berichten und auf den Baudenkmälern der Ureinwohner des südamerikanischen Kontinents.

Die arabische Kultur griff in die Terminologie der Sterne auf eine dauerhafte Art ein. Dies geschah an der Neige des ersten Jahrtausends u. Z., da an den

---

* Vergilius: Ländliche Gedichte (Georgica), Buch IV, Vers 231 bis 235 in der Übersetzung von J. H. Voss.

Ufern der arabischen Halbinsel und in Persien die islamische Kultur blühte. Damals beobachteten die in den Diensten der großen Kalifen stehenden Gelehrten den Himmel für astrologische und wissenschaftliche Zwecke.

Viele Sagen über den Himmel übernahmen die Araber und die Perser von der griechischen und römischen Kultur, und zwar manchmal auf recht originelle Weise: Über den Himmel strömte ein großer Fluß, die Milchstraße, an deren Ufern große Herden von schlankfüßigen Gazellen, Straußen, Reitkamelen und edlen Hengsten weideten. Um die Zelte breiteten sich Oasen mit Dattelpalmen aus, und inmitten dieses vielverheißenden Himmels Allahs befand sich eine Schatzkammer voll funkelnder Edelsteine. Von dieser phantastischen Schönheit, die die Herzen der Dichter ergötzte, ist nichts zurückgeblieben als die Namen einiger Sterne und jene glitzernde Schatzkammer — der Sternhaufen beim Stern Kappa Crucis.

Auch die Namen Sirius und Prokyon sind uralt. Wir wissen, daß ihr heliakischer Aufgang im Stromgebiet des Nils sehnsüchtig erwartet wurde, da er ein untrügliches Zeichen der beginnenden Überschwemmungen war.

Aus allen Zeiten sind astronomisch interessante Angaben über die Beobachtung neuer Sterne und über die Entstehung ihrer Namen erhalten geblieben.

Manchmal wurden sie in Stein gehauen, ein andermal auf Papyrus und später auf Pergament vermerkt. Eines der sonderbarsten Schicksale hat wohl die Eintragung, die in die chinesischen Annalen ein unbekannter Astronom am Hofe der berühmten Sung-Seh-Dynastie machte. Damals war es die Aufgabe der Astronomen, den Himmel zu beobachten und dem Kaiser ungewöhnliche Erscheinungen — Meteore,

Kometen oder Neue Sterne — zu melden. Über ein solches Ereignis steht in den Annalen geschrieben: „Im ersten Jahr der Zeitspanne Chi-ch-ho (d. h. im Jahre 1054 u. Z.), im fünften Monat Chich'cou, (d. h. am 4. Juli), erschien am Himmel, einige Zoll vom Stern T'ien-kuan entfernt, ein Sterngast, der neue Stern im Stier. Nach mehr als einem Jahr war er nicht mehr sichtbar.“ Ein anderer Bericht ergänzt, daß „der Stern bei Tageslicht während 23 Tagen sichtbar war und nach allen Seiten Strahlen warf. Sein Licht war schwach rosa gefärbt.“

Der geheimnisvolle Stern verschwand vom Himmel und aus dem Gedächtnis der Menschen. Jahrhunderte vergingen, Generationen lösten sich ab. Im 18. Jahrhundert stellte der französische Astronom Charles Messier einen Katalog der Nebelflecken zusammen und führt als ersten eine winzige Wolke beim Stern Zeta im Sternbild Stier an. Es vergingen weitere 100 Jahre als Lord Rosse of Parsonstown in seinem riesigen Teleskop sonderbare Nebelarme unterschied. Die ganze Erscheinung erinnerte ihn an einen Krebs, und seither trägt dieser Nebel die Bezeichnung Krebsnebel (auch Krabbennebel). Die größte Überraschung erbrachte jedoch seine Photographie und das Spektrum. Die typische Krümmung seiner Linien zeigte, daß im Innern des Nebels ein gigantischer Kernprozeß abläuft. Der Nebelkern ist ein riesiges Zyklotron, und der Nebeldurchmesser vergrößert sich ständig. Es war klar, daß die Astronomen vor dem klassischen Beispiel einer Supernova standen, die vor 800—900 Jahren explodierte. Diese Zeit ließ sich nämlich aus dem Zuwachs des Krebsnebeldurchmessers errechnen. Es ist das Verdienst Prof. J. L. Duyvendak, daß er in den chinesischen Annalen die von uns zitierten Aufzeichnungen fand. Sie haben bestätigt, daß der Krebsnebel nichts anderes ist als der Rest einer noch immer aktiven Supernova aus dem Jahre 1054 u. Z., die von dem unbekannten Astronomen eines chinesischen Kaisers beobachtet wurde.

Was das Licht erzählt ...

Noch vor hundert Jahren war es schwierig, jeden einzelnen Stern zu beschreiben, denn man wußte von ihnen wenig. Heute ist uns bekannt, daß jeder von ihnen eine Sonne oder besser gesagt, ein Kernreaktor ist. Zu ihnen richteten sich die Augen der einfachen Menschen und der Genies, ohne Hoffnung, je die Wahrheit über die Kraft zu erfahren, die durch Millionen von Jahren ihre Flamme nährt. Und doch wurde ihr Geheimnis gelüftet. Dem modernen Astrophysiker stehen Mittel zur Verfügung, mit denen er das Sternenlicht entziffern kann und erfährt, welche Prozesse sich im Innern und an der Oberfläche der Sterne abspielen. Welche Rolle spielt das Licht bei dieser Erkenntnis?

Liest man in einem Fachlexikon nach, so findet man dort die Definition, daß das Licht eine elektromagnetische Wellenstrahlung ist, die sich vom Stern nach allen Richtungen in den Weltraum ausbreitet.

Wir kennen die zusammenhängende Reihe der elektromagnetischen Wellen, von den kürzesten über die Röntgen- und Ultraviolettstrahlen zum sichtbaren Licht und weiter zu den Infrarotstrahlen bis zu den längsten Radiowellen. Und diese ganze Strahlung richtet sich nach ein und denselben Gesetzen, denn sie ist in ihrem Wesen gleich, und unterscheidet sich nur durch die Wellenlänge. Was schwingt in den elektromagnetischen Wellen? Die Plancksche Theorie sagt, daß sich die Strahlung nur in kleinsten Teilchen, in Quanten, ausbreitet. Die Lichtquanten, die Photonen, besitzen unterschiedliche, ihrer Schwingungszahl proportionale Energie. Der strahlende Körper, der Stern, sendet also nicht, sondern schießt mit Lichtgeschwindigkeit das Photon aus. Bewundernswert an ihm ist, daß es Milliarden von Jahren fliegt und die Information über seine Entstehung mit sich trägt. Wir wissen nicht, was von dem Augenblick an geschah, in dem sich das Photon mit einer Geschwindigkeit von 299 790 km/s auf den Weg begab. Diese Geschwindigkeit behält es über Millionen von Jahren bei: in optisch dichterem Mittel sinkt seine Geschwindigkeit, aber nach dem Austritt aus ihm hat es sofort wieder seine ursprüngliche Geschwindigkeit, die es unbegrenzt lange behält, denn im Vakuum kann es sich weder langsamer noch rascher bewegen.

Wegen der riesigen Entfernungen, die das Licht von seiner Quelle bis zur Erde zurücklegt, sehen wir im Weltall nichts Gegenwärtiges. Den erdnächsten Stern sehen wir so, wie er vor vier Jahren war. Wenn heute Proxima Centauri erlischt, so würden wir ihn noch vier Jahre lang unverändert sehen. Wir wüßten gar nicht, was mit ihm geschehen ist, denn sein Licht fliegt zu uns vier Jahre lang. Alle anderen Sterne sehen wir so, wie sie vor noch längerer Zeit, von Hunderten, ja Hunderttausenden von Jahren aussahen. Wenn wir unserer Phantasie freien Lauf ließen und uns vorstellen würden, daß plötzlich alle Sterne erlöschen, könnte die Menschheit noch Jahrhunderte lang eine nicht mehr bestehende Pracht bewundern. Und so ist die Stellarastronomie zu einer mehr oder weniger historisierenden Wissenschaft geworden, die längst vergangene und entschwundene Geschehnisse untersucht.

Ein anderes Problem stellt die Unzahl von Sonnen

dar. Sind sie relativ beständig oder befinden sie sich in einem Übergangsstadium? Und wie groß sind diese Sonnen? Von unserer Sonne können wir sagen, daß sie ein Zwergstern ist, denn andere Sonnen sind um ein Vielfaches größer und heller. Es gibt eine ungeheure Menge von Sternen, die gewöhnlich in Galaxien gruppiert sind. Allein unsere Galaxis, die sog. Milchstraße, besteht aus ungefähr hundert Milliarden Sternen. Diese Sterne sind voneinander sehr weit entfernt: Der Durchmesser der Milchstraße wird auf 100 000 Lichtjahre geschätzt. Wir befinden uns samt unserer Sonne ungefähr in der Hälfte ihres Halbmessers. Da wir uns in der Milchstraße befinden, sehen wir rings um uns das Gesamtlicht ihrer Sterne als nebliges, silbriges Band, das die zahlreichen Sternbilder der Sommer- und Winternächte durchzieht. Es scheint uns, daß die Milchstraße unbeweglich am Himmel steht. In Wirklichkeit dreht sie sich jedoch um ihre eigene Mitte in einer unendlich langen Zeit, und zwar einmal in 220 Millionen Jahren.

Newtons Entdeckung

Sie begann, wie jede große Sache, ganz banal. Im Jahre 1666 kaufte der englische Physiker Isaac Newton auf einem Markt ein dreiseitiges Glasstück, das ihn durch die Zerlegung des weißen Sonnenlichtes gefesselt hatte. Er nannte die Erscheinung mit dem lateinischen Wort „Spektrum“. Newton glaubte, einem Naturgeheimnis auf der Spur zu sein und sandte an die Königliche Gelehrte Gesellschaft in London einen Bericht über die Erscheinung unter dem Titel „Theorie des Lichtes und der Farben“. Er bemerkte dazu, daß es sich wahrscheinlich um die wunderbarste

Entdeckung handle, die jemals gemacht wurde. Newton hatte die Bedeutung seiner Entdeckung nicht überschätzt, doch ahnte er damals bei weitem noch nicht ihre Tragweite für die Zukunft. Den Physikern und hauptsächlich den Philosophen jener Zeit schien die Ansicht Newtons allzu phantastisch. Sie wurde einer Kritik unterworfen, die auch nach seinem Tode fortgesetzt wurde. Noch im Jahre 1790 sagte Goethe, daß der Gedanke über die Farbigkeit des weißen Sonnenlichtes absurd sei und sich höchstens als Kindermärchen eigne.

Die Stimmen der Ungläubigen verstummten langsam, als der berühmte deutsche Physiker Fraunhofer im Jahre 1818 feststellte, daß das Sonnenspektrum in der Farbenskala auch sonderbare dunkle und helle Linien aufweist, deren Lage sich im Spektrum nicht ändert. Später wurde im Laboratorium festgestellt, daß die dunklen Linien von Metalldämpfen und die hellen Linien von verschiedenen glühenden Gasen, wie Wasserstoff, Natrium, Kalzium und anderen geliefert werden. Fraunhofer und nach ihm auch andere richteten mit Spektroskopen versehene Fernrohre auf die Sterne und stellten fest, daß sie verschiedene Spektren aufweisen. In den Spektren der gelben bis roten Sterne fanden sie eine größere Anzahl dunkler Linien, die Metallen angehören, während bei den weißen und blauen Sternen diese Metallinien abnahmen. Das war die erste, wenn auch grobe Klassifizierung der Bedeutung der Sternspektren, die jedoch ahnen ließ, daß die Zeit nicht fern ist, wo der Mensch verschiedene, auf den Sternen herrschende physikalische Zustände untersuchen wird. In der Mitte des neunzehnten Jahrhunderts existierte bereits eine umfangreichere Klassifizierung, die von Pater Angelo Secchi eingeführt wurde. Aber erst im Jahre 1874 erkannte der deutsche

Astronom H. C. Vogel das Wesen des Sternspektrums. Die Grundlage des Sternspektrums ist das kontinuierliche Spektrum. Bei der Beobachtung sehen wir es als zusammenhängendes farbiges Band, in dem die Farben von Violett über Blau, Grün zu Gelb, Orange bis Rot geordnet sind. Ähnlich wie bei der Sonne hat das Licht, das das kontinuierliche Spektrum bildet, seinen Ursprung an der Oberfläche des Sternes. Auf diesem kontinuierlichen Hintergrund projizieren sich dunkle, sog. Absorptionslinien. Nach Vogel entstehen die dunklen Absorptionslinien in einem Niveau mit niedrigerer Temperatur der Sternatmosphäre, wogegen die hellen, die sog. Emissionslinien, in der glühenden Gashülle der Sterne entstehen. Das war die erste wissenschaftliche Erklärung über das Wesen der Sternspektren, die jedoch noch weit entfernt von der vollendeten Darlegung aller Erscheinungen war.

Mit der Zeit, hauptsächlich durch Einführung von Reihenbildaufnahmen der Sternspektren, erarbeiteten die Astrophysiker ein umfangreiches Material, das eine eingehendere Darlegung der physikalischen Eigenschaften der Sterne ermöglichte. Das Harvard-Observatorium in den USA sammelte während mehrerer Jahrzehnte so viele Aufnahmen von Sternspektren, daß ein mehrbändiger Katalog mit Spektraltypen von 225 300 Sternen entstand. Die Spektren wurden in zehn Hauptgruppen mit dreißig Unterklassen eingeteilt.

Es würde zu weit führen, wenn wir uns hier mit Details der Spektralanalyse befassen wollten. Wir begnügen uns mit der beigefügten Charakteristik der Sternspektren. Erwähnenswert ist noch, daß die Temperaturen an der Oberfläche der Sterne nach der Kelvin-Skala angegeben sind, die zum Unterschied von der Celsius-Skala nicht vom Schmelzpunkt des Eises

(0 °Celsius), sondern immer vom absoluten Nullpunkt, also von −273,16 °C, gerechnet wird.

Typen:

- Q Das Spektrum ist typisch für neu aufleuchtende Sterne, die sog. Novae und Supernovae
- W Spektrum der sehr heißen Sterne mit Temperaturen um 50 000 °K
- O Spektrum der Sterne mit Temperaturen um 35 000 °K
- B Spektren sog. Heliumsterne mit einer Oberflächentemperatur des Sterns von ca. 20 000 °K
- A Charakteristisches Spektrum der Wasserstoffsterne. In ihm erscheinen bereits Metall- und Wasserstofflinien. Die Temperatur dieser Sterne beträgt ca. 10 000 °K
- F Im Spektrum treten immer deutlicher die Metalllinien hervor, und die effektive Temperatur des Sterns sinkt auf 8000 bis 6000 °K
- G Das Spektrum dieser Gruppe (zu der auch unsere Sonne gehört) zeichnet sich durch eine große Zahl dunkler Absorptionslinien aus. Die Oberflächentemperatur der Sterne bewegt sich um 6000 °K
- K Im Spektrum überwiegen die dunklen Absorptionslinien der Metalle, und es beginnen sich Banden zu zeigen, die Molekülen gehören. Temperatur etwa 4500 °K
- M Sterne mit roter Färbung, einer großen Zahl von Absorptionslinien und überwiegenden Molekülbanden. Die Oberflächentemperatur sinkt hier auf 3500 °K

RN Kühlere, sog. Kohlenstoffsterne, mit ausgeprägtem Übergewicht der roten Färbung

S Eine sehr selten vorkommende Art von Spektren relativ kühler Sterne.

In letzter Zeit wird die Klassifikation der Spektren um die Angabe der Leuchtkraft der Sterne erweitert. In Zusammenhang damit unterscheidet man bei den Sternen nicht nur Unterriesen, Riesen und Überriesen, sondern auch Unterzwerge und Zwerge.

Über die scheinbare und absolute Helligkeit

Eine der ersten Dinge, die der Mensch gemessen hat, war die von der Sonne herrührende Beleuchtung. Um die Intensität des Lichtes messen zu können, führte er eine Einheit — ein Lux — ein und bestimmte, daß die im Zenit stehende Sonne auf der Erdoberfläche eine Beleuchtungsstärke von 100 000 Lux bewirkt. Die gleiche Beleuchtung kann man durch 100 000 Kerzen in einer Entfernung von 1 Meter hervorrufen. Wenn man bedenkt, daß die Erdatmosphäre einen Teil des Sonnenlichtes verschluckt, reflektiert und zerstreut, so ergibt sich eine tatsächliche, durch die Sonne bewirkte Beleuchtungsstärke über der Erdatmosphäre von ca. 136 000 Lux. Wir fragen mit Recht: Wie kommt es, daß wir von diesem starken Licht nicht geblendet sind, wenn wir doch bereits bei einer einzigen Kerze lesen können und die für die Lehrsäle vorgeschriebene Beleuchtung höchstens 100 Lux stark ist. Und 100 000 Lux ist 1000mal mehr. Das Geheimnis, warum wir nicht geblendet sind, liegt an dem bewunderswerten Bau des menschlichen Auges, in diesem Fall an seiner großen Anpassungsfähigkeit. Die Natur hat das menschliche Auge so geschaffen, daß es automatisch den Unterschied zwischen der dunklen Nacht und dem hellen Tag ausgleicht. Wäre dies nicht der Fall, so würden wir, wie manche Tiere, in der Nacht blind oder bei Tage geblendet sein. Man hat festgestellt, daß unser Wahrnehmungsvermögen nach einer arithmetischen Reihe, die Beleuchtung dagegen nach einer geometrischen Reihe ansteigt. Mit anderen Worten: Wir nehmen nicht den Unterschied der Intensitäten, sondern ihr Verhältnis, wahr. Bei kleinen Intensitäten ist unser Auge direkt verblüffend empfindlich. Wir haben gute Gründe zu glauben, daß die unendlich kleine Energie von einem einzigen Photon genügt, um im Auge eine Lichtwahrnehmung — eine Art Kettenreaktion — hervorzurufen, nach deren Mechanismus die moderne Biologie forscht.

Die Helligkeit der Sterne (auch Größe oder magnitudo) wird durch die Pogsonsche Gleichung ausgedrückt, nach der jeder Stern der benachbarten Größe ungefähr zweieinhalbmal heller oder zweieinhalbmal weniger hell ist. Merken wir uns, daß der Stern Wega im Sternbild Leier 0,1ter Größe ist. Je größer die Zahl, um so schwächer der Stern. So ist z. B. der Polarstern 2,2ter Größe. Das gesunde menschliche Auge kann einen Stern sechster Größe noch gut erkennen. Hellere Sterne als die Wega haben einen negativen Wert. So hat z. B. der Sirius in der Größenskale der Sterne den Wert —1,6. Das sind natürlich scheinbare Helligkeiten und entsprechen der wirklichen Helligkeit der Sterne nicht. Die wirklichen Größen ihrer Fläche und Leuchtkraft sind in der Regel vollkommen abweichend, was durch die verschiedene Entfernung der Sterne von uns verursacht ist. In der Beschreibung der Sterne finden wir daher zwei unterschiedliche

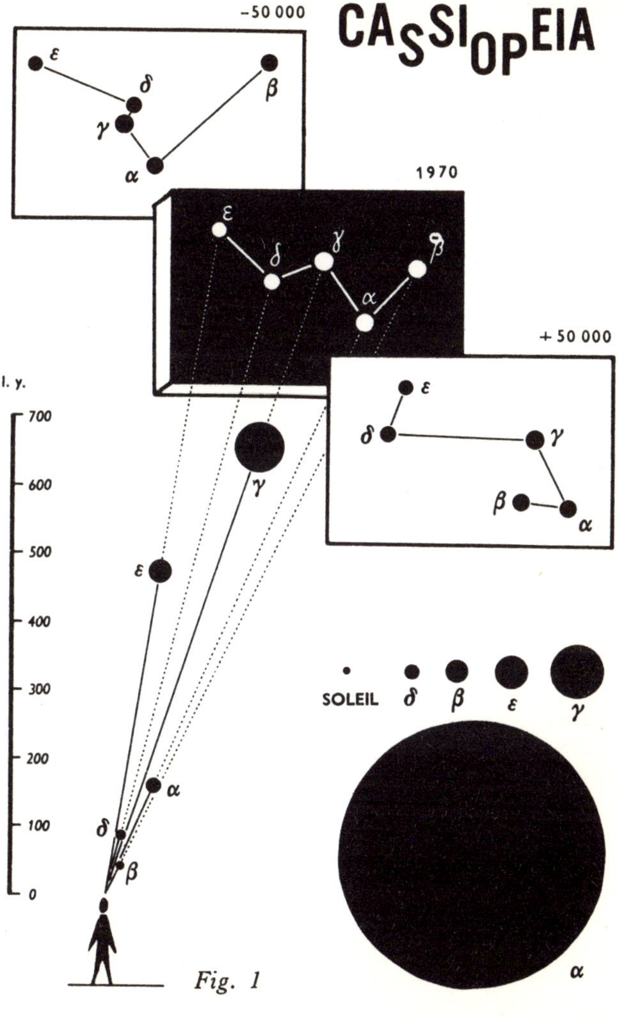

CASSIOPEIA
-50 000
ε
δ
β
γ
α
1970
ε
δ
γ
β
α
+ 50 000
ε
δ
γ
β
α
l. y.
700
600
500
400
300
200
100
0
γ
ε
α
δ
β
SOLEIL
δ
β
ε
γ
α

Fig. 1

Angaben über die Helligkeit. Die eine sagt uns, wie man den Stern von unserer Erde aus sieht, die andere, die sog. absolute Helligkeit, die durch Umrechnung der Entfernung und der scheinbaren Größe gewonnen wird, zeigt an, wie der Stern strahlen würde, wenn er in eine angenommene, ständig gleichbleibende Entfernung von 10 Parsec, d. h. 32,6 Lichtjahren, versetzt würde.

Abbildung 1 zeigt anhand von drei Beispielen wie sich die eigentlichen Bewegungen der Sterne im Sternbild Kassiopeia äußern, die gegenwärtig zu einem schönen symmetrischen „W" geordnet sind. Unsere und die kommenden Generationen werden diese Bewegung nicht wahrnehmen aber das Bild legt dar, wie dieses Sternbild vor fünfzigtausend Jahren aussah und wie es nach fünfzigtausend Jahren aussehen wird. Weiter sind auf dem Bild im Lichtjahrmaßstab die Entfernungen der einzelnen Sterne des Sternbildes Kassiopeia vom Beobachter auf der Erde dargestellt und gleichzeitig auch durch die verschiedene Größe der Scheiben die absoluten Helligkeiten der Sterne, die mit ihren scheinbaren Helligkeiten verglichen werden können. Schließlich ist unten in der rechten Ecke der Vergleich der (selbstverständlich nur ungefähren) Sterndurchmesser im erwähnten Sternbild in bezug auf den Sonnendurchmesser angegeben. Das Bild zeigt klar, wie uns der Anblick des Himmels trügt. In dieser Hinsicht bemüht sich unser Sternbilderatlas, Schein und Wirklichkeit in einen bestimmten Einklang zu bringen. Sehen wir uns noch einmal das erwähnte Bild an und beobachten wir, daß der Stern δ Cas heller ist als ε Cas. Die Messung ergab jedoch, daß die Ursache der geringeren Helligkeit des Sternes ε Cas seine größere Entfernung von uns ist. Anderseits liegt der Stern γ Cas dieses Sternbildes viel weiter und ist dennoch der absolut hellste Stern des ganzen W-förmigen Sternbildes. Daraus ergibt sich, daß für die Helligkeit nicht entscheidend ist, welchen Durchmesser der Stern hat, sondern wie heiß er an der Oberfläche ist.

Wirklichkeit oder Täuschung

Sehr interessant ist auch das Problem der Sichtbarkeit der Sterne. Eigentlich dürfte man sie gar nicht sehen, denn würde man die vielen kleinen scheinbaren Flächen der Sterne — außer jenen der Planeten des Sonnensystems — zu einer einzigen Rundscheibe zusammensetzen, so würde ihr Durchmesser zwei Zehntel einer Bogensekunde betragen, also fünfhundertmal weniger, als mit bloßem Auge wahrnehmbar ist. Das, was wir zu sehen glauben, ist nur die sog. Beugungserscheinung in unserem Auge oder im benützten optischen System. Wir sehen also nur Licht und nichts anderes, und deshalb verdanken wir alles, was wir von den Sternen wissen, nur der Analyse ihres Lichtes. Leider absorbiert die Erdatmosphäre einen Teil der Strahlung. Dazu kommt noch, daß sich unsere Augen im Laufe der Entwicklung an diese Bedingungen gewöhnt haben und daß ihre Empfindlichkeit mehr zum roten Teil des Spektrums als zum blauen verschoben ist. Damit läßt sich wenigstens teilweise die überraschende Erkenntnis erklären, daß die Weltraumfahrer in ihren bisherigen Schilderungen nicht begeistert von irgendwelchen Mengen sichtbarer Sterne gesprochen haben. Auf eine ähnliche Situation scheinen auch die Lichtbildaufnahmen aus den kosmischen Sonden hinzudeuten, sofern auf ihnen der Himmel festgehalten wurde. Es ist jedenfalls zu erwarten, daß sich die Sichtbarkeit der Sterne im Weltraum nicht irgendwie vom günstigsten Fall auf der Erde, z. B. in den Bergen oder in den Tropen, unterscheiden wird. Theoretisch sollten die Sterne heller sein, denn die Absorption ihres Lichtes entfällt. Die Erfahrung lehrt jedoch, daß sich die Sichtbarkeiten der Sterne in einem Observatorium im Gebirge in 1800 m Höhe und in einem zweiten in 3000 m Höhe voneinander praktisch nicht unterscheiden.

Oft ist man sich dessen nicht bewußt, daß das einzige Fenster, durch das man in den Weltraum überhaupt blicken kann, der Schatten ist, den unsere Erde wirft. Da die Sonne viel größer ist als die Erde, ist dieser Schatten verhältnismäßig kurz und schmal. Er ist von allen Seiten vom Sonnenlicht umflutet — um Mitternacht wie am Mittag, denn die Sonne leuchtet weiter und kennt weder Tag noch Nacht. Die rasche Erdumdrehung ist für die Astronomen sehr günstig, da sie ihnen jeden Tag den Weltraum vorführt. Am Äquator ist sogar der ganze Weltraum von einer Stelle aus zu sehen.

Absurd ist dabei die Tatsache, daß der Mensch nicht auf festem Boden steht, wie es ihm scheint, sondern im wahren Sinne des Wortes an der Erdkugel wie ein Eisenspan auf einem großen Magneten über einer bodenlosen Tiefe hängt, die sich nach allen Richtungen ausbreitet. Darüber hinaus steht die Erde im Weltraum nicht still. Mit großer Geschwindigkeit dreht sie sich um ihre eigene Achse, so daß man an ihrem östlichen Horizont immer neue Sterne aufgehen sieht. Trotz dieser Komplikationen gelang es, viel Wesentliches über die Sterne festzustellen.

Etwas über das Messen der Entfernung der Sterne

Die Bestimmung der Entfernung der Sterne gehörte und gehört auch heute noch zu den schwierigen Aufgaben der Astronomie, weil es sich dabei um das Messen sehr kleiner Winkel, größenordnungsmäßig um Hundertstel und Tausendstel einer Bogensekunde handelt. Die Messung stützt sich auf die scheinbare jährliche Pendelbewegung eines nahen Sternes im Vergleich zu anderen, schwächeren Sternen, die in großen Entfernungen von der Sonne leuchten und von denen man annimmt und weiß, daß sie durch ihre Eigenbewegung die Meßgenauigkeit nicht beeinflussen. Für relativ nahe Sterne wird die sog. trigonometrische Messung verwendet, wie sie die Kartographen und Geodäten beim Messen entfernter Gegenstände im Gelände benützen. Diese Methode beruht darauf, daß der entfernte Gegenstand von zwei voneinander entfernten Standorten vermessen wird. Von dieser genau bekannten Grundlage wird die Parallaxe des Gegenstandes gemessen, die durch den Unterschied der Winkel in Bruchteilen einer Bogenminute oder -sekunde ausgedrückt wird. Zur besseren Vorstellung werden diese Bogenmaßbrüche in der Astronomie auf Lichtjahre überführt, wie bereits an anderer Stelle erwähnt wurde. Hierzu ist noch zu sagen, daß in der Astronomie als Meßgrundlage zwei gegenüberliegende Punkte auf der Bahn der Erde um die Sonne dienen. Diese Meßgrundlage hat als erster der berühmte deutsche Mathematiker und Astronom Friedrich Wilhelm Bessel benützt, dem es gelungen ist, als erste Fixsternparallaxe die des Sternes 61 im Schwan zu bestimmen (näheres siehe Beschreibung der Sternbilder). Im Jahre 1839 stellte Henderson fest, daß der Stern α Centauri noch näher liegt als der Stern 61 Cygni. Bis Ende des vergangenen Jahrhunderts wurden mit Hilfe der sog. trigonometrischen Methode 55 Parallaxen festgestellt.

Ein weiterer Fortschritt in der Bestimmung der Entfernung von Himmelskörpern war die Einführung der fotografischen Methode im Jahre 1904. Bei Verwendung von Fernrohren mit großer Brennweite wurde die Meßgenauigkeit und die Zahl der Parallaxenmessungen erhöht, so daß in der ersten Hälfte dieses Jahrhunderts bereits 5822 bekannt waren. Die Messungen wurden oft überprüft und Kritiken unterzogen, um evtl. Irrtümer auszuschließen. Der erste Katalog der genannten Sterne wurde vom Yale-Observatorium in den Vereinigten Staaten herausgegeben. Dieses klassische Verzeichnis wurde auch bei der Beschreibung der Sterne in unserem Buch benützt.

HIMMELSKÖRPER

Sternhaufen

Nicht alle Sterne sind einsam im Weltraum, im Gegenteil, die meisten von ihnen leben in großen Gemeinschaften und sind durch die Gravitationskraft aneinander gebunden. Diese sog. Sternhaufen werden manchmal von einer kleinen Gruppe von Sternen gebildet, ein andermal sind die Sterne in enormer Zahl gruppiert. Bei manchen Sternhaufen kann angenommen werden, daß ihre Mitglieder zur gleichen Zeit entstanden sind. Davon zeugen die ungefähr gleiche visuelle Helligkeit, Entfernung und Spektralklasse. Die Astronomen kennen vier Arten von Sternhaufen:

a) *Offene Sternhaufen* – diese charakteristischen Typen kommen sehr häufig in der Ebene der Milchstraße, in beiden Magellanschen Wolken und in den Armen mancher Galaxien vor. Typische offene Sternhaufen sind die Plejaden, die Praesepe im Krebs, der Doppelsternhaufen χ und h Persei, die Sternhaufen im Fuhrmann und an vielen anderen Stellen. Die Sternhaufen unterscheiden sich voneinander auch durch das Alter der Sterne. In manchen überwiegen relativ junge Sterne mit hoher Temperatur, in anderen wieder orangefarbene und rote Riesensterne.

b) *Kugelsternhaufen* sind hauptsächlich durch die große Zahl von in einem kugelförmigen System gruppierten Sternen charakterisiert. Die Zahl der einzelnen Sterne wird hier auf 10 000 bis 10 000 000 geschätzt. Optisch scheint es, daß sie in Richtung zur Mitte dichter angehäuft sind. Nur zwei Kugelsternhaufen sind am Himmel mit bloßem Auge zu erkennen. Es sind auf dem nördlichen Himmel der Sternhaufen M 13 im Herkules und auf dem südlichen Himmel der Sternhaufen Omega Centauri. Man kennt heute ungefähr 220 Sternhaufen am Himmel, in denen sich eine große Zahl von veränderlichen Sternen befindet.

c) *Bewegungssternhaufen* — zu ihnen rechnen wir am Himmel zerstreute Sterne, die zu einer uns sehr nahen Sterngruppe gehören. Für eine solche Gruppe werden einige Sterne im Großen Bären und auch anderswo am Himmel gehalten, die ungefähr die gleiche Bewegung und die gleiche Geschwindigkeit aufweisen.

d) *Sternassoziationen* sind nichtstabile Gruppen von Sternen ähnlicher physikalischer Eigenschaften; ihre

---

Abb. 2

Sämtliche, am Himmel sichtbaren Sterne sind Mitglieder einer großen Sterninsel — unserer Galaxie. Diese Insel, die sich aus mehr als 100 Milliarden Sternen zusammensetzt, weist eine linsenartige Scheibenform auf mit einem Durchmesser von fast 100 000 Lichtjahren. Ein schematisches Bild unserer Galaxie ist auf Abbildung 2 dargestellt. Gut zu sehen ist der kugelförmige Kern der Galaxie und das Gebiet der dunklen interstellaren Masse, die die Sterne in der galaktischen Ebene überschattet. Die großen Punkte bedeuten Kugelsternhaufen, die in der kugeligen Wolke um den Kern verteilt sind.

Bei Ansicht von oben (unteres Bild) sieht man, daß sich die Sterne um den Galaxie-Kern in Spiralströmen — in Armen — ordnen. Die Sonne befindet sich am Rande eines solchen Spiralarmes in einer Entfernung von ungefähr 27 000 Lichtjahren von der Galaxiemitte. Die Stellung der Sonne ist auf dem Bild mit einem Ring bezeichnet, dessen Größe einem Durchmesser von 6000 Lichtjahren entspricht. — In diesem Gebiet befinden sich sämtliche, am Himmel mit bloßem Auge sichtbaren Sterne der Sternbilder.

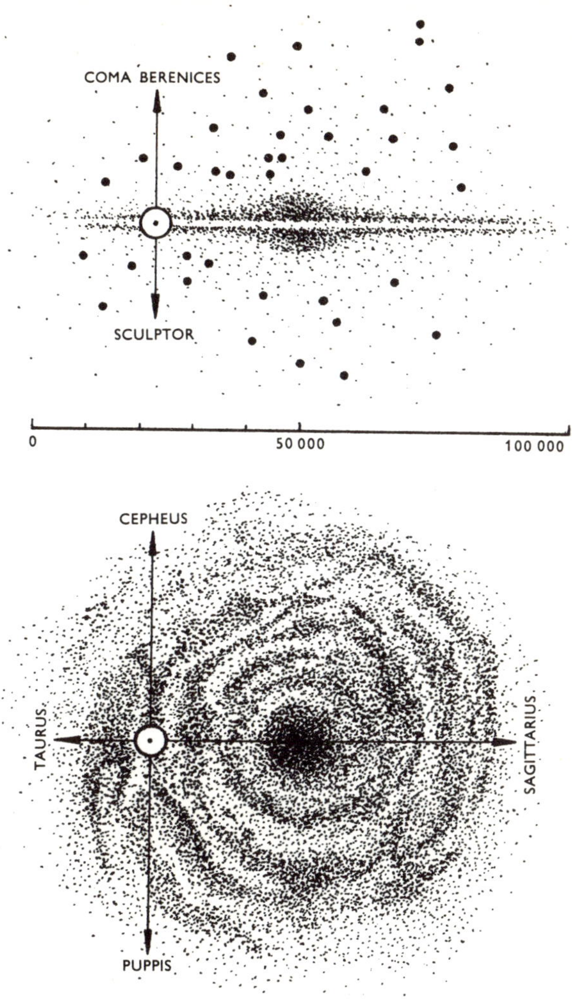

Schema unserer Galaxie (Abb. 2)

Dauer ist relativ kurz. Ordnungsmäßig wird sie auf eine Million Jahre geschätzt. Eine solche Assoziation bilden die meisten Sterne im Sternbild Orion zusammen mit den Sternen des Trapezes im Innern des Großen Nebels.

Nebel und Galaxien

sind zwei unterschiedliche Typen von Gebilden. Mit dem Namen „Nebel" bezeichnet man für gewöhnlich das Gebiet der interstellaren Materie, das vom Licht eines nahen Sternes beleuchtet oder zum Leuchten gebracht wird (anregender Stern). Die Nebel innerhalb unserer Galaxis werden als galaktische Nebel bezeichnet. Es kann sowohl diffuser als auch Gas- oder Staubnebel sein, planetarischer sowie Dunkelnebel, der besonders auf dem Hintergrund von hellen Nebelwolken und vor Sternwolken in der Milchstraße zur Geltung kommt.

Die *Galaxien* sind zahlenmäßig vorherrschende Objekte, die sich außerhalb der Milchstraßengrenze befinden. Sie sind selbständige Sterninseln in verschiedenen Entwicklungsstadien. Die Astronomen unterscheiden elliptische Galaxien, spiralförmige Galaxien und spiralförmige Galaxien mit sog. Querarm (Balkenspiralen) sowie eine Reihe von Unterklassen der genannten Gruppen. Eine der nächsten Galaxien kann man mit bloßem Auge im Sternbild Andromeda sehen. Zur Beobachtung der Galaxien ist ein großes astronomisches Fernrohr notwendig, um die Anordnung einiger von ihnen unterscheiden zu können. In der Regel ist der Amateur von ihrem Aussehen enttäuscht, das viel besser auf den Lichtbildaufnahmen großer Instrumente zur Geltung kommt. Wir haben uns deshalb in unserem Buch auf die bedeutendsten Typen beschränkt, denen der Amateur beim Lesen populärwissenschaftlicher Zeitschriften und Publikationen begegnen kann.

Die planetarischen Nebel

haben mit den Planeten des Sonnensystems außer ihrem Namen nichts Gemeinsames. Der Name stammt aus dem 18. Jahrhundert und beschreibt nur die Form dieser Nebel, die als schwach leuchtende Scheiben den kleinen Planetenscheiben und hauptsächlich dem Planeten Uranus auffallend ähneln.

Die planetarischen Nebel stellen einen Frühtyp dar und besitzen Zentralsterne mit hohen Temperaturen von 50 000° bis 100 000°. Diese verlieren durch starke Gasausströmung an Masse, die sich um sie herum häuft und manchmal symmetrische Kugeln, ein andermal wieder einfache oder komplizierte Ringe bildet. Die Masse ihrer Hüllen ist winzig klein und bewegt sich zwischen 0,001 bis 0,1 der Sonnenmasse. Alles deutet darauf hin, daß die planetarischen Nebel im Raum eine relativ kurze Zeit existieren — nur einige Zehntausende von Jahren. Und es gibt Fälle, wo ihre Gashülle fast erschöpft ist. Heute sind weit über tausend planetarische Nebel bekannt, die meisten sind jedoch sehr schwach und weisen so kleine Winkelmaße auf, daß man sie von gewöhnlichen Sternen nicht unterscheidet. Zu den hellsten Nebeln kann man den Dumbbellnebel (Hantelnebel) im Sternbild Fuchs, den Saturnnebel (wegen der Ähnlichkeit mit dem Planeten gleichen Namens) und den Hellixnebel im Sternbild Wassermann zählen. Weniger hell ist der sog. Eulennebel im Sternbild Großer Bär.

Das lokale Galaxiensystem

umfaßt die Galaxien, die sich hinter den Grenzen der Milchstraße befinden und uns am nächsten liegen. Man rechnet zu ihnen u. a. die beiden Magellanschen Wolken, den großen Nebel im Sternbild Andromeda, M 32 und NGG 205, sowie die Galaxien im Sternbild Bildhauer und Chemischer Ofen.

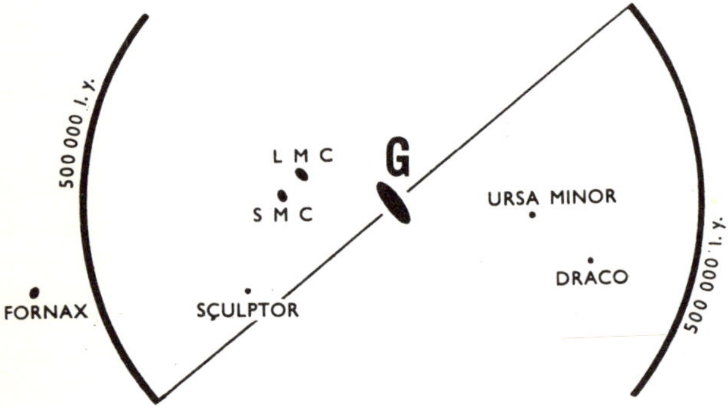

Die Umgebung unserer Galaxie (Abb. 3)

Die Galaxien sind die Hauptsternsysteme des Weltraumes. Bis zu einer Entfernung von 500 000 Lichtjahren sind fünf bekannt: Außer den beiden Magellanschen Wolken (SMC und LMC) sind hier kleine Galaxien im Sternbild Kleiner Bär (Ursa Minor), Bildhauer (Sculptor) und Drachen (Draco). Mit dem Buchstaben *G* wird unsere Galaxie bezeichnet, die in dieser Gruppe die größte ist. Dies ist astronomisch genommen natürlich nur unsere nächste Umgebung. Die modernen Fernrohre dringen in Entfernungen von vielen Milliarden Lichtjahren vor und verfolgen Systeme von Galaxien, deren Mengen an einigen Stellen des Himmels die Zahl der durch das Fernrohr sichtbaren Sterne übersteigen.

Doppelsterne

Wir sprachen über Sternhaufen, bei denen eine große Menge von Sternen zu einer Art Gemeinschaft angehäuft ist, aber wir wissen zugleich, daß sich im Raum auch einsame Doppelsterne bzw. mehrgliedrige Systeme befinden. Es sind ihrer nicht wenige, und deshalb unterscheiden die Astronomen folgende Hauptarten:

1. *Optische Doppelsterne*, die nur wie Doppelsterne aussehen: sie scheinen nahe nebeneinander zu liegen, gehören jedoch nicht zueinander. Jeder von ihnen befindet sich in einer anderen Raumtiefe und nur die Projektion am Himmel erweckt den Eindruck eines Doppelsternes.

2. In der astronomischen Terminologie begegnet man Bezeichnungen, wie *Doppelsterne* mit geringem räumlichem Abstand und visuelle Doppelsterne. *Dicht beieinanderliegend* bedeutet, daß zu ihrer Unterscheidung ein stärker vergrößerndes Fernrohr notwendig ist; für *visuelle* Doppelsterne genügt eine schwächere Vergrößerung. Die Sichtbarkeit dieser Sterne ist von den Abmessungen der optischen Geräte und vom gegenseitigen Abstand der Sterne abhängig, der sich durch die gegenseitige Beeinflussung der beiden Komponenten von Jahr zu Jahr ändert. Den Punkt auf der elliptischen Bahn, wo die beiden Sterne einander am nächsten liegen, nennt man „*Periastron*“ und den Punkt, wo sie voneinander am weitesten entfernt sind, „*Apastron*“.

3. Die *spektroskopischen Doppelsterne* erkennt man nur an der Verschiebung der Spektrallinien des Hauptsterns. Visuell sind sie nicht zu unterscheiden. Ein solches kompliziertes System ist z. B. der Stern Kastor im Sternbild Zwillinge. Diese Art wird „spektroskopische“ Doppelsterne genannt.

Am Himmel gibt es wahrscheinlich ebenso viele Doppelsterne wie wirkliche einzelne Sterne. Jedes Jahr wird das Verzeichnis um weitere Doppelsterne bereichert. Es handelt sich hierbei selbstverständlich um spektroskopische Doppelsterne. Von den 254 Sternen, die von der Sonne nicht mehr als 10 Parsec entfernt sind, sind 127 Mitglieder von einundsechzig Doppel- und Mehrfachsystemen. In der Beschreibung der Doppelsterne begegnen wir nur den am besten sichtbaren. Das menschliche Auge sieht am nördlichen Himmel nur ein einziges kompliziertes Doppelsternsystem, und zwar die Sterne Alkor und Mizar im Großen Bären.

Veränderliche und Neue Sterne

Seit altersher sind dem Astronomen Sterne bekannt, die man *Veränderliche* nennt, da sich ihr Licht periodisch ändert oder die aufleuchten und nach kurzer Zeit wieder verschwinden. Da es für solche Erscheinungen in der Vergangenheit keine Erklärung gab, wurden Sterne dieser Art als „Wundersterne“ (z. B. der Stern Mira Ceti) oder „dämonische“ Sterne bezeichnet, wie der Stern Algol im Sternbild Perseus. Das Aufleuchten eines Neuen Sternes ist ziemlich selten. Es entging daher oft dem Auge einfacher Menschen und der Astronomen. Waren die Bedingungen günstig und der neue Stern sehr hell, dann wurde ihm eher astrologische Bedeutung beigemessen.

Der Fortschritt der astronomischen Wissenschaft im neunzehnten und zwanzigsten Jahrhundert erlaubte es, daß Hypothesen über die Lichtschwankungen der Veränderlichen Sterne aufgestellt werden konnten. Sie lassen sich danach etwa in zwei Gruppen zusammenfassen. Die zahlenmäßig große Klasse der sog. Bedekkungsveränderlichen setzt voraus, daß die eine Komponente bei ihrer raschen Umlaufbewegung die andere zeitweilig bedeckt. In dieser Zeit spricht man vom Minimum der Veränderlichen; wenn die Bedekkung abklingt, erreicht der Stern die ursprüngliche Helligkeit wieder, während der er sich im Maximum befindet. Varianten dieser Art gibt es sehr viele. Sie entstehen z. B. dann, wenn die umeinanderkreisenden Komponenten ovale Form aufweisen oder wenn die Ebene ihrer Bahn in bezug auf die Erde verschieden ist.

Im zweiten Fall können Veränderungen der Helligkeit physikalischer Ursache sein, die zu Veränderungen des Sterndurchmessers und der Oberflächentemperatur führen. Solche Änderungen können sich entweder regelmäßig wiederholen (sog. Pulsation) oder plötzlich, nach einer längeren Ruhepause entstehen. *Supernovae* werden Sterne mit seltenen Fällen plötzlicher Helligkeitszunahme im Bereich von mehr als 20 Größenklassen genannt. Zu den klassischen Supernovae gehört z. B. der Keplerstern in der Ferse des Schlangenträgers aus dem Jahre 1604 und die Supernova aus dem Jahre 1054, deren Ausklingen der bereits erwähnte sog. Krebsnebel im Sternbild Stier darstellt.

Mit dem lateinischen Namen *Novae* – Neue Sterne – bezeichnet man jene Fälle, bei denen die Helligkeit plötzlich um 1 bis 16 Größenklassen zunimmt. In einigen Fällen wurde festgestellt, daß der Stern an der Beobachtungsstelle bereits existierte und daß sich sein plötzliches Aufleuchten nur wiederholt. Solche Sterne waren z. B. die Nova im Jahre 1918 im Sternbild Adler und die Nova Persei im Jahre 1901.

Wiederkehrende Novae haben eine Amplitude 7. bis 9. Sterngröße, und es wurden bei ihnen zwei oder mehr Helligkeitsausbrüche beobachtet.

Damit haben wir ungefähr die Charakteristik der Veränderlichen beschrieben. Insgesamt sind über 15 000 katalogisiert, und deshalb kann man bei weitem nicht von einem ruhigen Licht der Sterne sprechen. Weit eher erinnern sie uns an sich drehende Lichter von Leuchttürmen im Meer der Unendlichkeit. In der Beschreibung der Sternbilder und auch im beigeschlossenen Wörterbuch findet der Leser weitere Anmerkungen zu den verschiedenen Typen der Veränderlichen, soweit sie natürlich in der beschränkten Sichtweite des unausgerüsteten menschlichen Auges liegen.

Abschließend noch eine Erklärung der Bezeichnungen der Veränderlichen, wie man ihnen beim Lesen astronomischer Literatur begegnet. Der deutsche Astronom Argelander benützte zur Bezeichnung der Sterne die Buchstaben des lateinischen Alphabets vom Buchstaben R beginnend, und zwar immer vor dem Namen des Sternbildes, in dem sich der Veränderliche befindet, z. B. der Veränderliche R Cygni. Sind im Sternbild alle Buchstaben des Alphabets erschöpft, so wird die Bezeichnung verdoppelt, z. B. RR Cygni, RR Lyrae usw.

Veränderliche zu verfolgen, hat heute für Amateure zwar nicht viel Sinn, ist aber immerhin sehr lehrreich. Unsere Karten beschränken sich auf solche Veränderlichen, die im Maximum eine Größenklasse von mindestens 5,0 erreichen.

Sternschnuppen und Meteore

Fallende Sterne wird im Volksmund – wenn auch nicht zutreffend – diese gut bekannte Erscheinung am Himmel genannt. Es handelt sich dabei meistens um kleine Bruchstücke losgelöster Materie aus Metall oder Stein, die man zweckmäßiger Sternschnuppen, bzw. die helleren, Meteore nennt. Erscheinungen, die große Helligkeit erreichen und sich am Himmel relativ langsamer bewegen, heißen Bolide. Das Wort „Meteor" (es bedeutet „vom Himmel fallend") wurde gleichzeitig mit der Meteorologie, der Wetterkunde, geboren, da man seit jeher der Ansicht war, daß die Meteore zu den Erscheinungen gehören, die das Wetter der Erde „machen".

In alten Zeiten widmeten die Astronomen den dahinfliegenden Meteoren keine besondere Aufmerksamkeit. Die Menschen sahen in ihnen eher eine Drohung des Himmels und waren nur durch außerordentlich zahlreiches „Fallen der Sterne" beunruhigt. Sie bezogen sie meistens auf eine bedeutende Begebenheit auf der Erde. Gelegentlich begegnet man Ansichten verschiedener Philosophen, die sich bereits den modernen Ansichten näherten. So erklärte z. B. Anaxagoras, als er vom Niedergehen eines Meteors in Thrakien erfuhr, daß er von der Sonne gefallen wäre. Plutarch glaubte, daß Sternschnuppen himmlischen Ursprunges seien und daß sie nicht nur auf die Erde, sondern auch ins Meer fielen. In alten Zeiten nannte man fliegende Bolide *Feuerkugeln*. Es ist die Abbildung einer riesigen, von einer großen Zahl von Meteoren begleiteten Feuerkugel bekannt, die am 27. 12. 1857 über Quenggou (Ostindien) beobachtet wurde.

Erst im 18. Jahrhundert hatte der deutsche Physiker Chladni den Mut zu erklären, daß der Ursprung der

Meteore im interplanetaren Raum zu suchen sei. Im Jahre 1798 verwirklichten zwei deutsche Studenten von der Universität Göttingen eine simultane Beobachtung von Sternschnuppen von zwei voneinander entfernten Stellen aus, um die Parallaxe der Erscheinung festzustellen und somit Unterlagen für die Berechnung der Höhe zu gewinnen, in der sich die Meteore entzünden. Sie urteilten richtig, daß sich die Bahn eines und desselben Meteors zwischen den Sternen jedem anders projizieren wird. N. A. Newton berechnete aus 21 beobachteten und eingezeichneten Spuren, daß sich die Meteore in einer Höhe von ca. 90 Kilometern bewegen. Dadurch wurde gleichzeitig die Höhe der Erdatmosphäre und die Geschwindigkeit festgestellt, mit der die Meteore in ihre dichteren Schichten eindringen. Heute sind diese Angaben genau festgelegt und ergänzt.

In manchen Nächten erscheint am Himmel eine größere Anzahl von Sternschnuppen. Es entgeht dabei unserer Aufmerksamkeit nicht, daß sie sozusagen von einer bestimmten Stelle auszustrahlen scheinen, die *Radiant* genannt wird. Es sieht aus, als ob die Sternschnuppen am Himmel strahlenartig aus einem Punkt herausschießen würden. Die Ursache dafür ist in der Perspektive zu suchen, die die Wirklichkeit verzerrt. Eine Analogie einer solchen Täuschung sind in der Ferne zusammenlaufende Eisenbahnschienen, lange Baumalleen usw. Heute ist bekannt, daß verschiedene Sternschnuppenströme mit den Kometbahnen zusammenhängen. Alljährlich, wenn die Erdbahn sie schneidet oder sich ihnen nähert, steigert sich die Sternschnuppentätigkeit. Wir kennen die Radianten der Perseiden, Leoniden und Lyriden und wissen, daß es von der gegenwärtigen Schwarmdichte abhängt, ob die Sternschnuppen häufiger oder seltener auftreten.

Bedeutende Meteorströme

Name	sichtbar	Erzeugender Komet	Beschreibung
Lyriden	12. bis 24. April Maximum 21. IV.	1861 I	Einst ein starker Strom, heute weniger stark
Aquariden η	29. April bis 21. Mai Maximum 5. V.	Ekliptikal Halley	Ausgiebiger Strom, besser am südlichen Himmel sichtbar
Aquariden δ	25. Juli bis 19. August Maximum 30. VII.	Ekliptikal	Zweite Begegnung mit dem vorherigen Strom
Perseiden	20. Juli bis 19. August Maximum 11. VIII.	Komet 1862 III	Einst ein starker Strom, jetzt abnehmend
Orioniden	11. bis 30. Oktober Maximum 19. X.	Halley Komet	Ziemlich lebendiger Strom
Leoniden	24. Oktober bis 10. Dezember Maximum 13. XI.	Komet 1866 I	Einst eine effektvolle Frequenz; abnehmend heute
Geminiden	5. bis 19. Dezember Maximum 12. XII.	Ekliptikal	lebendiger Strom

In vielen Fällen weiß man, auf welcher Kometenbahn sie sich bewegen und wo man ihren Ursprung suchen muß. Die Astronomen unterscheiden sog. *permanente* Meteorströme, deren Tätigkeit gleichbleibend ist, z. B. die Perseiden, und Meteorströme, bei denen sich die Tätigkeit nach einer bestimmten Zeit erhöht. Bei kleiner Neigung eines bestimmten Sternschnuppenstromes in bezug auf die Ekliptik begegnet die Erde dem Strom zweimal im Jahr. In einem solchen Fall spricht man von *Ekliptikalströmen*. Es erscheinen auch *sporadische* Meteore, die sich an Stellen projizieren, an denen kein bekannter Radiant liegt. Erfahrene Beobachter von Meteorströmen kennen noch *teleskopische* Sternschnuppen. Nach der Häufigkeit ihrer Durchflüge durch das Fernrohrfeld urteilen sie auf die sichtbare Menge am Himmel. Die Meteorströme werden heute mit Radar auch bei Tage beobachtet. Ihre Bahn wird mit genauer Bestimmung der Zeit und anderen Charakteristiken registriert. Dabei ist die Beteiligung von Amateur-Astronomen an der Beobachtung möglich und sehr begrüßenswert. Sie hängt von der Organisation und der Ausdauer der Beobachter und ihrer Ausstattung, besonders mit fotografischen und Zeitmeßgeräten, ab. Aber auch hier sind hauptsächlich Mittel und Kenntnisse notwendig, die es ermöglichen, die gewonnenen Beobachtungsdaten zu verarbeiten.

VON DER THEORIE ZUR PRAXIS

Amateur-Astronomen findet man in der ganzen Kulturwelt und in allen Gesellschaftsschichten. Manche von ihnen begnügen sich mit flüchtigen Blicken in den Weltraum, andere gehen mehr in die Tiefe, und manchmal sind die Ergebnisse ihrer Arbeiten mit den Ergebnissen eines Fachmannes vergleichbar. Dies ist jedoch eine Ausnahme und setzt hohe Bildung, lange Praxis und die Gelegenheit voraus, mit komplizierten großen Geräten arbeiten zu können. Ein Amateur, dem bestimmte finanzielle Mittel zur Verfügung stehen, kann sein Auge wenigstens durch ein kleines Fernrohr verstärken. Abgesehen davon muß er das Auge üben, damit es sehr feine Einzelheiten beobachten und wahrnehmen kann. Vor allem aber muß er das verstehen, was er sieht, und darf keine Überraschungen erwarten, wie wir sie von den fotografischen Aufnahmen der Himmelskörper her gewöhnt sind. Das Auge besitzt die Fähigkeit, große Lichtkontraste auszugleichen und geringfügige Einzelheiten gleichzeitig zu erfassen. Nur verschwindet der wahrgenommene Eindruck, sobald das Auge vom Fernrohrokular entfernt wird, und alles, was wir in einer Zeichnung festhalten, ist mehr oder weniger ungenau und trügerisch. Die Fotografie weist dagegen den Vorteil auf, daß sie den beobachteten Gegenstand für die Dauer dokumentiert.

Für ein kleines Fernrohr gibt es am Himmel außer dem Mond nur wenige Objekte, die dauernd das Interesse des Einzelnen fesseln könnten. Ein Fernrohr mit höherer Vergrößerung wird demjenigen Vergnügen bereiten, der über die Mittel für seine Anschaffung verfügt und hauptsächlich auch über einen geeigneten Ort, an dem er es aufstellen kann. Ein solches Gerät läßt sich nicht in der Hand halten, sondern erfordert einen besonders festen, sog. parallaktisch montierten, am besten mit einem Uhrwerk versehenen Ständer. Allein eine solche Einrichtung kann ruhige Beobachtungen auf der sich dauernd drehenden Erde gewährleisten. Es gibt auch noch die Möglichkeit, sich das Fernrohr selbst anzufertigen, aber das setzt technische Handfertigkeit bzw. eine Optikerwerkstätte voraus. An Orten mit öffentlich zugänglichen Observatorien ist es klüger, nicht zu investieren, sondern gelegentlich interessante Himmelskörper durch ein großes Fernrohr zu beobachten. Diese Observatorien oder die astronomischen Gesellschaften veranstalten Fachkurse für Beobachter, deren Teilnahme Amateuren besonders empfohlen werden kann, weil sie dabei die für sie wichtige Praxis erlangen.

Karten und Atlanten des Sternhimmels

Sich am Himmel zu orientieren und alle Sternbilder im Gedächtnis zu behalten, ist nicht so kompliziert, wie es auf den ersten Blick erscheint. Es ist nicht schwerer als etwa das Notenlesen. Man braucht dazu nur ein wenig Geduld und hauptsächlich eine gute Sternkarte, die ebenso aufschlußreich ist wie eine genaue Landkarte. Mit etwas Phantasie und dem Finger auf der Karte begeben wir uns auf eine fiktive Reise, lernen Gebirge, Flüsse, Städte, fremde Gegenden und ihre Bewohner kennen, ohne die geringste Hoffnung, sie jemals im Leben wirklich zu besuchen. Das gleiche gilt für die Sternkarten. Seit eh und je war es die Sehnsucht der Wissenschaftler, die durch die

Beobachtung des Himmels gewonnenen Erkenntnisse anschaulich festzuhalten. So entstanden Sternatlanten, deren reiche figurale Ausschmückung ihre Inspiration vor allem in der Symbolik der Sternnamen fand.

Die Geschichte der Atlanten ist nicht alt; ihre Entstehung fällt in die Zeit der Vervollkommnung des Buchdruckes Anfang des 17. Jahrhunderts. Ihre Vorgänger in älterer Zeit waren die Holzschnitte der Karten. Die ursprünglichen Sternatlanten hatten außer ihrer didaktischen Sendung auch hohes künstlerisches Niveau. Als klassisches Werk kann hier der Atlas betrachtet werden, der vom Rechtsbeistand des Augustiner-Ordens, Johann Bayer, im Jahre 1603 unter dem Namen Uranometrie herausgegeben wurde. Das Werk enthält 51 Tafeln. Die Sternbilder sind mit einer Symbolik versehen, die allen nachfolgenden Sternkarten als Quelle diente. Da diese heidnische Symbolik jedoch nicht immer den Vorstellungen der Zeit entsprach, war man in den verschiedenen Zeitspannen bemüht, die alten Symbole durch neue zu ersetzen. Noch zu Bayers Lebzeiten und unter seiner Mitarbeit beendete der Deutsche Julius Schiller einen Atlas mit dem Titel „Coelum stellarum Christianum", in dem die alten Sternbildnamen durch neue ersetzt werden sollten, die den damaligen Vorstellungen der christlichen Welt besser entsprachen. So wurden sämtliche zwölf Tierkreiszeichen durch die zwölf Apostel ersetzt. Perseus mußte dem hl. Paulus weichen, Herkules den Drei Königen usw. Das Werk setzte sich jedoch nicht durch, obwohl es mit schönen Stichen ausgestattet war. Künstlerisch sehr wertvoll ist auch die Bildausschmückung des Sternatlas von John Flamsteed (1646 bis 1720). Im Jahre 1801 erschien das schöne Kartenwerk „Uranographie" von dem berühmten Astronomen Johann Elert Bode, das als Spitzenwerk seiner Art betrachtet werden kann. Obwohl im 19. Jahrhundert weitere Sternatlanten herausgegeben wurden, erreichte keiner von ihnen das künstlerische Niveau der vorangehenden Werke; schon deswegen nicht, weil mit der fortschreitenden Entwicklung der astronomischen Erkenntnisse Atlanten mit figuraler Dekoration zu einem Anachronismus wurden. Vom wissenschaftlichen Standpunkt aus betrachtet, bestand ihr Hauptnachteil in der Uneinheitlichkeit der Sternbildgrenzen, die von den verschiedenen Autoren fast nach Belieben festgelegt wurden. Dadurch wurde Verwirrung und Unsicherheit in die Identifizierung der schwächeren Sterne gebracht. Es mußten deshalb Maßnahmen getroffen werden, die diese Differenzen beseitigen sollten. Der Engländer John Herschel (1792—1871) schlug vor, die alte Symbolik der Sternbilder zwar beizubehalten, den Himmel jedoch ohne Rücksicht auf die früheren Grenzen in vier sphärische Vierecke zu teilen, und diesen festgelegten Bereichen Namen wie „Regio Leonis", „Regio Virginis" usw. zu geben. Dieser fortschrittliche Vorschlag setzte sich leider nicht durch und die Unsicherheit dauerte weiter an. Erst im Jahre 1927 nahm die Internationale Astronomische Union den Vorschlag des belgischen Astronomen E. Delporte an, die fiktiven Grenzen durch die Bögen der Stunden- und der Deklinationskreise zu ersetzen. Der Vorschlag wurde angenommen und eingeführt. Auch in unserem Taschenatlas sind diese neuen Grenzen eingezeichnet.

Der moderne Amateur-Astronom besitzt viele Hilfsmittel, von kleinen Atlanten bis zu wissenschaftlichen Werken, die ihm die Orientierung am Himmel erleichtern.

Sehr verbreitet sind die „Tabulae coelestes" von Schurig-Götz. Sie enthalten viele übersichtliche Informationen, die sich durch ihr Format für direkte Beobachtungen unter freiem Himmel eignen. Für einen anspruchsvolleren Amateur sind sie nicht ausreichend. Er wählt besser das Werk „Atlas Coeli“ dessen Autor Dr. Antonín Bečvář ist. Auf 16 Großformat-Tafeln ist der ganze nördliche und südliche Teil des Himmels mit Sternen bis zu einer scheinbaren Helligkeit von 7,5 Größenklasse und mit Sternhaufen, Nebeln und Galaxien bis zur 13ten Größe dargestellt, ebenso wie die Veränderlichen aller Typen, die Doppelsterne, Neuen Sterne, die Radianten und die Quellen kosmischer Strahlung. Zum Atlas wurde als zweiter Teil ein Katalog herausgegeben, der eingehendere Angaben über sämtliche in den Karten eingezeichneten Himmelsobjekte enthält. Sämtliche in diesem Buch angeführten Angaben liegen diesen Karten und diesem Katalog zugrunde. In vielen Ländern werden für den örtlichen Bedarf sog. drehbare Himmelskarten herausgegeben, die es ermöglichen, auf einfache Art die über dem Horizont im gewählten Augenblick sichtbaren Sternbilder zu bestimmen. Eine solche Karte ist ein sehr guter Behelf, der jedoch nur in jener geographischen Breite benützt werden kann, für die er zusammengestellt wurde.

Ein weiterer Behelf für den Amateur sind die astronomischen Jahrbücher, die sämtliche Angaben über die Erscheinungen am Himmel im Laufe eines Jahres enthalten. Wesentlich rascher als Bücher informieren den Amateur über den Fortschritt in der Astronomie wissenschaftliche Zeitschriften. Diese wissenschaftliche Literatur ist ein wichtiger Bestandteil der Bibliothek jedes Amateur-Astronomen, denn in ihr sind viele wichtige Lehrsätze enthalten, die ein globales Bild des gegenwärtigen Standes der Wissenschaft geben. Zu den Büchern kommen noch die enzyklopädischen astronomischen Nachschlagewerke, die schlagwortartige Definitionen der Begriffe bringen, denen der Amateur-Astronom in der Praxis begegnet.

Was man mit dem Feldstecher sehen kann

Das menschliche Auge kann am Himmel außer den Sternen, dem Mond und den Planeten nur wenige andere Objekte unterscheiden. Die Ursache ist die Grenzempfindlichkeit unseres Auges sowie die kleinen scheinbaren Größen der meisten entfernten Objekte. Aus der astronomischen Literatur wissen wir, daß sich im Weltraum eine enorme Zahl von Gasnebeln, Galaxien und Sternhaufen befindet. Die helleren von ihnen sind gewöhnlich in den Karten eingezeichnet, wo sie in der Regel mit den Zahlen bezeichnet werden, die diese Objekte in den Fachverzeichnissen haben. Im wesentlichen werden heute zwei Kataloge benützt. Der eine, der Ende des achtzehnten Jahrhunderts erschienen ist, enthält 119 Nebel und Sternhaufen. Er wurde von dem französischen Astronomen und Kometenbeobachter Charles Messier zusammengestellt, und deshalb wird sämtlichen Katalognummern ein großes „M“ als Abkürzung vorgesetzt. So z. B. trägt der große Andromedanebel als Himmelsobjekt die Bezeichnung M 31. Manche Astronomen ziehen es vor, für den genannten Nebel die Bezeichnung NGC 224 zu benützen. Diese Buchstaben sind das Symbol aus einem sehr umfangreichen Katalog mit dem offiziellen Titel „New General Catalogue“. Es existiert noch ein Nachtrag zu diesem Katalog, der den Titel IC „Index Catalogue“ trägt. Der Katalog von Messier beschränkt sich auf die helleren Objekte, und deshalb benützen wir ihn für unsere Karten.

Offene Sternhaufen sind Ansammlungen von mehr oder minder hellen Sternen, die voneinander zwar relativ weit entfernt, jedoch durch die Gravitationskraft aneinander gebunden sind. Ein typisches Beispiel dafür sind am nördlichen Himmel die Sternhaufen Plejaden und Hyaden im Sternbild Stier. Im Sternbild Krebs ist mit bloßem Auge der Sternhaufen Praesepe – Krippe, zu erkennen. Am südlichen Himmel leuchtet am hellsten der Sternhaufen „Jewelbox" – Schatzkästchen. Weniger hell leuchtet der Doppelsternhaufen chi und h Persei an der Grenze der Sternbilder Kassiopeia und Perseus. Eine größere Anzahl offener Sternhaufen befinden sich in der Milchstraße, u. zw. im Sternbild Schütze, im Schlangenträger und in dem kleinen Sternbild Schild. Aber auch an anderen Orten des Himmels kann man mit einem Fernglas kleine Sternhaufen erkennen. Sie sind auf den Karten dieses Atlasses eingezeichnet.

Die *Kugelsternhaufen* unterscheiden sich von den offenen Sternhaufen durch größere Konzentration scheinbar kleiner einzelner Sterne. Diese sind gegen das Sternhaufenzentrum zu so stark angehäuft, daß bloß einige von ihnen durch ein astronomisches Fernrohr aufgelöst werden können. Das menschliche Auge kann nur schwer drei aus der Gesamtmenge unterscheiden. Ein sehr bekannter Sternhaufen, M 13, befindet sich im Sternbild Herkules. Seine Gesamthelligkeit ist 6ter Sterngröße, also an der Grenze der Sichtbarkeit. Besser erkennbar sind die Kugelsternhaufen Omega Centauri und 47 Tucanae, von denen jeder am Himmel eine Fläche einnimmt, die so groß ist wie der Vollmond. Der Anblick dieser drei Sternhaufen durch ein größeres astronomisches Fernrohr ist wirklich überwältigend.

Wir sehen ein ganzes System von Sonnen, die durch eine enorme Gravitationskraft miteinander verbunden sind. Selbstverständlich wissen wir, daß nur die riesige Entfernung der Grund für ihre scheinbare gegenseitige Nähe ist, mißt doch solch ein Kugelsystem 15 bis 120 Parsec. Die Zahl der angehäuften Sterne geht in die Hunderttausende. Wir kennen nicht viele Kugelsternhaufen — nur wenig über 120. Man nimmt an, daß sich im ganzen Milchstraßensystem ungefähr 220 befinden. Derartige Sternsysteme sind auch in anderen Galaxien bekannt, und ganz sicher kennen wir sie in der großen Galaxie im Bild der Andromeda. Dem Amateur-Astronomen am wenigsten zugänglich ist die Beobachtung der *planetarischen Nebel.* Sie sind im wesentlichen nur Gashüllen um sehr heiße Sterne. Meistens weisen sie eine den Planetenscheiben unseres Sonnensystems ähnliche runde Form auf. Von ihr stammt auch ihr nicht glücklich gewählter Name. Aber außer diesen Gaskugeln existieren auch noch komplizierte Ringformen. Die planetarischen Nebel sind sehr schwach leuchtende Objekte und mit kleinen astronomischen Fernrohren sehr schwer zu sehen. Man kennt sie weit eher aus Aufnahmen mit großen Teleskopen. Sie werden in der Literatur als Krebsnebel im Sternbild Stier, Eulennebel im Sternbild Großer Bär, Ringnebel im Sternbild Leier, Dumbbellnebel im Sternbild Fuchs oder als Saturn- und Hellixnebel, beide im Sternbild Wassermann angeführt. Der größte und hellste von ihnen ist der Hellixnebel.

Diffuse Gasnebel. Obwohl es sich um flächenmäßig große Objekte am südlichen Himmel handelt, sind sie bis auf zwei Ausnahmen zur Beobachtung mit einem Feldstecher nicht geeignet. Im Sternbild Schütze sind zwar einige Wolken, die auf das Vorhandensein des Trifid- und Lagunennebels schließen lassen, doch werden sie kaum einen Anfänger interessieren, der sie gewöhnlich von Fotografien her kennt und mit dem unbewaffneten Auge nicht alle Einzelheiten sehen kann, die die Fotografie enthüllt.

Tief am südlichen Himmel auf der Rektaszension 05^h39^m und der Deklination $-69°04'$ befindet sich die helle „Tarantel“, ein Gasnebel im Sternbild Goldfisch. Aber der bekannteste von allen ist der Nebel, den bei klaren Nächten das menschliche Auge im Schwertgehänge des Sternbildes Orion unter den drei hellen Gürtelsternen unterscheiden kann. Man findet ihn auf der entsprechenden Karte unter der Bezeichnung M42. Der erste schriftliche Bericht über diesen Nebel stammt von Cysatus aus dem Jahre 1618, aber sicher war er Menschen mit guten Augen bereits vor der Erfindung des Fernrohres bekannt. Volle drei Jahrhunderte waren die Astronomen bemüht, seine Form aufzuzeichnen, doch alle derartigen Versuche schlugen fehl. Die Zeichnungen waren subjektiv, unterschieden sich voneinander und konnten nicht als Unterlage für wissenschaftliche Studien über die Bewegung im Innern des Nebels benützt werden. Erst seit 1880 wird der Nebel auch fotografiert, und seine *Spektogramme* bilden die Grundlagen für ein physikalisches Studium. Aus sehr heißen Sternen besteht die Gruppe von vier kleinen, aber stark glitzernden Sternen, die „Trapez“ genannt und vom hellsten Teil des Nebels umhüllt werden. Die Entfernung des Orionnebels ist noch nicht eindeutig festgelegt. Sie wird auf 1700 Lichtjahre geschätzt, doch scheint dies das Minimum der wirklichen Entfernung zu sein. Der Durchmesser des großen Nebels beträgt 5 Parsec, und der scheinbare Durchmesser ist vier scheinbaren Durchmessern des Vollmondes gleich.

Galaxien. Mit Ausnahme einer einzigen Galaxie wird

der Amateurastronom in der unübersehbaren Menge der bestehenden Galaxien keinen Erfolg verzeichnen können, denn sie sind alle schwächere Objekte mit scheinbaren Helligkeiten bis zur siebenten Größenklasse, die im Sichtbarkeitsbereich eines kleinen Prismenglases liegen. Die einzige Galaxie, die man in klaren Nächten mit bloßem Auge sehen kann, ist der sog. Große Andromedanebel. Man ahnte seine Existenz bereits im Altertum, und der erste schriftliche Bericht über ihn stammt aus dem 10. Jahrhundert n. Ch. vom persischen Astronomen Al Sufi. Im Dezember des Jahres 1612 beobachtete ihn zum erstenmal der deutsche Astronom Simon Marius mit seinem kleinen Fernrohr. Er sah einen hellen Kern und zu beiden Seiten kegelförmige Nebelarme, deren Schein er mit einem durch eine dünne Hornplatte durchscheinenden Kerzenlicht verglich. Seit jener Zeit sind viele Jahre vergangen und es schien, als ob man durch die Wiederholung solcher klassischen Beobachtungen zu keinem anderen Ergebnis kommen könne. Dies war aber doch nicht der Fall. Vor einigen Jahren unternahm Robert Jonckheere von der Sternwarte in Marseille einen interessanten Versuch. Er wollte sich davon überzeugen, wie weit äußere Bedingungen ein durchschnittlich gutes Auge beeinflussen können. Als Fernrohr benützte er ein binokulares Prismenglas mit fünfzigfacher Vergrößerung, dessen optische Flächen mit einer nicht reflektierenden Schicht überzogen waren. Die Okulare des Prismenglases wurden sorgfältig zentriert, damit die weit geöffneten Pupillen voll zur Geltung kommen. Der Beobachter hielt sich knapp vor dem Versuch zehn Minuten lang in einem vollkommen dunklen Raum auf. Weiter wurden Vorkehrungen getroffen, daß der Beobachter beim Blicken in das auf einem Stativ befestigte Prismenglas nicht durch parasitäres Licht gestört wird. Selbstverständlich wurde für den Versuch eine ruhige, mondlose Nacht mit klarer Atmosphäre gewählt.

Das Ergebnis des Versuches war überraschend. Man stellte fest, daß die lange Achse des Nebels 5°10′ mißt; das bedeutet, daß sie am Himmel eine Fläche von mehr als zehn scheinbaren Vollmonddurchmessern einnimmt. Die kürzere Nebelachse wurde mit 1°05′ festgelegt. Die Messung wurde mit Hilfe der Sterne in der Umgebung des Nebels kontrolliert. Diese Angaben stellten eine Entdeckung dar, denn sämtliche früheren Schätzungen waren wesentlich kleiner. Darüber hinaus hatte Jonckheere nachgewiesen, daß der Nebelkern näher dem Nordende des Arms liegt.

Vom großen Spiralnebel im Sternbild Andromeda (M 31 — NGC 224) wissen wir, daß er ungefähr 2 300 000 Lichtjahre entfernt ist und daß auch er, ähnlich wie unsere Milchstraße, die von zwei Magellanschen Wolken begleitet wird, zwei Begleiter in den Nebeln NGC 205 und M 32 — NGC 221 hat.

Damit ist die Aufzählung der Objekte beendet, die durch einen kleinen Feldstecher beobachtet werden können. Ihre Zahl steigt natürlich, je größer und hauptsächlich je lichtstärker das Fernrohr ist, das man benützt. Mit guten optischen Geräten kann sich der Amateur-Astronom an eine Disziplin heranwagen, die ihm in klaren Nächten weit offen steht. Es ist das Suchen und Verfolgen von Kometen. Dazu braucht man vor allem Geduld und Ausdauer, aber auch die Sicherheit, daß die Wolke, die im Fernrohrfeld erschienen ist, kein lange bekannter Nebel oder Kugelsternhaufen ist. Hier leistet der „Atlas Coeli“ gute Dienste.

WANN, WO UND WIE SIND SIE ZU FINDEN

Die Sternbilder

Will man die Sternbilder am Himmel unterscheiden und suchen lernen, so kann man verschiedene Wege einschlagen. Ein Anfänger sollte sich wenigstens einige der bekanntesten Sternbilder, wie Großer Bär, Kassiopeia, Orion, Skorpion u. ä., vorerst genau zeigen lassen. Er gewinnt dadurch „Stützpunkte" am Himmel, von denen er Forschungsausflüge in die nahe Umgebung anhand von übersichtlichen Karten unternehmen kann, die die gegenseitige Lage der Sternbilder angeben (Seite 81 bis 94 und Karten im Vorsatz). Dabei wird längs der Verbindungslinien zweier bekannter Sterne vorgegangen, die man in Richtung zum gesuchten Sternbild verlängert und zwar zuerst auf der Karte und dann am Himmel. Dabei helfen wir uns mit Messung der Winkel (siehe Seite 78).

Stellen wir uns vor, daß sämtliche Sternbilder in einer riesigen Hohlkugel — der Himmelssphäre — befestigt sind. Inmitten der Sphäre dreht sich langsam eine kleine Kugel — die Erde — und irgendwo auf der Erde steht ein kleiner wissensdurstiger Mensch, der den Himmel betrachtet. Die Erde unter seinen Füßen ist so groß, daß sie ihm die halbe Himmelssphäre verdeckt. Was sieht er auf der restlichen Hälfte der Sphäre über dem Horizont?

Da die Erde rund ist, hat jeder Beobachter andere Sterne über seinem Kopf (im Zenit): Herr A lebt auf der nördlichen Halbkugel und über seinem Kopf steht gerade der Große Bär (UMa). Herrn C auf der südli-

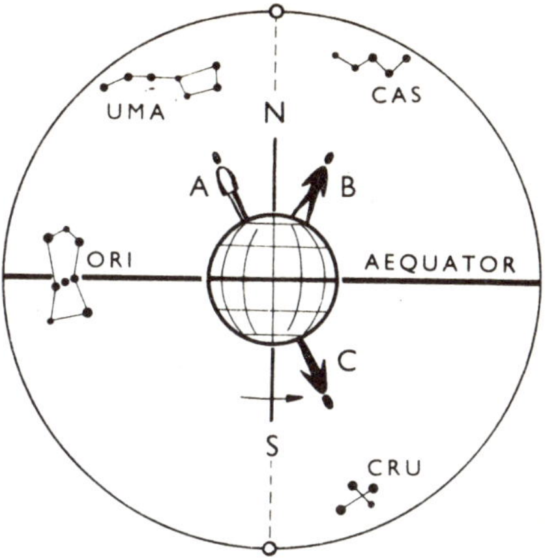

Abb. 4

chen Halbkugel leuchtet dagegen über dem Kopf das Kreuz des Südens (Cru); den Großen Bär wird er von seinem Standort aus niemals sehen. Herr B, über dessen Kopf sich die Cassiopeia (Cas) befindet, lebt auf der gleichen geographischen Breite (dem gleichen Parallelkreis) wie Herr A, jedoch auf dem gegenüberliegenden Meridian, und deshalb wird sich mit ihm die Erde unter dem Großen Bären in 12 Stunden drehen. Jeder der Herren A, B und C kann zeitweilig das Sternbild Orion (Ori) sehen, das über dem Äquator liegt. (Abb. 4.)

Von der geographischen Breite des Standortes hängt im wesentlichen die Sichtbarkeit der Sternbilder ab, die man beobachten kann. Der geographischen Breite (φ) entspricht am Himmel die *Deklination* (δ). Über dem Erdäquator ($\varphi = 0°$) verläuft am Himmel der Himmelsäquator. Es ist ein wichtiger Kreis, der die

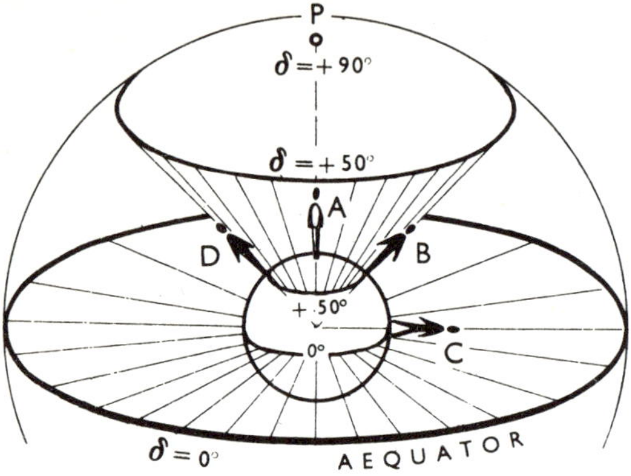

Abb. 5

Himmelssphäre in eine nördliche und eine südliche Halbkugel teilt. Am Äquator ist die Deklination gleich Null, in Richtung zum Himmelsnordpol positiv, in Richtung zum Himmelssüdpol negativ. (Abb. 5.)

Über dem 50. Parallelkreis nördlicher geographischer Breite verläuft der 50. Parallelkreis der nördlichen Deklination. Herr A, der jetzt am Nordpol steht, hat über seinem Kopf den Himmelsnordpol, dessen Deklination +90° beträgt. Wissen Sie jetzt schon, was Deklination bedeutet? Sie ist in Graden auf allen Karten dieses Buches angeführt.

Die Deklination hilft uns genau bestimmen, welcher Teil der Himmelssphäre in unserem Blickfeld liegt. Probieren wir es! Herr A befindet sich jetzt am 50. nördlichen Breitengrad (auf die geographische Länge kommt es jetzt nicht an). Direkt über seinem Kopf verläuft der 50. Parallelkreis nördlicher Deklination. Sein Zenit ist deshalb 50° vom Himmelsäquator entfernt. Vom Zenit zum Horizont sind es selbstverständ-

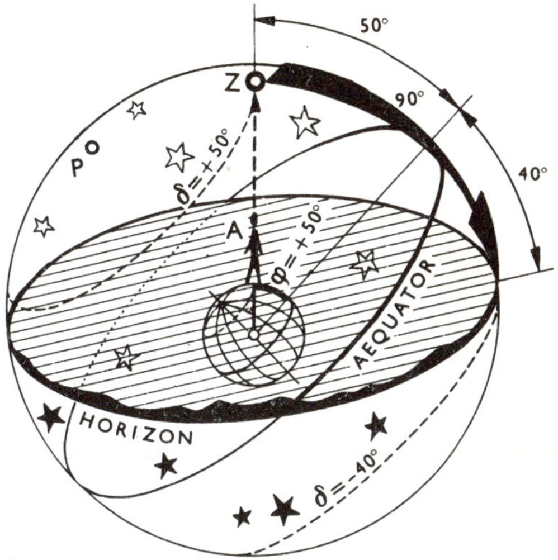

Abb. 6

lich 90°. Deswegen wird der Himmelsäquator um den Unterschied 90° — 50° = 40° über den Horizont aufsteigen. Herr A hat also die ganze nördliche Halbkugel (vom Äquator bis zum Pol P) in Sichtweite und darüber hinaus einen Teil der südlichen Halbkugel bis zum 40. Parallelkreis südlicher Deklination. Die Erde dreht sich mit ihm, und Herr A wird nach und nach ungefähr dreiviertel der ganzen Sphäre betrachten können. (Abb. 6.)

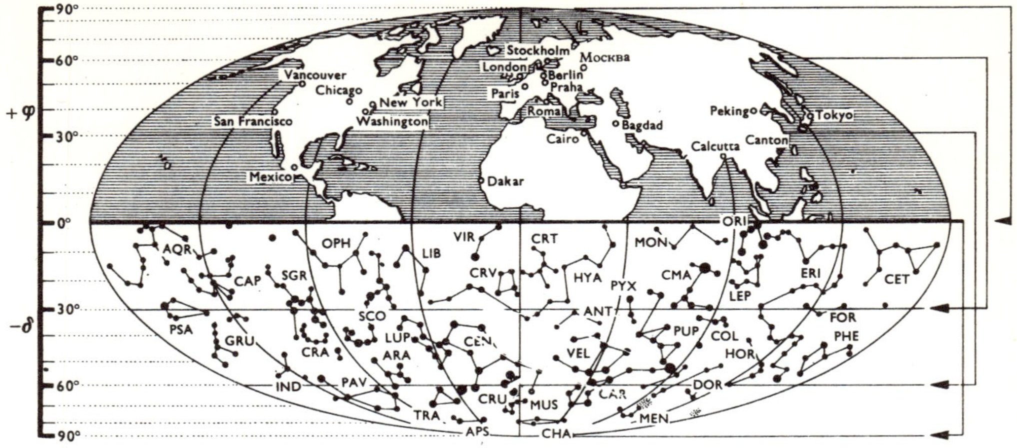

Abb. 7

Wie weit vom Äquator kann der Bewohner der nördlichen Halbkugel die südliche Himmelshalbkugel übersehen? Fahren Sie von der gewählten Breite 90° nach Süden und bestimmen Sie so die südlichste Deklination, bis zu der Sie die südlichen Sternbilder beobachten können. In Kairo ist das Kreuz des Südens bereits teilweise zu sehen.

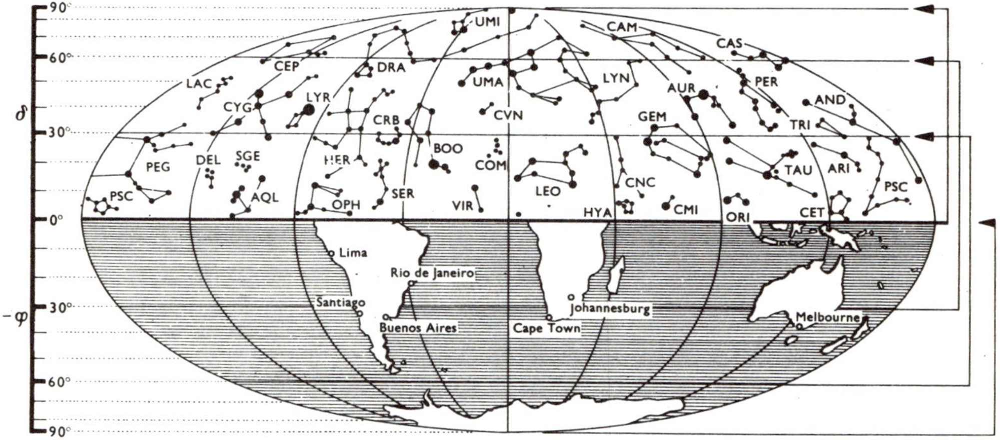

Abb. 8

Der Bewohner der südlichen Halbkugel übersieht die ganze südliche Himmelshalbkugel und noch dazu einen Teil des nördlichen Himmels bis zu einer Entfernung von 90° nach Norden von seinem eigenen Parallelkreis. In Kapstadt sieht man zwar die Sternbilder Löwe und Zwillinge, vom Großen Bären dagegen nur einen Teil.

Ideal sind die Bedingungen am Äquator, denn von hier aus sieht man vom Nordpol bis zum Südpol. Von der Arktis und der Antarktis ist der Ausblick auf den Himmel am kleinsten. Je näher zum Äquator, desto besser. Von nirgendwo, außer von den Polen, kann man alle Sternbilder auf einmal übersehen, die von einer gegebenen Stelle aus sichtbar sind. Man muß sich von der Umdrehung der Erde mitnehmen lassen und nach und nach die über dem Horizont aufsteigenden Sternbilder beobachten. Wie erkennt man jedoch, wie die Himmelssphäre gerade gedreht ist?

Wir lernen jetzt, die Meridianrichtung zu bestimmen. Dieser sehr wichtige Kreis am Himmel geht über unserem Kopf (durch den Zenit Z) von Norden (N) über den Nordpol (P) nach Süden (S), gerade über unserem geographischen Meridian. Im Meridian befindet sich genau zu Mittag die Sonne. Die Meridianrichtung (Richtung Nord - Süd) wird leicht zu einer anderen Zeit als zu Mittag mittels eines Kompasses oder einer Uhr bestimmt: dazu richtet man den kleinen Uhrzeiger auf die Sonne und halbiert den Winkel zwischen dem kleinen Zeiger und der Zahl 12. Die Winkelachse ist auf den Meridian (m) ausgerichtet. (Abb. 9.)

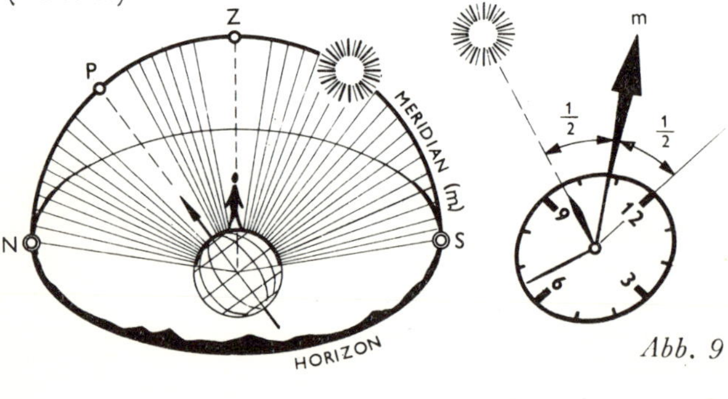

Abb. 9

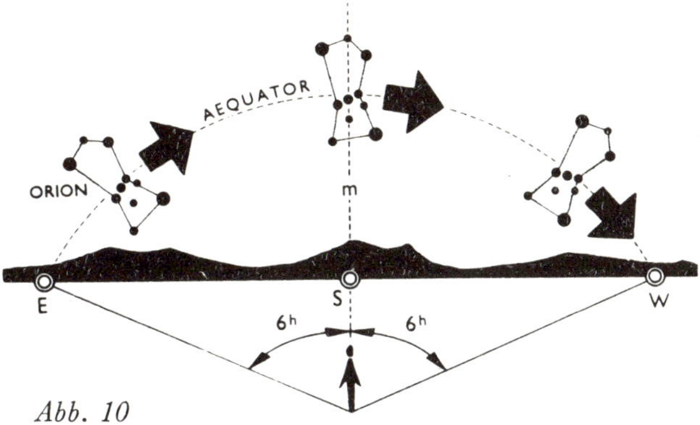

Abb. 10

Im Meridian erreichen die Sternbilder die größte Höhe über dem Horizont (sie kulminieren). Die Äquatorsternbilder, z. B. der Orion, passieren den Meridian 6 Stunden nach Sonnenaufgang, und gehen 6 Stunden nach Meridiandurchgang wieder unter. Die Meridianlinie hilft als sicherer Anhalt beim Suchen der Sternbilder. (Abb. 10.)

Wie erkennt man, wie die Himmelssphäre mit den Sternbildern momentan zu unserem Meridian gedreht ist? Dazu teilen wir den Äquator von einem bestimmten Punkt aus in Richtung von Westen nach Osten in 24 gleiche Teile — in Stunden — und erhalten so das Zifferblatt der Sternuhr. Der Anzeiger der *Sternzeit* wird unser Meridian *m* sein; wir können ihn uns als Rand eines riesigen geöffneten Fächers vorstellen, der durch unseren geographischen Meridian hindurchgeht und bis zum Himmel reicht. Auf jedem Meridian ist selbstverständlich eine andere Sternzeit. Auf dem Meridian des Herrn A ist es nach der Sternzeit gerade 2 Uhr. Der Stern, der in diesem Augen-

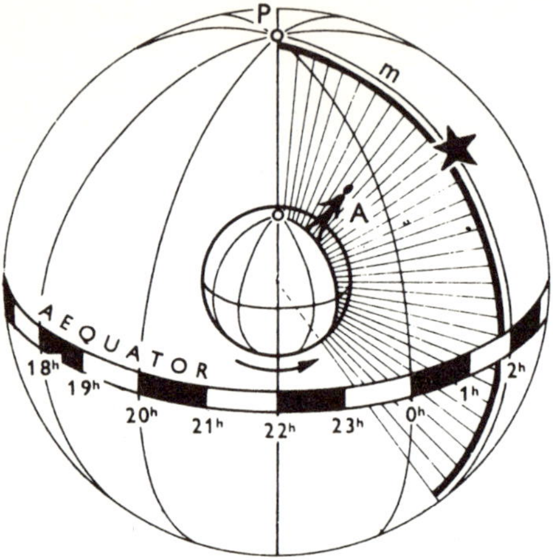

Abb. 11

blick den Meridian passiert, hat eine *Rektaszension* von 2^h. Die Rektaszension am Himmel ist die Analogie der geographischen Länge auf der Erde. (Abb. 11.)

Der Himmel ist die genaueste Uhr. Jeder Stern hat seine Rektaszension, die die Sternzeit angibt, wann

Abb. 12

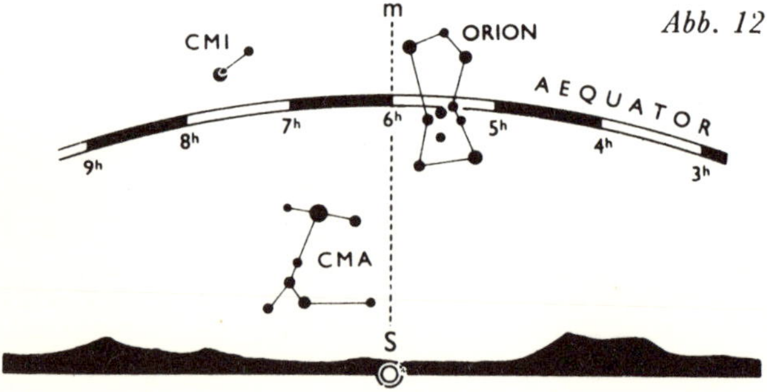

der Stern den Meridian passiert. Wenn wir wissen, wieviel Uhr es nach der Sternzeit ist, so wissen wir auch, wie der Himmel gedreht ist. Um 6 Uhr Sternzeit wird beim Meridian immer der Orion sein. (Abb. 12.)

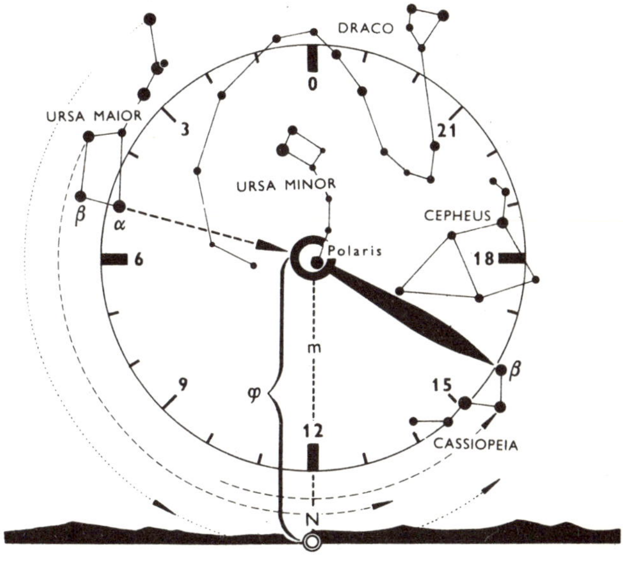

Abb. 13

Wie erkennen wir, wieviel Uhr es bei uns nach der Sternzeit ist? Auf der Sternwarte zeigt eine Spezialuhr mit hoher Genauigkeit die Sternzeit an. Für unsere Zwecke genügt jedoch die annähernde Sternzeit, und die läßt sich durch einen Blick auf den Himmel abschätzen. Auf der nördlichen Halbkugel hilft uns dabei der Stern Beta (*β*) im Sternbild Kassiopeia. Wir verbinden ihn im Geist mit dem Polarstern (den finden wir nach dem Sternbild UMa) und erhalten so den Zeiger der „Himmelssternuhr", deren Zifferblatt wir uns so am Himmel vorstellen, wie es auf dem Bild gezeigt ist. Man lernt auf dieser „Uhr" leicht wenigstens ganze Sternzeitstunden abschätzen. (Abb. 13.)

Und noch eine nützliche Beobachtung: Die Höhe des Polarsterns, der ganz nahe beim Nordpol liegt, ist ungefähr gleich der geographischen Breite des Beobachtungsortes φ. Die Sternbilder, die dem Pol näher sind als φ, gehen an der gegebenen Stelle nie unter.

Für ein beliebiges Datum und eine beliebige Stunde bestimmt man die Sternzeit zuverlässig mittels eines Diagramms. In ihm sind drei Angaben zusammengestellt: waagerecht das Datum, senkrecht die Zeit (die Zonenzeit, die Ihre Uhr anzeigt) und auf den schrägen Linien die Sternzeit. (Abb. 14.)

Die Anwendung der Diagramme ist sehr einfach. Man wählt das Datum auf der waagerechten Skala (z. B. 1. V.) und zieht durch den gegebenen Punkt eine senkrechte Linie. Dann wählt man auf der senkrechten Skala die Beobachtungsstunde (z. B. 20^h) und zieht durch diesen Punkt eine waagerechte Linie. Der Schnittpunkt der beiden Linien zwischen den schrägen Linien gibt die Sternzeit an (in unserem Fall ca. 10^h30^m).

Die Sternzeit sagt uns, welche Sternbilder gerade den Meridian passieren. Es sind jene Sternbilder, in denen die Rektaszensionen der Sterne nahe der Sternzeit liegen. Danach kann man sich gut die Lage der übrigen Sternbilder vorstellen. Die Rektaszensionen sind in Stunden auf allen Karten dieses Buches angeführt.

Die Sichtbarkeit des Sternbildes hängt weiter von

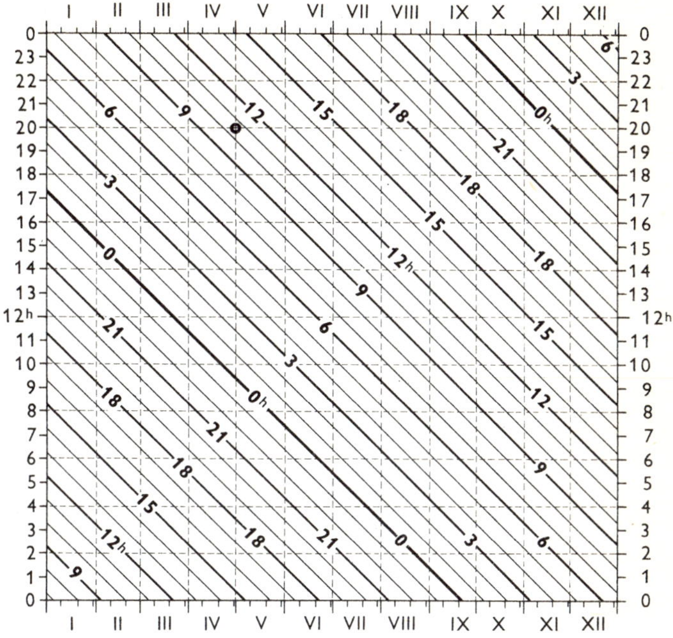

Abb. 14

der Jahreszeit ab oder mit anderen Worten, von der Stellung der Sonne zwischen den Sternen.

Betrachtet man die Sonne am 1.V., so steht sie in Richtung des Sternbildes Widder (Aries). Das Sternbild Widder selbst und die ihm nahen Sternbilder sind in der Zeit nicht beobachtbar, da sie nur am Tage über dem Horizont stehen. Einen Monat später (1. VI.) schauen wir bereits von einer anderen Stelle den Himmel an und sehen die Sonne im Sternbild

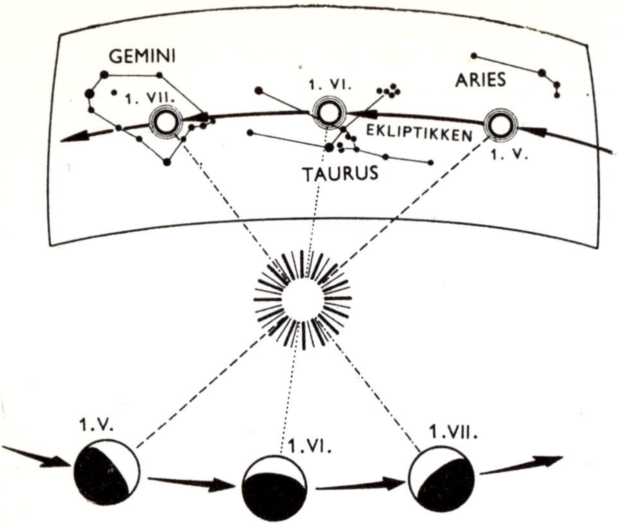

Abb. 15

Stier (Taurus) (Abb. 15). Und so läuft die Sonne scheinbar von einem Sternbild zum anderen auf einer Bahn, die *Ekliptik* genannt wird. Die Ekliptik geht durch die zwölf Sternbilder des Tierkreises. Es sind die Sternbilder Widder, Stier, Zwillinge, Krebs, Löwe, Jungfrau, Waage, Skorpion, Schütze, Steinbock, Wassermann und Fische.

Da sich die Sonne scheinbar zwischen den Sternen bewegt, ändert sich im Laufe des Jahres das Bild des Himmels. Jede Jahreszeit hat ihre typischen Sternbilder, die fast die ganze Nacht hindurch zu sehen sind. Es sind die Sternbilder, die der Sonne am Himmel gerade gegenüber stehen. Im Frühjahr ist es z. B. der Löwe, im Sommer der Skorpion, im Herbst der Pegasus und im Winter der Orion (die genannten Jahreszeiten gelten für die nördliche Halbkugel; auf der südlichen Halbkugel ist die Reihenfolge umgekehrt) (Abb. 16). Nach den Jahreszeiten sind auch die Sternbilder auf den vier Sternkarten auf Seite 85 bis 91 zusammengestellt.

Wir haben einige charakteristische Sternbilder nach verschiedenen Gesichtspunkten angeführt. In bezug auf den Himmelsäquator teilt man die Sternbilder in *nördliche*, *südliche* und Sternbilder der *Äquatorzone* ein (die letzteren liegen direkt auf dem oder unmittelbar

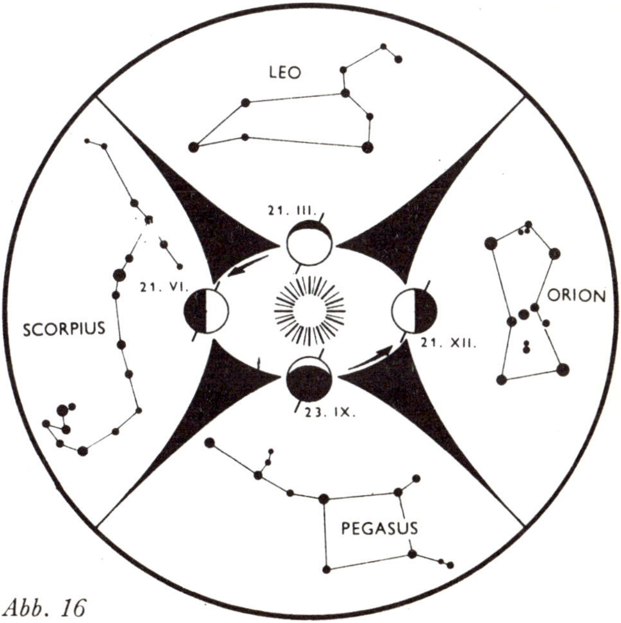

Abb. 16

am Äquator). Auf diese Art sind sämtliche 88 Sternbilder auf unseren Karten durch farbige Bezeichnung in der rechten oberen Ecke klassifiziert (siehe Erläuterungen Seite 96).

Auf unserem Beobachtungsort teilen wir die Sterne in *Zirkumpolarsterne* ein, die immer sichtbar sind, und in *untergehende* Sterne, die über den Horizont nur für eine bestimmte Zeit aufsteigen. Auf dem restlichen Teil der Sphäre befinden sich die *nicht aufgehenden* Sterne.

Die Sternbilder können, wie bereits angeführt wurde, auch nach den Jahreszeiten eingeteilt werden.

Der Tierkreis und die Planeten

Von allen Sternbildern erfreuten sich seit jeher jene größter Aufmerksamkeit, die längs der Ekliptik liegen, d. h. die Tierkreissternbilder. Das ist nicht weiter verwunderlich, denn gerade hier bewegen sich die Sonne, der Mond und die Planeten. Nach der Konstellation dieser Himmelskörper versuchten die alten Astrologen, das Schicksal der Menschen zu ergründen. Um die Stellung der Planeten besser bestimmen zu können, teilten sie ungefähr vor 2000 Jahren die Ekliptik in 12 gleiche Teile zu je 30 Grad — in 12 „Zeichen". Das erste Zeichen (d. h. das erste Zwölftel der Ekliptik) begann dort, wo die Ekliptik den Himmelsäquator schneidet, d. h. wo sich die Sonne am 21. März befindet. Zu jener Zeit beginnt auf der nördlichen Halbkugel der Frühling, und deshalb wird der erwähnte Schnittpunkt des Äquators mit der Ekliptik der *Frühlingspunkt* oder auch der Widderpunkt genannt, denn hier beginnt das Zeichen des Widders*). Der Frühlingspunkt und das Zeichen des

Widders haben folgendes Zeichen als Symbol für die Widderhörner ♈. Die Symbole sämtlicher Zeichen sind in der nachfolgenden Tabelle zusammengestellt:**)

0° – 30°	Aries (Widder)
30° – 60°	Taurus (Stier)
60° – 90°	Gemini (Zwillinge)
90° – 120°	Cancer (Krebs)
120° – 150°	Leo (Löwe)
150° – 180°	Virgo (Jungfrau)
180° – 210°	Libra (Waage)
210° – 240°	Scorpius (Skorpion)
240° – 270°	Sagittarius (Schütze)
270° – 300°	Capricornus (Steinbock)
300° – 330°	Aquarius (Wassermann)
330° – 360°	Pisces (Fische)

*) Vom Frühlingspunkt wird der Himmelsäquator auch in 24 Stunden in der Rektaszension geteilt. Der Frühlingspunkt hat am Himmel eine ähnliche Aufgabe wie Greenwich auf der Erde.

**) Die Zahlen in der Tabelle geben die astronomische Länge der Zeichen an. Die Länge wird vom Frühlingspunkt in Richtung der jährlichen Sonnenbewegung von 0° bis 360° gerechnet.

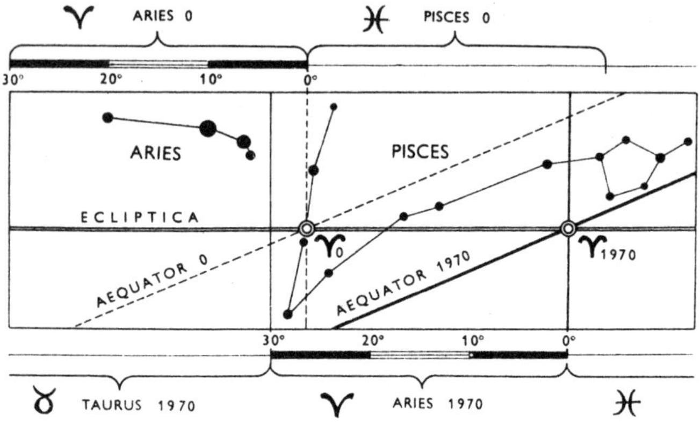

Abb. 17

Um das Jahr 0 unserer Zeitrechnung lagen die Zeichen in den gleichnamigen Sternbildern. Da sich der Himmelsäquator langsam zwischen den Sternen bewegt (dies wird durch die Präzessionsbewegung der Erdachse verursacht), verschiebt sich der Frühlingspunkt und mit ihm sämtliche Zeichen langsam längs der Ekliptik, die sie in nicht ganzen 26 000 Jahren durchlaufen. Gegenwärtig liegt der Frühlingspunkt im Sternbild Fische, und auch das Zeichen des Widders befindet sich in dem der Fische. Selbstverständlich sind die übrigen Zeichen im Vergleich mit den gleichnamigen Sternbildern ebenfalls um eines zurück verschoben. Bis heute sagen wir traditionsmäßig, daß z. B. die Sonne am 21. III. in das Zeichen des Widders eintritt und sind uns dessen gar nicht bewußt, daß sich die Sonne dabei im Sternbild Fische befindet. (Abb. 17.)

Auf den vier Karten der Ekliptikalsternbilder (Abb. 18—21) ist eingezeichnet, wann die Sonne in die einzelnen Zeichen eintritt (z. B. findet man auf Abb. 20, daß die Sonne am 23. IX. in das Zeichen der Waage eintritt).

Der Unterschied zwischen den Begriffen „Zeichen" und „Sternbild" im Tierkreis ist besonders im Zeichen des Schützen markant, in das sogar drei Sternbilder hineinreichen: der Skorpion, der Schlangenträger (dieser nimmt den größten Teil des Zeichens ein, obwohl er nicht als Tierkreissternbild betrachtet wird) und der Schütze.

Die folgenden Karten werden uns insbesondere bei der Identifizierung der Planeten behilflich sein. Oft stellen wir fest, daß sich in einem der Tierkreissternbilder ein zusätzliches helles Objekt befindet, das auf den farbigen Karten nicht eingezeichnet ist. In der Regel wird es einer der vier hellsten Planeten, d. h. *die Venus, der Mars, der Jupiter oder der Saturn*, sein. Mit bloßem Auge sichtbar ist auch der Planet Merkur, jedoch nur ausnahmsweise in der Abenddämmerung in der Nähe der Sonne, wenn sich die Sternbilder auf dem sich verdunkelnden Himmel zu zeigen beginnen. Wir schließen dabei andere Körper, wie Flugzeuge, künstliche Erdsatelliten (sie verraten sich durch ihre Bewegung) oder sogar das Aufleuchten eines Neuen Sternes (einer Nova) aus und bleiben bei den erwähnten vier Planeten. Ihre astronomischen Zeichen sind:

♀	Venus	♃	Jupiter
♂	Mars	♄	Saturn

Auf dem Himmel leuchten die Planeten mit ruhigem Licht, zum Unterschied von den Sternen, deren Licht flimmert und unruhig ist. Außerdem erkennt man die Planeten an ihrer Farbe und Helligkeit.

Die *Venus* ist strahlend weiß und immer der hellste Stern am Himmel. Ihre Helligkeit schwankt zwischen $-3{,}5^m$ und $-4{,}3^m$. Sie entfernt sich nicht sehr weit von der Sonne; in der Frühe sieht man sie als Morgenstern, nach Sonnenuntergang als Abendstern. Schon mit einem kleinen Fernrohr ist die Phase erkennbar.

Der *Mars* ist orangerot gefärbt. Seine Sterngröße schwankt stark, je nach der Entfernung von der Erde: von $+1{,}5^m$ bis $-2{,}8^m$.

Der *Jupiter* leuchtet mit weißem Licht, u. zw. immer schwächer als die Venus, aber heller als der Sirius (der hellste Stern im Sternbild Großer Hund). Sterngröße: $-1{,}6^m$ bis $2{,}3^m$. Mit dem Feldstecher erkennt man die vier hellsten Jupitermonde.

Der *Saturn* ist schwach gelblich gefärbt, seine Sterngröße ist $+0{,}9^m$ bis $0{,}1^m$. Sein bekanntes Ringsystem wird erst in einem größeren Fernrohr sichtbar.

Die Planeten bewegen sich in der Nähe der Ekliptik und beschreiben zwischen den Sternen komplizierte Schleifen. Dies wird dadurch verursacht, daß wir den um die Sonne umlaufenden Planeten von der sich ebenfalls bewegenden Erde aus beobachten.

Das leichte Erkennen der Planeten und die Verfolgung der interessanten Bewegungen ermöglichen die nachstehenden vier Karten der Ekliptikalsternbilder (Seite 74 bis 77), die durch Tabellen der Planetenstellungen für die Jahre 1978 bis 1990 ergänzt sind. In den Tabellen sind die Stellungen der Planeten Venus, Mars, Jupiter und Saturn immer für den ersten Tag jedes Monats angegeben. Nur manchmal – besonders beim Saturn – wurden einige Angaben der besseren Übersicht wegen ausgelassen. Die Zahl *1* bedeutet also die Stellung des Planeten am 1. Januar, die Zahl *2* die Stellung des Planeten am 1. Februar, die Zahl *3* die Stellung des Planeten am 1. März usw. Jeder Planet ist in den Tabellen mit einer anderen Zifferntype bezeichnet.

Der Ort auf der Ekliptik, der direkt über einer bestimmten Zahl liegt, entspricht der Stellung des zugehörigen Planeten für den 1. Tag des entsprechenden Monats.

Die Planeten bewegen sich größtenteils in der Nähe der Ekliptik in einer ca. 6° breiten Zone. Diese „Himmelsautobahn" ist auf den Karten mit gestrichelten Linien begrenzt. Nur die Venus und der Mars bewegen sich manchmal höher oder tiefer als 3° über bzw. unter der Ekliptik in den mit + und — bezeichneten Zonen (in den Tabellen mit den Zeichen + und — vor der entsprechenden Zahl — dem Datum).

Beispiel: Auf der ersten Tabelle ist in der Zeile 1980 die Stellung der Venus für den 1. IV. 1980 mit der Zahl 4 bezeichnet. Auf der oberen Karte kann man feststellen, daß sich die Venus zu dieser Zeit im Sternbild Stier links unter den Plejaden befindet.

In den Tabellen läßt sich sehr gut die direkte Bewegung der Planeten (von rechts nach links) und ihre Rückbewegung (von links nach rechts) verfolgen. Dabei muß man sich merken, daß sich der Planet immer von der niedrigeren zur höheren Zahl bewegt. Wenn man sich in den Tabellen gut orientieren kann, helfen sie bei der Voraussage der Konjunktion (des Gleichscheines) der Planeten.

Unter jeder Karte sind die Sonnenstellungen für jeden 1., 10. und 20. Tag des Monates angegeben. Nach der Konstellation der Sonne und des Planeten kann man die Bedingungen für die Beobachtung beurteilen, d. h. ob er abends oder früh sichtbar sein wird, usf.

Abb. 18

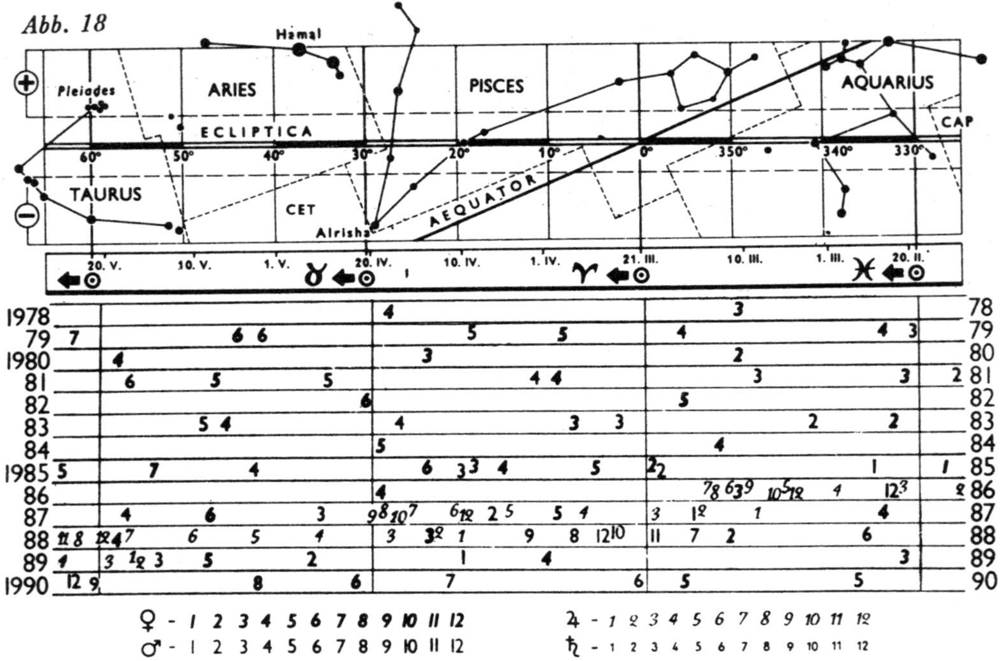

Hamal
Pleiades
ARIES
PISCES
AQUARIUS
CAP
ECLIPTICA
AEQUATOR
TAURUS
CET
Alrisha
60° 50° 40° 30° 20° 10° 0° 350° 340° 330°
20. V. 10. V. 1. V. 20. IV. 10. IV. 1. IV. 21. III. 10. III. 1. III. 20. II.
1978 79 1980 81 82 83 84 1985 86 87 88 89 1990
♀ - 1 2 3 4 5 6 7 8 9 10 11 12
♂ - 1 2 3 4 5 6 7 8 9 10 11 12
♃ - 1 2 3 4 5 6 7 8 9 10 11 12
♄ - 1 2 3 4 5 6 7 8 9 10 11 12

Abb. 19

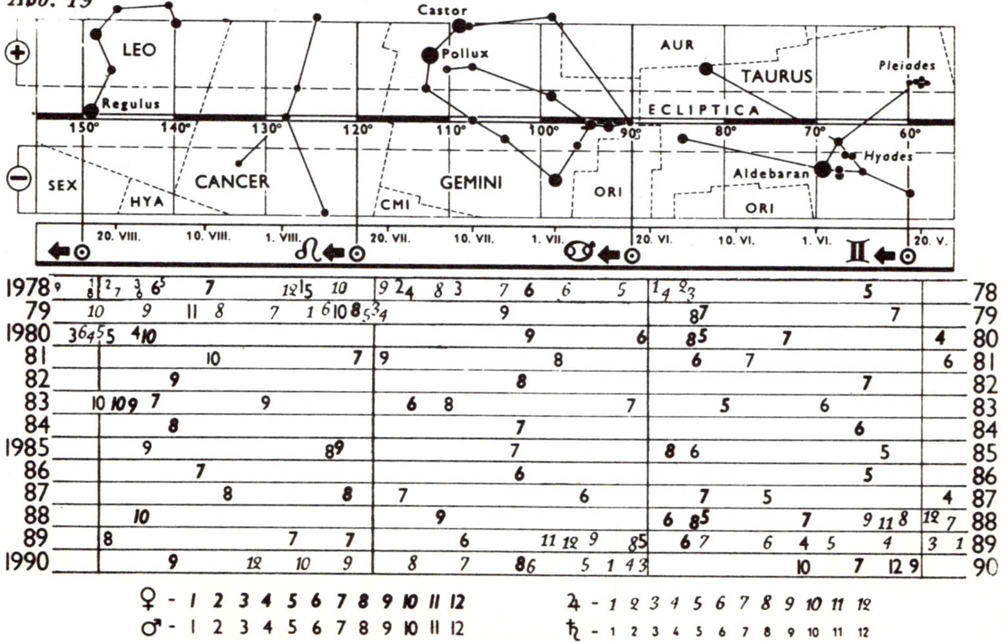

LEO
Regulus
CANCER
SEX
HYA
Castor
Pollux
GEMINI
CMI
ORI
AUR
TAURUS
ECLIPTICA
Pleiades
Hyades
Aldebaran
150°
140°
130°
120°
110°
100°
90°
80°
70°
60°
20. VIII.
10. VIII.
1. VIII.
20. VII.
10. VII.
1. VII.
20. VI.
10. VI.
1. VI.
20. V.
1978
79
1980
81
82
83
84
1985
86
87
88
89
1990
♀ - 1 2 3 4 5 6 7 8 9 10 11 12
♂ - 1 2 3 4 5 6 7 8 9 10 11 12
♃ - 1 2 3 4 5 6 7 8 9 10 11 12
♄ - 1 2 3 4 5 6 7 8 9 10 11 12

Abb. 20

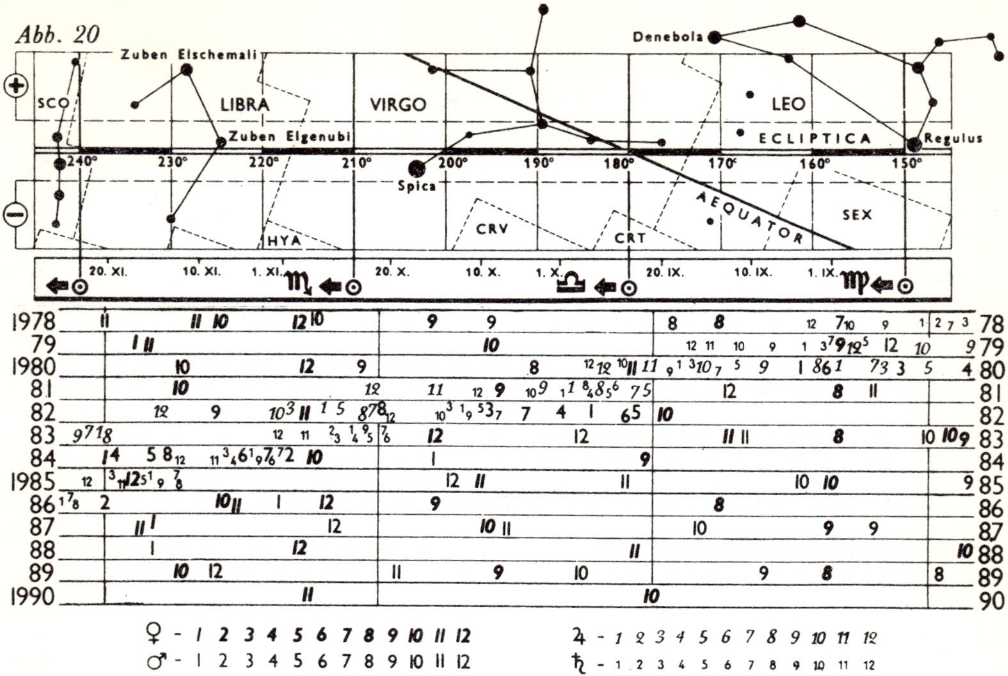
Zuben Elschemali
Zuben Elgenubi
Denebola
Regulus
Spica
SCO
LIBRA
VIRGO
LEO
ECLIPTICA
AEQUATOR
HYA
CRV
CRT
SEX
240°
230°
220°
210°
200°
190°
180°
170°
160°
150°
20. XI.
10. XI.
1. XI.
20. X.
10. X.
1. X.
20. IX.
10. IX.
1. IX.
1978
79
1980
81
82
83
84
1985
86
87
88
89
1990
♀ - 1 2 3 4 5 6 7 8 9 10 11 12
♂ - 1 2 3 4 5 6 7 8 9 10 11 12
♃ - 1 2 3 4 5 6 7 8 9 10 11 12
♄ - 1 2 3 4 5 6 7 8 9 10 11 12

Abb. 21

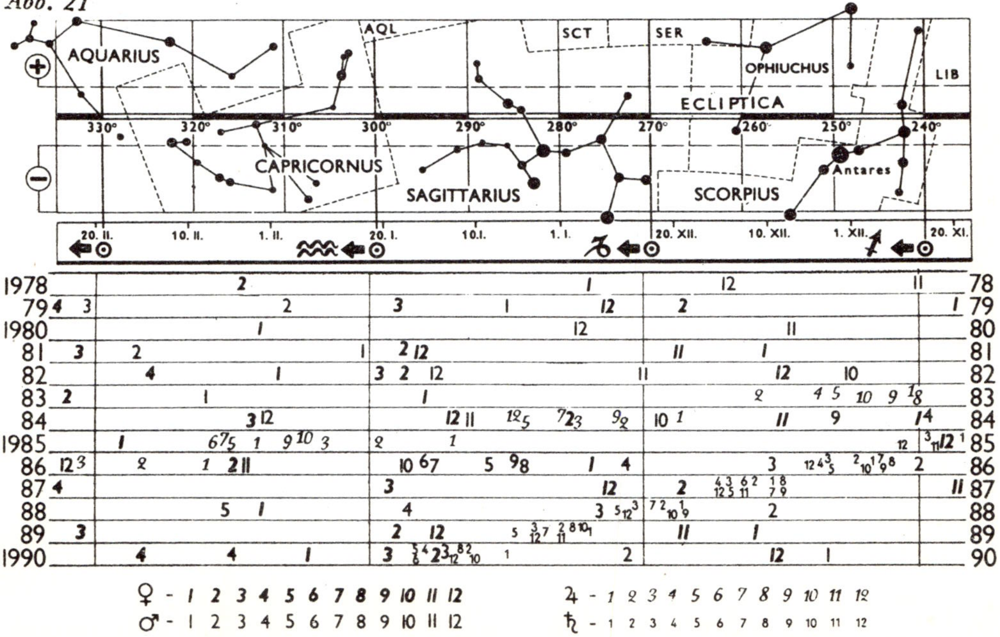

AQUARIUS
CAPRICORNUS
AQL
SAGITTARIUS
SCT
SER
OPHIUCHUS
ECLIPTICA
SCORPIUS
Antares
LIB
330°
320°
310°
300°
290°
280°
270°
260°
250°
240°
20. II.
10. II.
1. II.
20. I.
10. I.
1. I.
20. XII.
10. XII.
1. XII.
20. XI.
1978
79
1980
81
82
83
84
1985
86
87
88
89
1990
♀ - 1 2 3 4 5 6 7 8 9 10 11 12
♂ - 1 2 3 4 5 6 7 8 9 10 11 12
♃ - 1 2 3 4 5 6 7 8 9 10 11 12
♄ - 1 2 3 4 5 6 7 8 9 10 11 12

Und zum Schluß noch ein Beispiel: Im Sommer 1983 wird im Sternbild Skorpion, nördlich vom Stern Antares, ein weiterer sehr heller Stern von scheinbarer Helligkeit — 2 zu sehen sein. Wenn Sie diese Stelle auf der Karte (Abb. 21) finden und dazu Zeile 1983 vergleichen, werden Sie dort Zahlen finden, die Jupiter verraten, der sich das ganze Jahr zwischen Skorpion und Schlangenträger bewegt.

Messungen am Himmel

Es gibt ganz kleine Sternbilder, wie der Pfeil oder der Delphin, und es gibt anderseits „Supersternbilder", wie die nördliche Wasserschlange (Hydra) oder der Eridanus, die sich über ein Viertel der Sphäre hinziehen. In unserem Atlas sind alle Sternbilder einander gleich, und jedem ist eine Seite gewidmet. Wonach erkennt man nun ihre wirkliche Größe, damit man sie am Himmel findet?

Einen zuverlässigen Leitfaden stellen hier die Koordinaten dar. Auf allen Karten sind das Koordinatennetz und besonders die Parallelkreise zu je 10° der Deklination eingezeichnet. Diese gedachten Linien, die am Himmel voneinander 10° entfernt sind, können als guter Behelf zur Abschätzung der wirklichen Abmessungen des Sternbildes dienen. Man muß jedoch lernen, am Himmel in *Winkeln* und in *Bogengraden*, zu messen.

Dazu braucht man weder einen Sextanten noch einen Theodoliten. Es genügt ein scharfes Auge und die eigene Hand. Hält man in einer Entfernung von 50 cm vom Auge (die Entfernung der ausgestreckten Hand) einen Meßstab mit Teilung zu je 0,89 cm gegen den Himmel, so wird ein solcher in das Auge projizierter

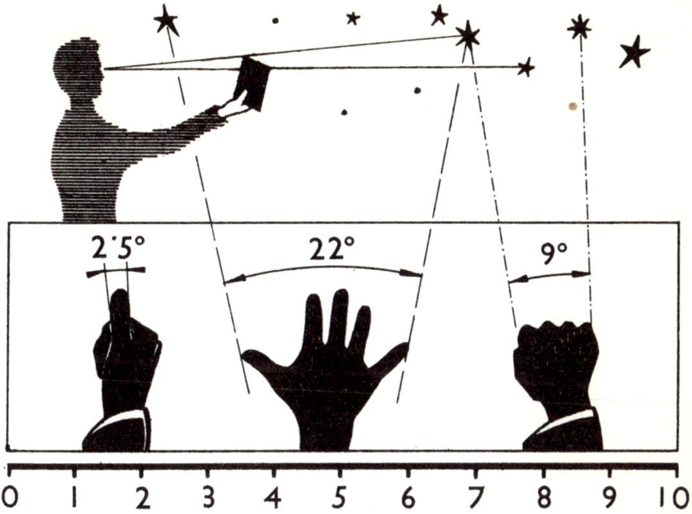

Abb. 22

Teil gerade einem Bogengrad entsprechen. Ein solcher Meßstab ist auf Abbildung 22 und auf der vierten Umschlagseite zu sehen. Mit dem Meßstab kann man evtl. seinen eigenen Daumen, die Faust usw. messen und feststellen, welche Winkel die verschiedenen Teile der Hand am Himmel einnehmen, wenn man sie aus einer Entfernung von 50 cm beobachtet.

Versuchen Sie so den Winkeldurchmesser des Mondes oder der Sonne zu messen! Sie werden überrascht sein, daß sie diese Himmelskörper sogar mit dem kleinen Finger verdecken können, da sie einen Durchmesser von nur 0,5° aufweisen. Üben Sie das Messen mit der Hand oder mit einem Buch zuerst an Sternbildern, die Sie gut kennen (Großer Bär, Orion usw.). Wenn Sie dann zum ersten Mal ein neues Sternbild suchen werden, so wird Ihnen die richtige Abschätzung seiner Winkelmaße dabei behilflich sein. Wenn Sie sich die Winkelentfernungen einiger Sterne merken, dann können sie als Maßstab dienen. So z. B. beträgt die Entfernung der hinteren Räder des Himmelswagens (Großer Bär) 5°.

ÜBERSICHTLICHE STERNBILD-KARTEN

Die folgenden sechs Karten umfassen den ganzen nördlichen und südlichen Himmel und zeigen zusammen mit den Karten in den Vorsätzen die Gesamtausdehnung und die gegenseitige Stellung sämtlicher 88 Sternbilder.

Sternbilder um den Himmelsnordpol

(auf der gegenüberliegenden Seite)

Das bedeutendste Mitglied dieser Gruppe ist der *Große Bär* (Ursa Maior). Sein Bestandteil ist das Bild aus sieben hellen Sternen, das auch unter dem Namen „Großer Himmelswagen" bekannt ist. Für die Bewohner der nördlichen Halbkugel ist es das markanteste Sternbild überhaupt, und jeder, der den Himmel kennenlernen will, sollte beim Großen Bären anfangen. Die Verbindungslinie der Sterne Alpha (Dubhe) und Beta (Merak) zielt auf den Polarstern (Polaris) im Sternbild *Kleiner Bär* (Ursa Minor) hin, der auch als „Kleiner Himmelswagen" bekannt ist. Der Polarstern liegt keinen ganzen Grad vom Himmelsnordpol (Mitte der Karte) entfernt. Zwischen den beiden Bären windet sich das Sternbild des *Drachen* (Draco).

Wenn man vom Großen Bären über den Polarstern ebenso weit auf die andere Polseite geht, so findet man dort in der Milchstraße die fünf hellsten Sterne des Sternbildes *Kassiopeia*, die zu einem „M" oder „W" gruppiert sind. Auch dieses Sternbild zählt zu den bekanntesten am nördlichen Himmel. Zwischen der Kassiopeia und dem Drachen ist der *Kepheus* zu sehen; der Linienzug dieses nicht sehr deutlichen Sternbildes erinnert an die Kinderzeichnung eines Häuschens mit einem Dach. Von den Sternbildern *Giraffe* (Camelopardalis) und *Luchs* (Lynx) sagen die Amateur-Astronomen, daß sie „dort sind, wo nichts ist". Sie bestehen aus sehr schwach sichtbaren Sternen und sind nur bei ausgezeichneten Beobachtungsbedingungen zu finden.

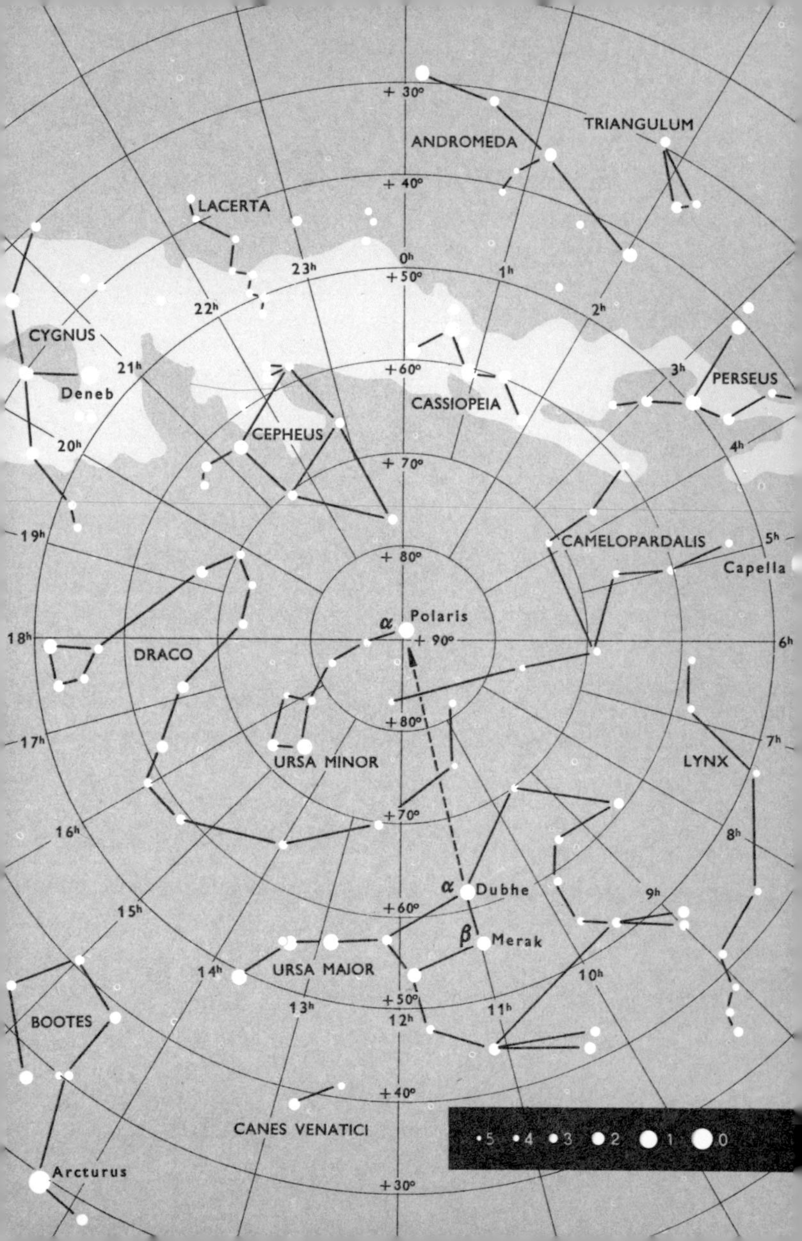

+ 30°
TRIANGULUM
ANDROMEDA
+ 40°
LACERTA
0h
23h
+ 50°
1h
22h
2h
CYGNUS
21h
+ 60°
3h
PERSEUS
Deneb
CASSIOPEIA
CEPHEUS
20h
4h
+ 70°
19h
CAMELOPARDALIS
5h
+ 80°
Capella
α
Polaris
18h
DRACO
+ 90°
6h
+ 80°
17h
URSA MINOR
LYNX
7h
+ 70°
16h
8h
α
Dubhe
9h
15h
+ 60°
β
Merak
14h
URSA MAJOR
10h
+ 50°
13h
12h
11h
BOOTES
+ 40°
CANES VENATICI
5
4
3
2
1
0
Arcturus
+ 30°

Die Herbststernbilder

Aus dieser und den folgenden drei Karten sind die Sternbilder nach der Jahreszeit klassiert, in der sie den größeren Teil der Nacht über beobachtbar sind. Die Bezeichnung der Jahreszeit gilt dabei für die nördliche Halbkugel.

Man beginnt mit der Orientierung im Norden vom „Viereck des Pegasus", das von den Sternen Alpha, Beta und Gamma des *Pegasus* und dem Stern Alpha der *Andromeda* gebildet wird. Vom letztgenannten Stern kommt man zu den Sternen Beta und Gamma der Andromeda und von hier zum Stern Algol im *Perseus*. Die Gruppe der genannten Sterne sind auf dem Himmel zu einem Bild zusammengestellt, das den sieben Sternen aus dem Großen Bären sehr ähnlich ist. Südlich von der Andromeda liegen zwei kleine Sternbilder: das *Dreieck* (Triangulum) und *Widder* (Aries).

Das Viereck des Pegasus reicht mit seiner südöstlichen Ecke bis in das offene „V" des Sternbildes *Fische* (Pisces). Es ist ein unauffälliges Sternbild ebenso wie das benachbarte Sternbild *Wassermann* (Aquarius), das man sich am besten nach der typischen Sterngruppe am Äquator merkt. Etwas markanter ist der *Steinbock* (Capricornus), der auf der Ekliptik westlich vom dreieckigen „Kopf" des Pegasus liegt. Der Buchstabe „V" im Sternbild Fische zielt wie ein großer Pfeil in die Mitte des umfangreichen Sternbildes *Walfisch* (Cetus).

Auf der südlichen Halbkugel werden wir in diesem Gebiet vor allem die hellsten Sterne zu finden versuchen, d. h. den Fomalhaut im *Südlichen Fisch* (Piscis Austrinus) und Achernar im Sternbild *Eridanus*. Zusammen mit dem Stern Kanopus aus dem *Schiffskiel* (Carina) (siehe Karte auf dem hinteren Vorsatz) bilden die genannten zwei hellen Sterne einen markanten ungefähr auf einer Geraden liegenden Dreifachstern, der gut zur Orientierung dienen kann. Südlich vom Fomalhaut liegt das Sternbild *Kranich* (Grus). In der Nähe des Achernar befindet sich der *Phönix* (Phoenix). Die schwachen Sternbilder *Chemischer Ofen* (Fornax), *Bildhauer* (Sculptor) und *Mikroskop* (Microscopium) sind nur bei sehr guten Beobachtungsbedingungen zu finden.

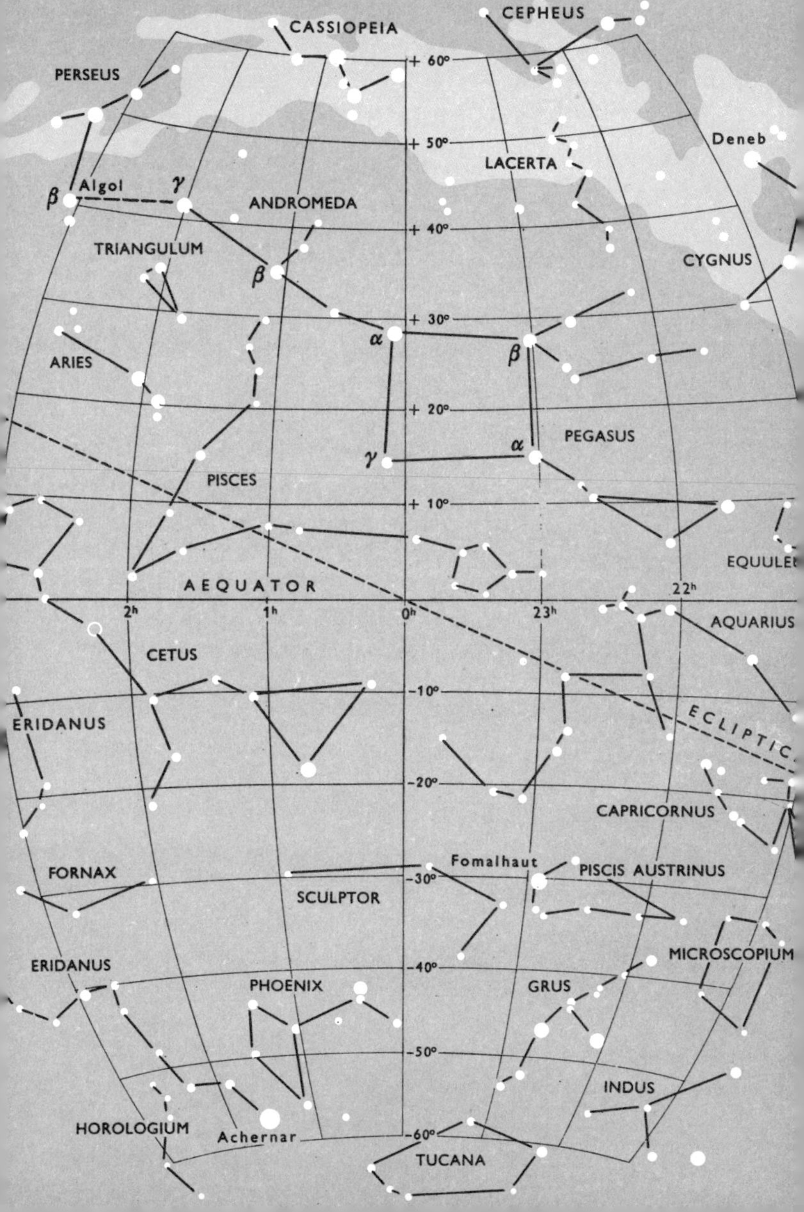
CASSIOPEIA
CEPHEUS
PERSEUS
+ 60°
+ 50°
Deneb
LACERTA
β
Algol
γ
ANDROMEDA
+ 40°
TRIANGULUM
β
CYGNUS
+ 30°
α
ARIES
β
+ 20°
PEGASUS
α
γ
PISCES
+ 10°
EQUULEU
AEQUATOR
2h
1h
0h
23h
22h
AQUARIUS
CETUS
-10°
ERIDANUS
ECLIPTIC
-20°
CAPRICORNUS
FORNAX
Fomalhaut
PISCIS AUSTRINUS
-30°
SCULPTOR
ERIDANUS
MICROSCOPIUM
-40°
PHOENIX
GRUS
-50°
INDUS
HOROLOGIUM
Achernar
-60°
TUCANA

Die Wintersternbilder

Der Winterhimmel ist sehr reich an hellen Sternen, und deshalb ist die Orientierung auch für einen Anfänger leicht.

Das dominierende Sternbild ist der *Orion*, dessen hellste Sterne ein markantes Rechteck mit einem regelmäßig ausgerichteten Dreifachstern in der Mitte bilden. Die ganze Sterngruppe erinnert an das Bild eines Schmetterlings mit entfalteten Flügeln. Nach der ursprünglichen figuralen Vorstellung des Jägers Orion nennt man die drei mittleren Sterne den „Gürtel des Orion". Der nördlichste Gürtelstern liegt in unmittelbarer Nähe des Äquators. Der nach Norden verlängerte Oriongürtel zeigt den orangefarbenen Aldebaran im Sternbild *Stier* (Taurus). Noch weiter liegt auf dieser Verbindungslinie die markante Sterngruppe *Plejaden.* Zwischen den Plejaden und der Kassiopeia (siehe Karte auf dem vorderen Vorsatz) bildet der Bogen der Sterne des *Perseus* eine Brücke. Unweit von hier strahlt einer der hellsten Sterne des Himmels, die Kapella im Sternbild *Fuhrmann* (Auriga).

Die Verbindungslinie der Sterne Rigel und Beteigeuze im Orion zielt in das Sternbild *Zwillinge* (Gemini), die man sich am besten nach dem Sternenpaar Castor und Pollux merkt. In ihrer Nähe liegt das ausdruckslose Sternbild *Krebs* (Cancer).

Nach einer alten Sage begleiteten den Jäger Orion zwei Hunde, ein großer und ein kleiner. In das Sternbild *Großer Hund* (Canis Maior) führt die Verbindungslinie der Orion-Gürtelsterne. Der hellste Stern des *Großen Hundes*, der Sirius, ist gleichzeitig der hellste Fixstern des ganzen Himmels. Zwischen Sirius und den Zwillingen liegt der *Kleine Hund* (Canis Minor) mit dem hellen Prokyon.

Zur ersten raschen Orientierung ist es gut, folgende helle Sterne zu einem Vieleck zu verbinden: Kapella — Aldebaran — Rigel — Sirius — Prokyon — Pollux — Kastor.

Geht man vom Sirius längs des Milchstraßenbandes nach Süden weiter, so findet man die Sternbilder *Segel* (Vela) und *Schiffskiel* (Carina). Der Stern Alpha Carinae (Canopus) ist nach dem Sirius der zweithellste Stern des Himmels und wird bei kosmischen Flügen oft als Navigationsstern benützt. Vom Stern Rigel im Orion kann man die Meander des *Eridanus* (Eridanus) bis zum hellen Achernar verfolgen.

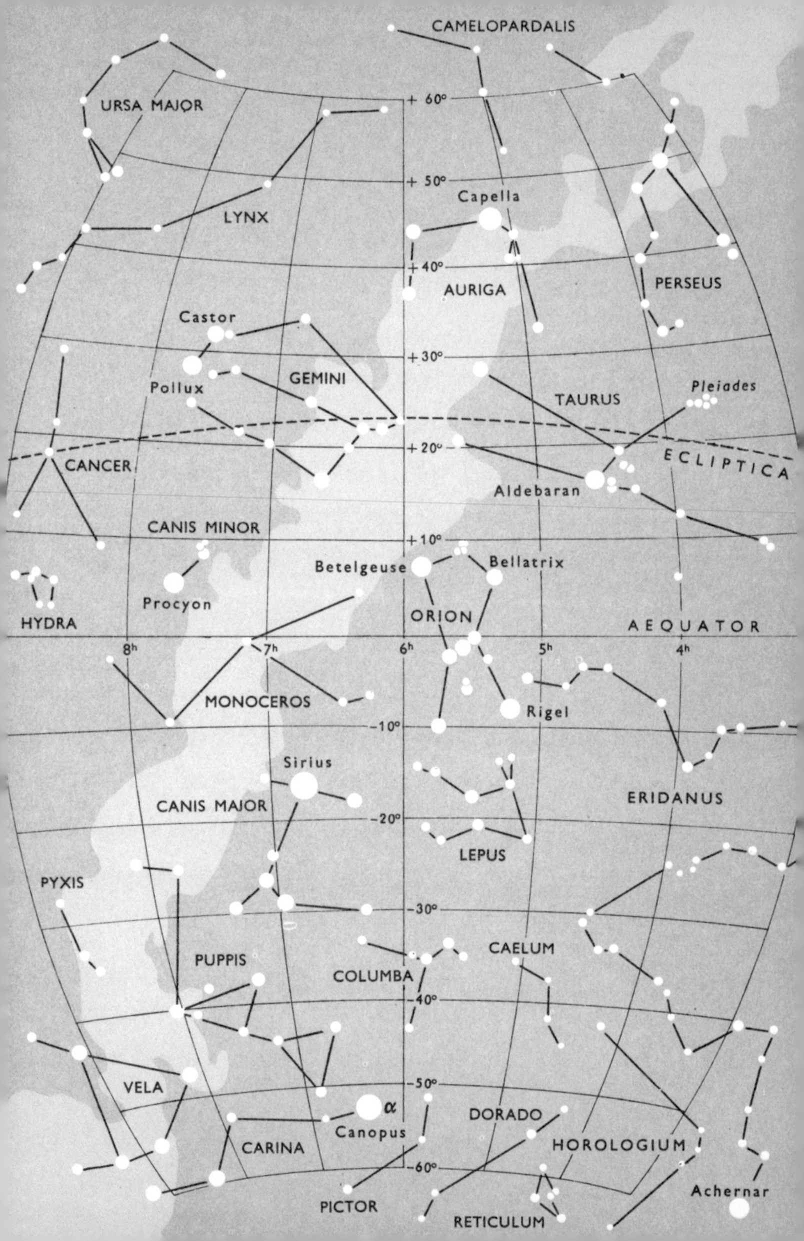
CAMELOPARDALIS
URSA MAJOR
+ 60°
+ 50°
Capella
LYNX
+ 40°
AURIGA
PERSEUS
Castor
+ 30°
GEMINI
Pleiades
Pollux
TAURUS
+ 20°
ECLIPTICA
CANCER
Aldebaran
CANIS MINOR
+ 10°
Betelgeuse
Bellatrix
Procyon
HYDRA
ORION
AEQUATOR
8h
7h
6h
5h
4h
MONOCEROS
Rigel
-10°
Sirius
CANIS MAJOR
ERIDANUS
-20°
LEPUS
PYXIS
-30°
CAELUM
PUPPIS
COLUMBA
-40°
-50°
VELA
α
DORADO
Canopus
CARINA
HOROLOGIUM
-60°
Achernar
PICTOR
RETICULUM

Die Frühlingssternbilder

Zwischen der nördlichen und südlichen Halbkugel bestehen in diesem Himmelsteil große Unterschiede. Während es in der Himmelsäquatorzone und nördlich vom Äquator nur wenige helle Sterne gibt, bietet sich unserem Blick in den hohen südlichen Deklinationen eine der reichsten Himmelsgegenden dar.

Im Norden beginnen wir mit der Orientierung beim „Himmelswagen", den gut bekannten sieben Sternen aus dem *Großen Bären*. Die Verbindungslinien der Sterne Alpha und Beta des Bären zielen auf das Sternbild *Löwe* (Leo) hin. Den Löwen erkennt man leicht an der Sterngruppe, die an eine große Sichel oder an ein umgekehrtes Fragezeichen erinnert. (Nach der ursprünglichen Vorstellung ist hier die Mähne des Löwen.) Der hellste Stern des Löwen, Regulus, liegt auf der Ekliptik. Verlängert man die Deichsel des Himmelswagens (den Schwanz des Bären) bogenartig zum Äquator, so findet man in dieser Richtung den orangefarbenen Arktur im Sternbild *Bärenhüter* (Bootes) und verfolgt man diesen Bogen über den Arktur weiter bis unter den Äquator, so findet man dort den Stern Spika aus dem Sternbild *Jungfrau* (Virgo). Die Sterne Regulus, Arktur und Spika bilden ein großes auffallendes Dreieck, nach dem man sich gut orientieren kann (Frühlings-Orientierungsdreieck). Unter diesem ganzen Dreieck zieht sich das überlange Sternbild *Nördliche Wasserschlange* (Hydra) hin, deren Kopf sich unter dem Sternbild Krebs befindet (siehe vorangehende Karte). Zwischen der Wasserschlange und der Jungfrau ist das kleine, sehr hübsche Sternbild *Rabe* (Corvus) und neben dem Raben das weniger eindrucksvolle Sternbild *Becher* (Crater).

In der Milchstraße, die dieses Gebiet im Süden begrenzt, liegen die Sternbilder *Segel des Schiffes* (Vela) und *Schiffskiel* (Carina). An der Berührungsstelle dieser Sternbilder entsteht ein aus vier Sternen zusammengesetztes Bild, das dem Sternbild Kreuz ähnelt. Deshalb werden diese vier Sterne das „falsche Kreuz" genannt. Das wirkliche *Kreuz des Südens* (Crux) liegt dagegen in der Nähe des Sternpaares Alpha und Beta Centauri. Diese Sterne weisen auf das Kreuz und dienen gleichzeitig zur Identifizierung des ausgedehnten Sternbildes *Zentaur* (Centaurus).

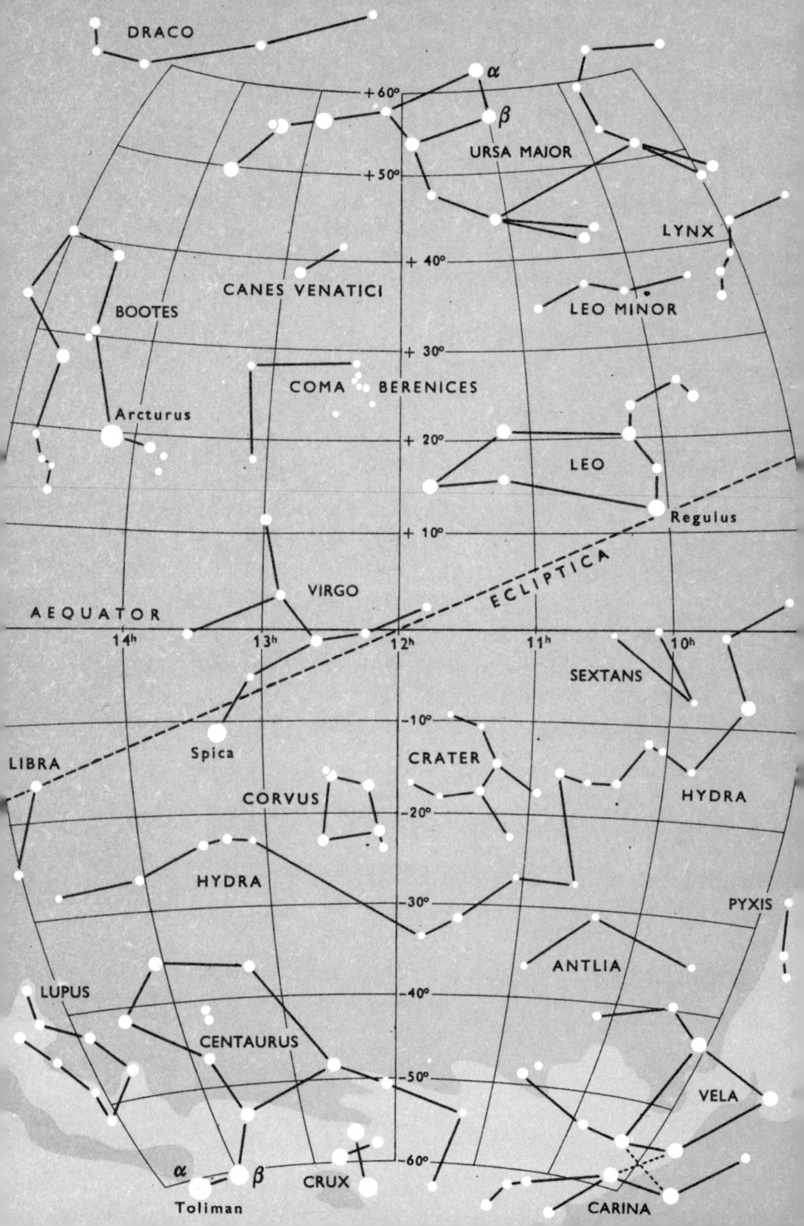
DRACO
URSA MAJOR
α
β
+60°
+50°
LYNX
+40°
CANES VENATICI
BOOTES
LEO MINOR
+30°
COMA BERENICES
Arcturus
+20°
LEO
Regulus
+10°
ECLIPTICA
VIRGO
AEQUATOR
14h
13h
12h
11h
10h
SEXTANS
-10°
Spica
CRATER
LIBRA
CORVUS
HYDRA
-20°
HYDRA
-30°
PYXIS
ANTLIA
LUPUS
-40°
CENTAURUS
-50°
VELA
-60°
α
β
CRUX
Toliman
CARINA

Die Sommersternbilder

Das silbrige Band der Milchstraße stellt einen zuverlässigen Anhaltspunkt beim Aufsuchen von Sternbildern in diesem Himmelsteil dar.

Auf der nördlichen Halbkugel suchen wir vor allem das sog. Sommer-Orientierungsdreieck aus den hellen Sternen Wega – Deneb – Atair. Die blauweiße Wega im Sternbild *Leier* (Lyra) ist einer der hellsten Sterne des Himmels. Deneb liegt am Schwanz des *Schwanes* (Cygnus), der mit offenen Flügeln längs der Milchstraße nach dem Süden fliegt. Atair im Sternbild *Adler* (Aquila) wird zu beiden Seiten von schwächeren Sternen begleitet. Ihre Formation erinnert entfernt an den Oriongürtel. Nördlich vom Atair sind zwei der kleinsten Sternbilder: *Delphin* (Delphinius) und *Pfeil* (Sagitta).

Unweit der Wega finden wir den Kopf des Drachen und weiter das ausgedehnte Sternbild des *Herkules* (Hercules), dessen Linienzug wir uns als umgekehrtes „K“ merken. Zwischen Herkules und Bärenhüter (siehe Frühlingssternbilder) steht die *Nördliche Krone* (Corona Borealis) mit der helleren Gemma. Unterhalb der Krone sieht man den *Schlangenkopf* (Serpens Caput). Die Schlange wird vom *Schlangenträger* (Ophiuchus) in der Hand gehalten. Der *Schwanz der Schlange* (Serpens Cauda) zieht sich bis zum Sternbild *Adler* hin und dringt zwischen die beiden Arme der Milchstraße ein.

Von den Ekliptikalsternen (Tierkreis-Sternbildern) ist der *Skorpion* (Scorpius) der markanteste mit seinem rot leuchtenden Stern Antares. Westlich vom Skorpion findet man die *Waage* (Libra). In den hellsten Partien der Milchstraße östlich vom Skorpion befindet sich das Sternbild *Schütze* (Sagittarius). Südlich vom Schützen zieht sich der aus schwachen Sternchen bestehende regelmäßige Bogen des Sternbildes *Südliche Krone* (Corona Australis) hin. Südlich vom Skorpion liegt das gut wahrnehmbare Sternbild des *Altars* (Ara), dessen Linienführung die Vorstellung eines einfach gezeichneten Lehnstuhles hervorruft. Zwischen Skorpion und Zentaur ist im auslaufenden Arm der Milchstraße eine Gruppe hellerer Sterne, das Sternbild *Wolf* (Lupus).

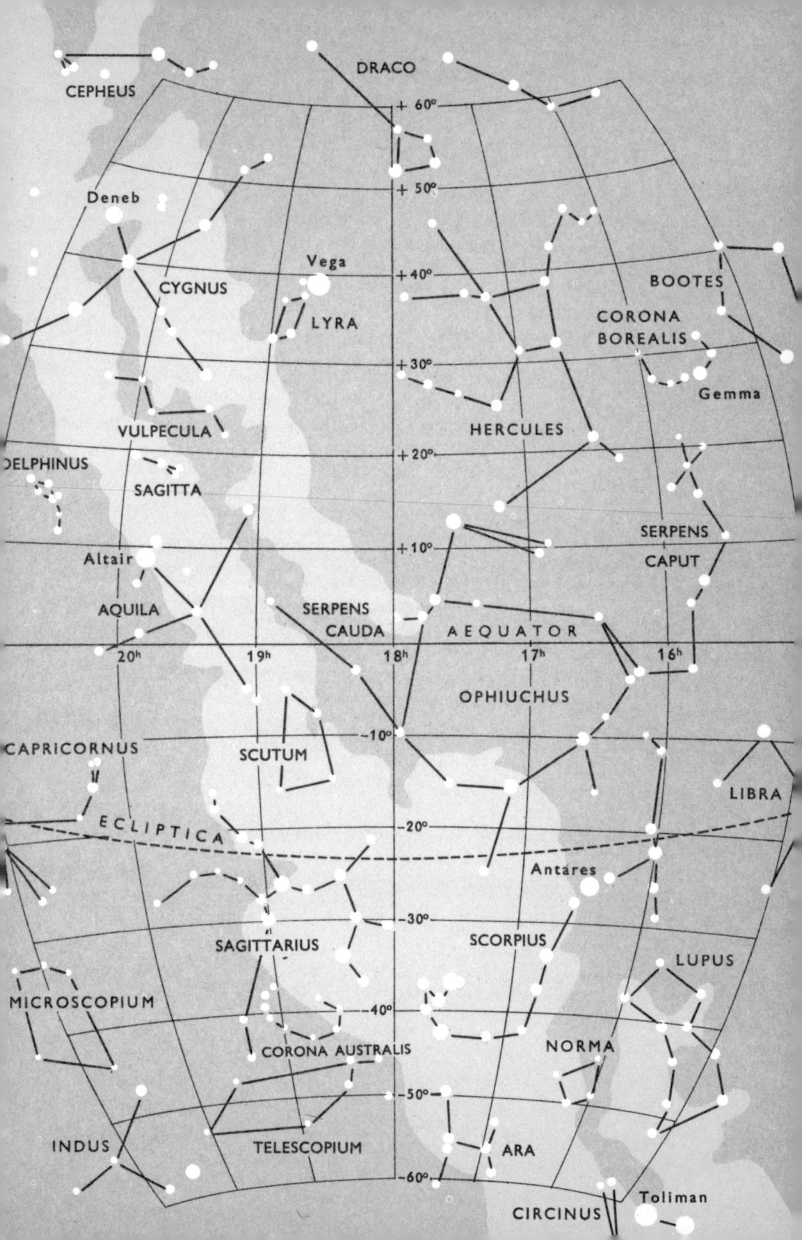

CEPHEUS
DRACO
+60°
+50°
Deneb
Vega
+40°
CYGNUS
LYRA
BOOTES
CORONA
BOREALIS
+30°
Gemma
VULPECULA
HERCULES
+20°
DELPHINUS
SAGITTA
SERPENS
CAPUT
+10°
Altair
AQUILA
SERPENS
CAUDA
AEQUATOR
20h
19h
18h
17h
16h
OPHIUCHUS
CAPRICORNUS
SCUTUM
-10°
LIBRA
ECLIPTICA
-20°
Antares
-30°
SAGITTARIUS
SCORPIUS
LUPUS
MICROSCOPIUM
-40°
CORONA AUSTRALIS
NORMA
-50°
INDUS
TELESCOPIUM
ARA
-60°
Toliman
CIRCINUS

Sternbilder um den Himmelssüdpol

Die Orientierung ist hier etwas schwieriger als um den Nordpol. Die Sternbilder um den Südpol sind fast durchweg nicht einprägsam und werden nur von schwachen Sternen gebildet.

Die einfachste Orientierung erfolgt im Milchstraßenband, wo man vom *Kreuz des Südens* (Crux) ausgehen kann, das in der Nähe der dunklen Stelle der Milchstraße, des sog. „Kohlensackes", liegt. Auf das Kreuz zielt die Verbindungslinie der zwei hellsten Sterne im *Zentaur*. Diese Verbindungslinie hilft, das Kreuz des Südens vom „falschen Kreuz" an der Berührungsstelle der Sternbilder *Segel* und *Schiffskiel* zu unterscheiden (siehe Sommersternbilder). Von den kleineren Sternbildern suchen wir beim Kreuz die *Fliege* (Musca) und in der Nähe des Alpha Centauri das *Südliche Dreieck* (Triangulum Australe).

In unmittelbarer Nähe des Himmelssüdpoles gibt es keinen hellen Stern, der ähnlich wie der Polarstern im Norden hier die Lage des Poles bezeichnen könnte. Das Sternbild *Oktant* (Octans), das am Pol liegt, ist sehr unklar. Die Lage des Südpols kann man mit Hilfe des Kreuzes des Südens schätzen, dessen längerer Arm auf den Pol hinzeigt oder mittels der Magellanschen Wolken, die mit dem Pol ein ungefähr gleichseitiges Dreieck bilden. Die beiden Magellanschen Wolken (die kleine – SMC – Small Magellanic Cloud und die große – LMC – Large Magellanic Cloud) sind auch bei Mondschein gut sichtbar.

Eine geeignete Orientierungsachse mit dem südlichen Himmel ist die Verbindungslinie von drei sehr hellen Sternen; es sind Canopus in der Carina, Achernar im Eridanus und Fomalhaut im Südlichen Fisch. Entlang dieser Verbindungslinie versuchen wir weitere, wenig klare Sternbilder zu finden, u. zw. *Maler* (Pictor), *Goldfisch* (Dorado), *Netz* (Reticulum), *Pendeluhr* (Horologium) und *Phönix* (Phoenix). Von den übrigen Sternbildern in der Umgebung des Südpols ist der *Pfau* (Pavo) nach dem einsamen helleren Stern Alpha Pavonis (Peacock) ziemlich leicht erkenntlich.

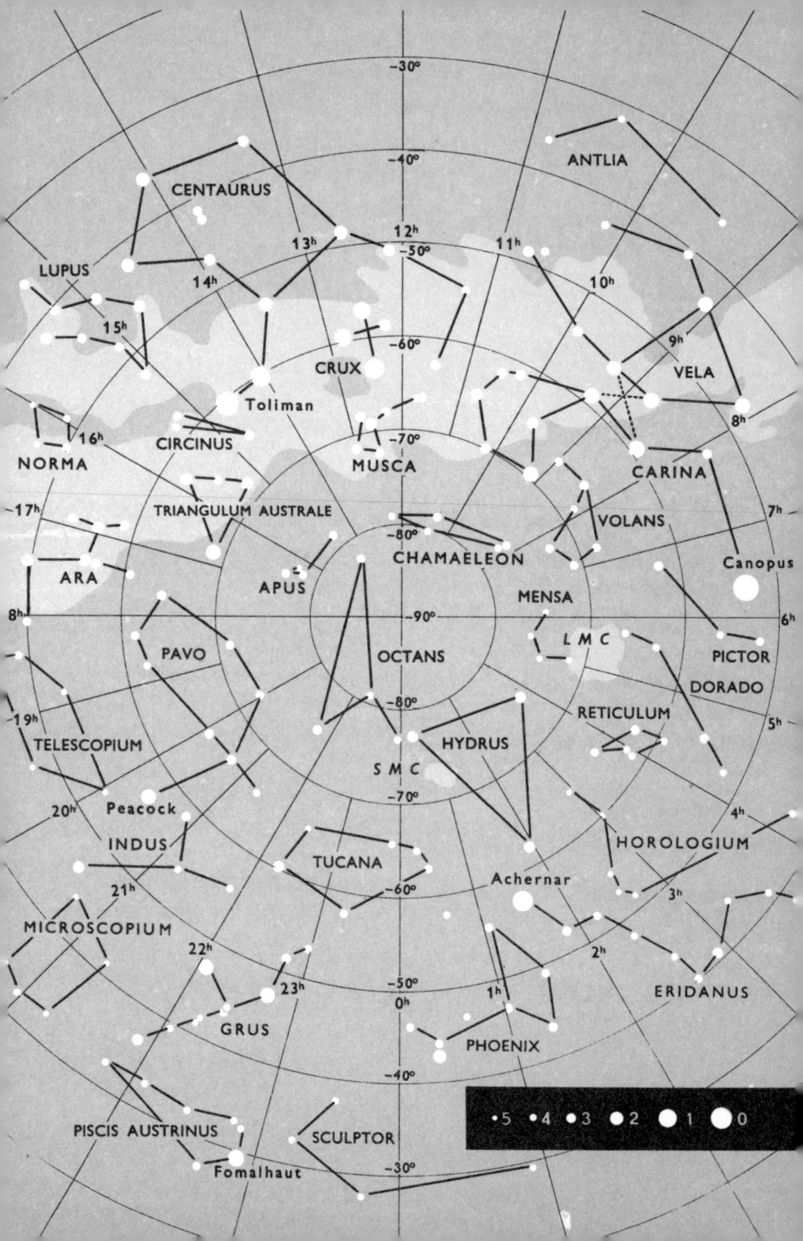

-30°
ANTLIA
-40°
CENTAURUS
12h
13h
11h
-50°
LUPUS
14h
10h
15h
-60°
CRUX
9h
VELA
Toliman
8h
-70°
16h
CIRCINUS
NORMA
MUSCA
CARINA
17h
TRIANGULUM AUSTRALE
VOLANS
7h
-80°
ARA
CHAMAELEON
Canopus
APUS
MENSA
8h
-90°
6h
L M C
PAVO
OCTANS
PICTOR
DORADO
-80°
RETICULUM
19h
5h
TELESCOPIUM
HYDRUS
S M C
-70°
20h
Peacock
4h
INDUS
HOROLOGIUM
TUCANA
Achernar
21h
-60°
3h
MICROSCOPIUM
22h
2h
23h
-50°
ERIDANUS
0h
1h
GRUS
PHOENIX
-40°
5 4 3 2 1 0
PISCIS AUSTRINUS
SCULPTOR
Fomalhaut
-30°

STERNBILDKARTEN

Sämtliche in diesem Buch angeführten Angaben wurden dem „Atlas Coeli“ entnommen.

ERLÄUTERUNGEN
zu den Sternbildkarten

Das Sternbild CONSTEL würde man vergeblich am Himmel suchen. Es existiert nur auf der gegenüberliegenden Seite und dient als Bildlegende und Zeichenschlüssel zu den Karten der einzelnen Sternbilder.

CON ... Abkürzung für Sternbild:
im roten Feld für Sternbilder der nördlichen Halbkugel; im orangefarbenen Feld für Sternbilder der südlichen Halbkugel; im schwarzen Feld für Sternbilder der Äquatorzone.

CONSTEL ... lateinischer (internationaler) Name für ein Sternbild. Nach dem lateinischen Sternbildnamen folgt die Genitivform des Namens, die Abkürzung und dann die deutsche Bezeichnung.
ABC, DEF, GHI ... benachbarte Sternbilder.
A, B gut sichtbare Sterne

1 Skala der scheinbaren Sterngrößen (die Sternscheibchen sind zu $0{,}5^{m}$ abgestuft).
2 Art der Sternbezeichnung. Dem Scheibchen ist der Name des Sterns beizugeben und bei ausgewählten Sternen auch die Entfernung in Lichtjahren.
Farbenmäßige Unterscheidung
Farbige Bezeichnung der Sterne nach der Entfernung:
weiß .... bis 100 Lichtjahre
orangefarben . von 100 bis 1000 Lichtjahre
rot .... über 1000 Lichtjahre.
3 Doppelsterne mit Komponenten, die mit bloßem Auge oder mit einem Feldstecher aufgelöst werden können.
4 Veränderlicher (das äußere Scheibchen bedeutet das Maximum, das innere das Minimum der Helligkeit).
5 Veränderlicher, der im Minimum schwächer ist als $5{,}3^{m}$

6 Offener Sternhaufen
7 Galaktischer Nebel
8 Planetarischer Nebel
9 Kugelsternhaufen
10 Galaxie

weißes Zeichen: Das Objekt ist mit bloßem Auge oder durch einen Feldstecher zu sehen
schwarzes Zeichen: Das Objekt ist nur durch ein größeres Fernrohr zu sehen

Kartenorientierung: Der längere Arm des Orientierungskreuzes (N) ist auf den Himmelsnordpol gerichtet.

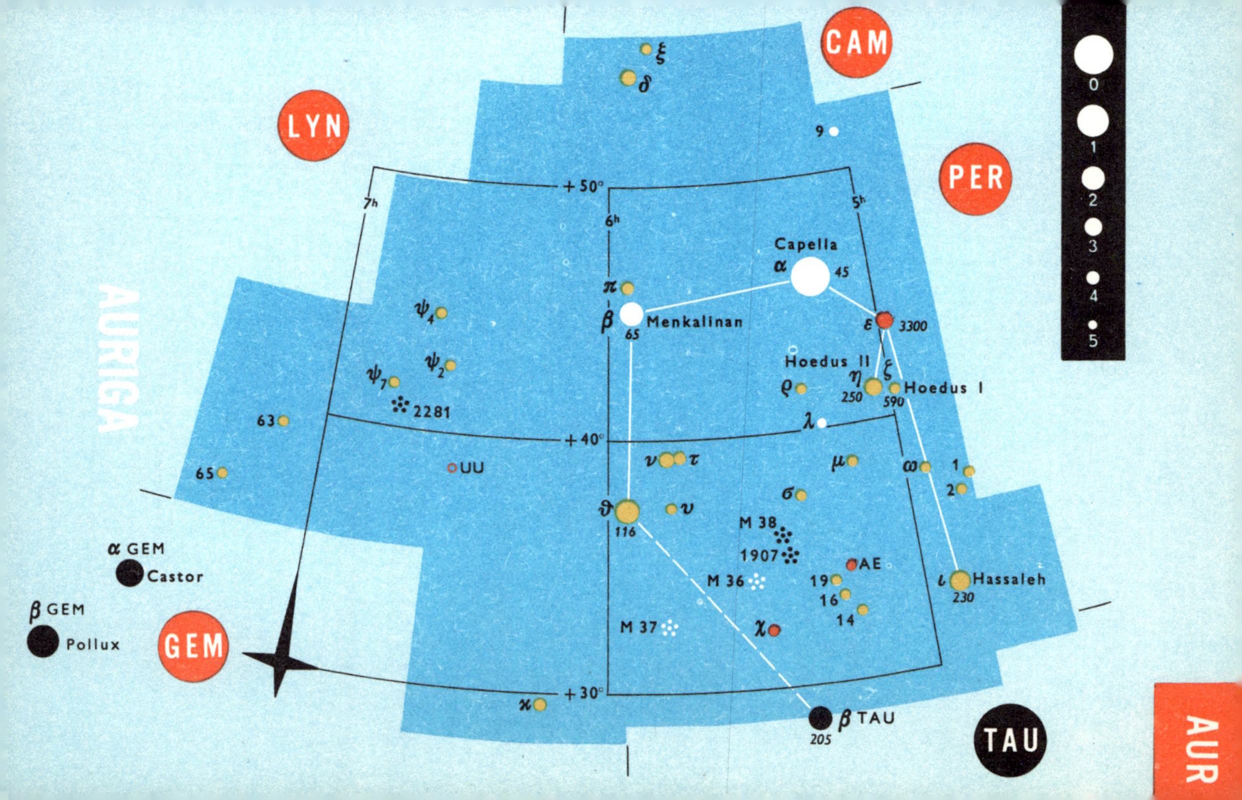
AURIGA
AUR
CAM
LYN
PER
GEM
TAU
0
1
2
3
4
5
+50°
+40°
+30°
7h
6h
5h
Capella
α
45
Menkalinan
β
65
π
ε
3300
Hoedus II
ζ
η
250
Hoedus I
590
ρ
λ
ξ
δ
9
ψ4
ψ2
ψ7
2281
63
65
UU
ν
τ
μ
ω
1
2
σ
ϑ
116
υ
M 38
1907
AE
M 36
19
16
14
ι
Hassaleh
230
M 37
χ
ϰ
β TAU
205
α GEM
Castor
β GEM
Pollux

BOOTES

Bootis Boo Bärenhüter

Das Sternbild Bärenhüter fällt durch den hellen Stern Arktur auf. Die wichtigsten Sterne im Bootes sind:

α BOOTIS – ARCTUR, ein Riese der Spektralklasse K 2, dessen Durchmesser fast 23× größer ist als der der Sonne. Er ist ein relativ naher Stern; sein Licht braucht nur 35 Lichtjahre, um zu uns zu gelangen. Die scheinbare Helligkeit beträgt 0,24 Größenklassen, die absolute −0,1.

β BOOTIS – NEKKAR ist ein Riese der Spektralgruppe G 5, er hat eine scheinbare Helligkeit von 3,63 Größenklassen und eine absolute Helligkeit von 0,5 Größenklassen. Das Licht braucht von diesem Stern 136 Lichtjahre.

γ BOOTIS, die Araber nannten ihn HARIS — die Wache des Nordens. Er ist ein Zwergstern der Spektralklasse A 7 mit einer scheinbaren Helligkeit von 3,00 Größenklassen und einer absoluten Helligkeit von 0,6 Größenklassen. Entfernung 99 Lichtjahre.

δ BOOTIS ist ein gelber Riese der Spektralklasse G 4, der 116 Lichtjahre entfernt ist. Er leuchtet als Stern 3,54ter Größe; seine absolute Helligkeit beträgt 0,8 Größenklassen.

ε BOOTIS – IZAR ist in Wirklichkeit ein orange Riese der Spektralklasse K 0. Er ist ein System von drei Sternen. Die Leistung eines der Sterne äußert sich im Spektrum des Izar. Die visuelle Helligkeit des Hauptsterns beträgt 2,70 Größenklassen, die absolute Helligkeit −1,6 Größenklassen. Das System ist von uns 230 Lichtjahre entfernt. In einem größeren Fernrohr bietet der visuelle Doppelstern einen so schönen Anblick, daß man ihm den Namen „pulcherrima", der Schönste, gab.

Im Bootes gibt es eine Reihe weiterer Doppelsterne. Mindestens eine Komponente ist bei ihnen heller als 5ter Größe. Es sind: μ BOOTIS, JI BOOTIS, ζ BOOTIS.

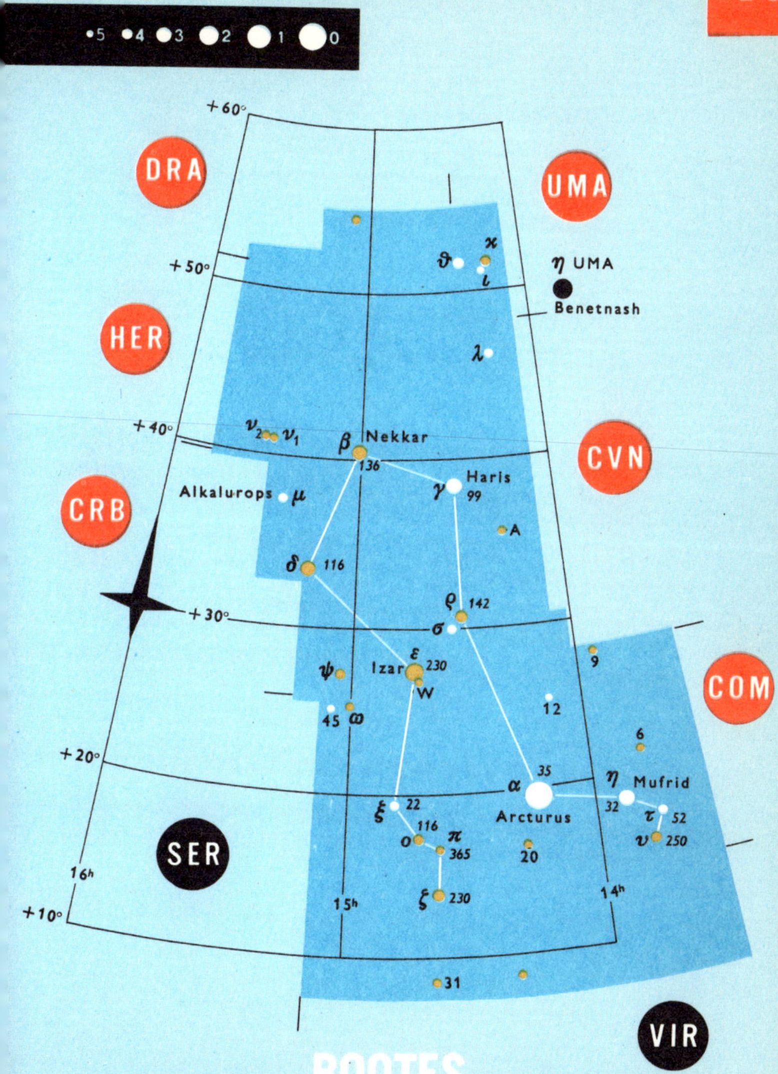
5 4 3 2 1 0
+60°
+50°
+40°
+30°
+20°
+10°
16h
15h
14h
DRA
UMA
HER
CVN
CRB
COM
SER
VIR
η UMA
Benetnash
ϑ
κ
ι
λ
ν2
ν1
β Nekkar
136
γ Haris
99
Alkalurops μ
A
δ 116
ρ 142
σ
ε 230
Izar
W
ψ
45
ω
9
12
6
α Arcturus
35
η Mufrid
32
τ 52
υ 250
ξ 22
ο 116
π 365
ζ 230
20
31

BOOTES

CAELUM

Caeli Cae Grabstichel

Nicolas-Louis de la Caille gab bestimmten amorphen Stellen zwischen den Sternen sonderbare Namen. Eine solche ist das Sternbild Grabstichel. Die vier schwachen Sterne, die das ganze Rückgrat des Sternbildes bilden, konnten ebenso gut zum Eridanus oder zur Taube gerechnet werden. Aber das geschah nicht, und das Sternbild Caelum hat sich bis heute erhalten.

α CAELI ist ein gelblicher Stern der Spektralklasse F 1 mit einer etwas höheren Temperatur als die unserer Sonne. Er leuchtet als Stern 4,52ter Größe. Die absolute Helligkeit wird mit 2,8 Größenklassen angegeben. Das Licht wandert zu uns mehrere Menschengenerationen — 72 Jahre — lang.

β CAELI liegt etwas näher, u. zw. in einer Entfernung von 60 Lichtjahren, er ist ein Stern 5,08ter Größe des Spektraltyps F 0. Die absolute Helligkeit beträgt 3,7 Größenklassen.

γ CAELI ist ein Stern mit Orangefärbung, die sich aus dem hellsten Teil des Spektrums um die Linie K 5 ergibt. Der Stern ist 4,62ter Größe und leuchtet in einer Entfernung von 230 Lichtjahren. Die absolute Helligkeit beträgt 0,3 Größenklassen.

δ CAELI ist ein Stern mit visueller Helligkeit der 5,16ten Größenklasse, von dem man nichts anderes weiß, als daß sein Spektrum, das sich durch Absorptionsstreifen neutralen Heliums auszeichnet, der Klasse B 3 angehört. Die Oberflächentemperatur dieser Sterne bewegt sich um 20 000 °K. Der Stern entfernt sich von uns mit einer Geschwindigkeit von 15 km/s.

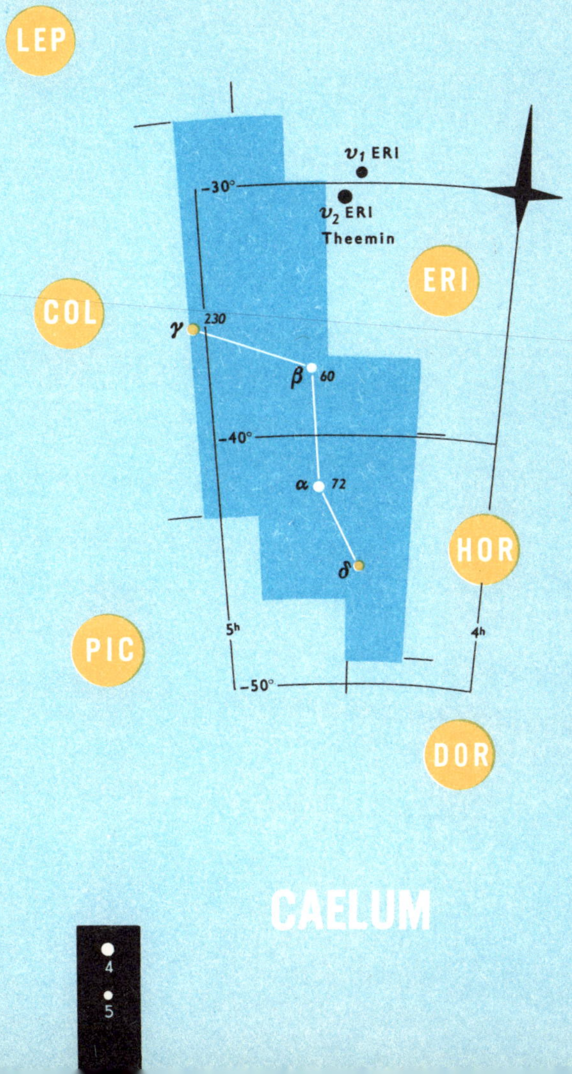
LEP
COL
PIC
ERI
HOR
DOR
υ1 ERI
υ2 ERI
Theemin
−30°
−40°
−50°
5h
4h
γ 230
β 60
α 72
δ
4
5

CAELUM

CAMELOPARDALIS

Camelopardalis Cam Giraffe

Zwischen dem Sternbild Fuhrmann und dem Polarstern ist eine Stelle gähnender Leere. Nur wenige Sterne erreichen eine Sterngröße, die unser Auge fesseln und zu einem Alignement-System verführen würde. Im Jahre 1624 taufte der jeder dichterischen Phantasie bare Jakob Bartsch in seinem Werk „Usus astronomicus planisphaerium Argentinae" diese amorphe Stelle Giraffe. Da die Astronomen ungern einmal eingebürgerte Sternbildnamen ändern, blieb er bis auf den heutigen Tag erhalten. Im ganzen Sternbild sind nur zwei Sterne mit bloßem Auge gut sichtbar:

α CAMELOPARDALIS: 3300 Lichtjahre von uns entfernt, leuchtet ein, wie sein Spektrum O 9 verrät, ungewöhnlich heißer Stern. Seine effektive Temperatur beträgt 35 000 °K. Diese Sterne sind sehr selten. Aus der erwähnten Entfernung leuchtet Alpha Camelopardalis als Stern 4,38ter Größe. In einer Entfernung von 10 Parsec würde seine Helligkeit −6,3 Größenklassen betragen.

β CAMELOPARDALIS ist ein Überriese der Spektralklasse G 2, den wir als Stern mit einer Helligkeit von kaum 4,22 Größenklassen sehen. Wäre er 10 Parsec entfernt, dann würde er am Himmel als Stern −5,2ter Größe glitzern. Der Stern ist von uns 1700 Lichtjahre entfernt.

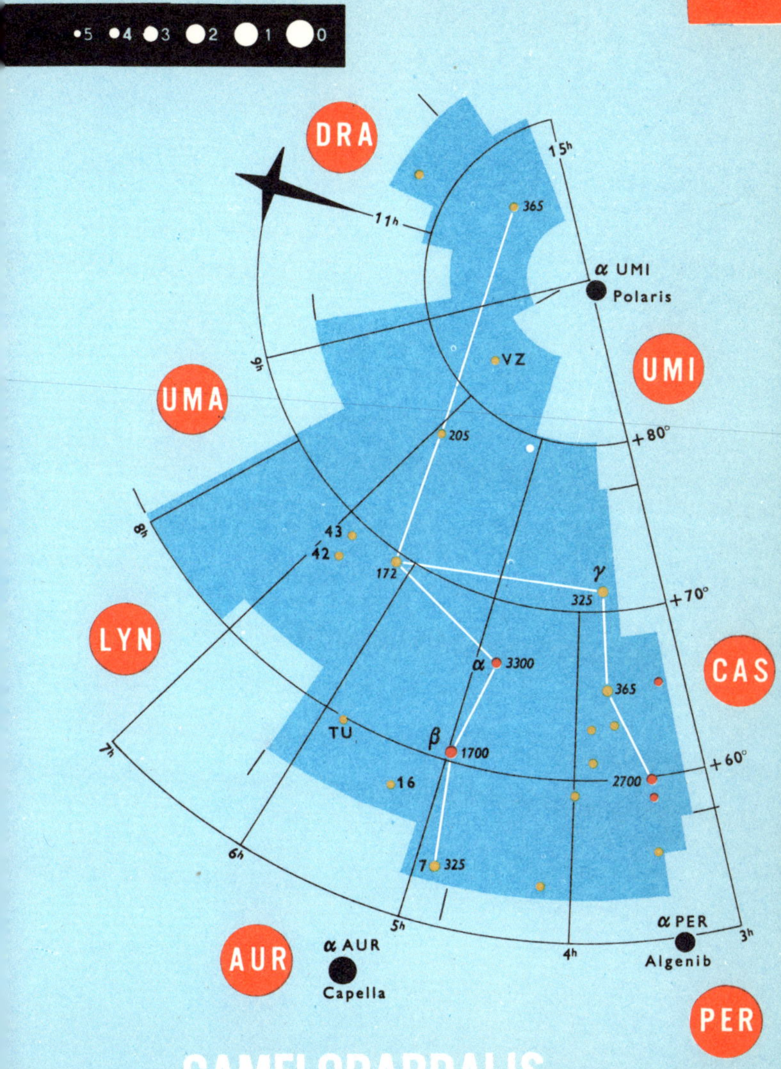

CAMELOPARDALIS

CANCER

Cancri Cnc Krebs

Ein kaum markantes Sternbild mit Sternen, deren Helligkeit weniger als vier Größenklassen beträgt. Sie haben sonderbare Namen. Der eine heißt Acubens, was so viel wie „Liegender" bedeutet, die zwei weiteren tragen die Bezeichnung Asellus Borealis und Asellus Australis – „Nördliches Eselchen" und „Südliches Eselchen".

α CANCRI – ACUBENS, ein Doppelstern, der in einer Entfernung von 99 Lichtjahren leuchtet. Die Hauptkomponente hat die visuelle Helligkeit von 4,27 Größenklassen, die zweite ist 11ter Größe. Da sie zur Zeit nur 11″ voneinander entfernt sind, ist zu ihrer Auflösung ein Fernrohr notwendig. Das Spektrum der Hauptkomponente gehört zur Klasse F 0

γ CANCRI – ASELLUS BOREALIS. Dieser Stern 4,73ter Größe würde in einer Entfernung von 10 Parsec mit dem gleichen Licht leuchten, wie der Stern Asellus Australis. Seine Entfernung beträgt 230 Lichtjahre.

δ CANCRI – ASELLUS AUSTRALIS ist ein scheinbar sehr schwacher Stern 4,17ter Größe, in Wirklichkeit jedoch ein Riese der Spektralklasse K 0. Die absolute Helligkeit beträgt 0,0 Größenklassen. Das bedeutet, daß er in einer Entfernung von 10 Parsec wie der Stern Wega im Sternbild Lyra an unserem Himmel leuchten würde. Er ist 220 Lichtjahre entfernt.

ζ CANCRI ist ein Doppelstern, der zuerst von Tobias Mayer gesehen wurde. Die hellere Komponente ist 5,1ter Größe, die zweite, etwas schwächere, 6,0ter Größe. Sie sind voneinander 5,9″ entfernt, und man kann sie mit einem kleinen astronomischen Fernrohr trennen. Ihren dritten Begleiter sah zum ersten Mal am 21. November 1781 William Herschel Der Stern befindet sich in unmittelbarer Nähe des Hauptsterns. Es handelt sich also eigentlich um ein System von drei Sternen, das in einer Entfernung von 78 Lichtjahren leuchtet.

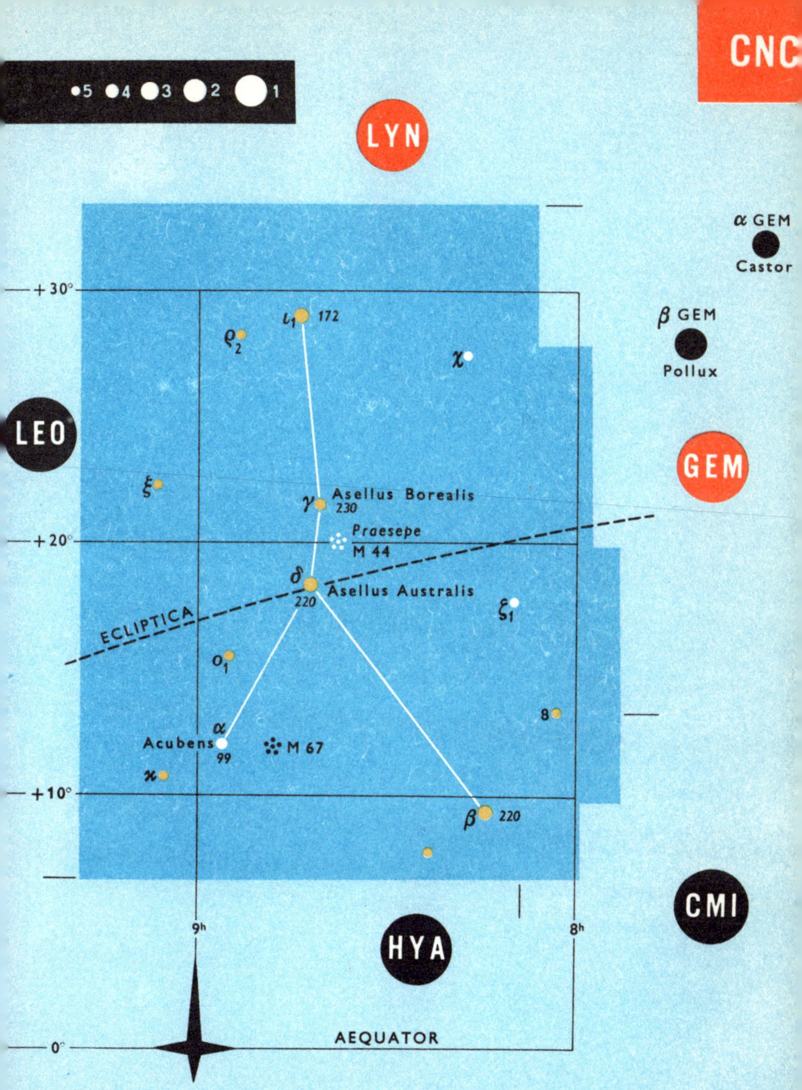

CNC
5 4 3 2 1
LYN
α GEM
Castor
β GEM
Pollux
LEO
GEM
+30°
+20°
+10°
0°
ι1 172
ρ2
χ
ξ
γ Asellus Borealis 230
Praesepe M 44
δ Asellus Australis 220
ECLIPTICA
ξ1
o1
8
α Acubens 99
M 67
κ
β 220
CMI
9h
8h
HYA
AEQUATOR

CANCER

CANES VENATICI

Canum Venaticorum CVn Jagdhunde

Ein Sternbild von amorpher Form, das von Johannes Hevelius festgelegt wurde. Im Werk „Prodromus astronomiae“ aus dem Jahre 1690 bestimmte er für das Sternbild mehrere schwache Sterne unter dem Großen Bären, ohne zu ahnen, daß hier große Anhäufungen von entfernten Galaxien sind, deren Fortsetzung die Haare der Berenike darstellen. Das Sternbild Jagdhunde wird in den alten Karten durch ein Hundepaar dargestellt.

α CANUM VENATICORUM wird COR CAROLI — „Karls Herz“ genannt. Es handelt sich hier um einen Doppelstern 2,80ter und 5,39ter Größe, der in einer Entfernung von 130 Lichtjahren leuchtet. Absolute Helligkeit der ersten Komponente −0,1 und der zweiten 2,4 Größenklassen. Beide weisen das gleiche Spektrum A 0 auf, das Wasserstoffsternen eigen ist. Die Temperatur ist hoch, um 10 000 °K, die Farbe dieser Sterne weiß.

β CANUM VENATICORUM – ASTERION ist ein Zwergstern der Spektraltype G 0. Die scheinbare visuelle Helligkeit beträgt 4,32 Größenklassen, die absolute Helligkeit 4,5 Größenklassen. Der Stern ist 30 Lichtjahre entfernt.

γ CANUM VENATICORUM ist ein Veränderlicher mit halbregelmäßiger Periode, in der sich seine Helligkeit von 5,2 auf 6,6 Größenklassen ändert, der also mit freiem Auge nicht sichtbar ist, mit einem Feldstecher jedoch beobachtet werden kann. Das Sternspektrum gehört zur Spektralklasse N 3. Sterne dieses Typs sind intensiv rot gefärbt.

Wie bereits gesagt wurde, sind in den Jagdhunden viele entfernte Galaxien verschiedener Form und Größe. Es handelt sich jedoch um Objekte, die sich besser zum Fotografieren mit großen Fernrohren eignen. Zu ihnen gehört z. B. der Nebel M 51, ein Spiralnebel mit der Helligkeit eines Sternes 10ter Größe.

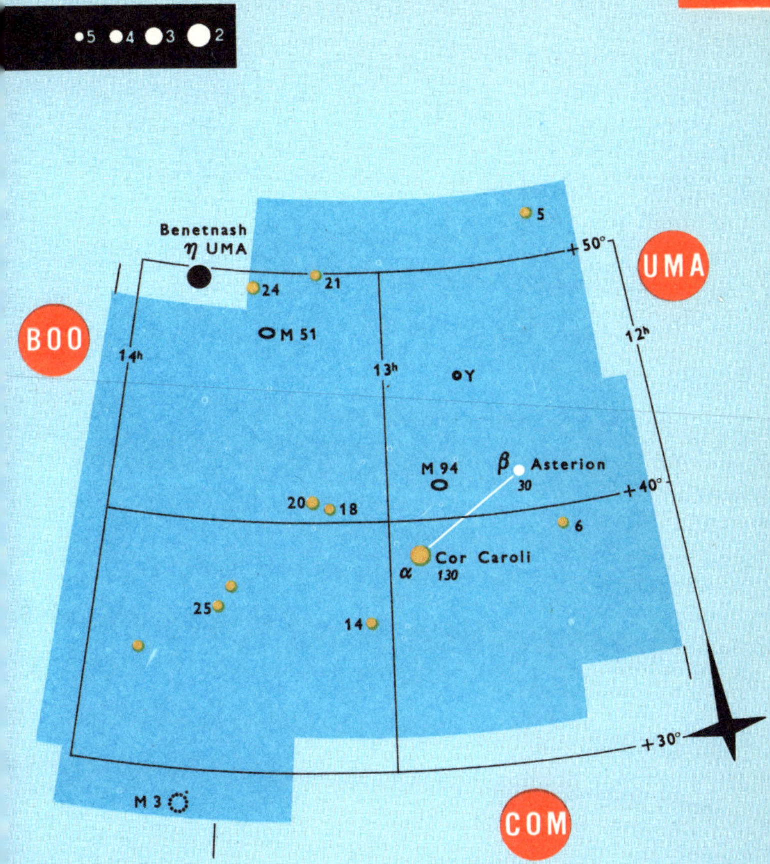

CANES VENATICI

CANIS MAIOR

Canis Maioris CMa Großer Hund

α CANIS MAIORIS – SIRIUS. Er ist 9 Lichtjahre entfernt, leuchtet als Stern −1,37 Größenklasse und sein Durchmesser ist doppelt so groß wie der der Sonne. Dem Spektrum nach gehört er den Sternen der Klasse A 1 an. Mehr als der Sirius selbst interessiert den Astronomen der Begleiter des Sternes, der Sirius B. Er ist ein sog. „Weißer Zwerg", doch die Dichte seiner Materie übertrifft 90 000 mal die Materie der Sonne. Der Sirius B umläuft den Hauptstern einmal in 50. Jahren. Die günstigste Zeit für seine Sichtbarkeit — in einem größeren astronomischen Fernrohr — sind nun die Jahre 1965—1980.

β CANIS MAIORIS – MIRZAM, der Begleiter des Shiera (Sirius) leuchtet in einer Entfernung von 650 Lichtjahren als Stern 1,99ter Größe. In einer Entfernung von 10 Parsec würde er um ein Vielfaches heller leuchten als Sirius A.

γ CANIS MAIORIS – MULIPHEIN ist ein Stern 4,07ter Größe. — Es dauert 325 Jahre, bis das Licht von ihm zu uns gelangt. Wir sehen ihn als Stern 4,07ter Größe, der zur Spektralklasse B 8 gehört. Die absolute Helligkeit beträgt −0,9 Größenklassen.

δ CANIS MAIORIS – WEZEN leuchtet in Weltraumfernen, aus denen uns das Licht in 1100 Jahren erreicht. Er gehört der Spektralklasse G 3 an. Seine scheinbare Helligkeit beträgt 1,98 und seine absolute Helligkeit −5,9 Größenklassen.

ε CANIS MAIORIS – ADARA, ein Überriese mit dem Spektrum der Heliumsterne B 1, ist 470 Lichtjahre entfernt und leuchtet als Stern 1,63ter Größe. Seine absolute Helligkeit beträgt −4,4 Größenklassen.

ζ CANIS MAIORIS – FURUD ist 250 Lichtjahre entfernt. Man sieht ihn als Stern 3,1ter Größe. Spektraltyp B 5, absolute Helligkeit −1,3 Größenklassen.

η CANIS MAIORIS – ALUDRA. Die Bedeutung des Wortes ist nicht mehr festzustellen. Er ist ein Stern 2,43ter Größe, von dem das Licht 1300 Jahre braucht, bis es unsere Erde erreicht. In Wirklichkeit ist er ein Überriese der Spektralklasse B 5. Seine absolute Helligkeit beträgt — 6,0 Größenklassen.

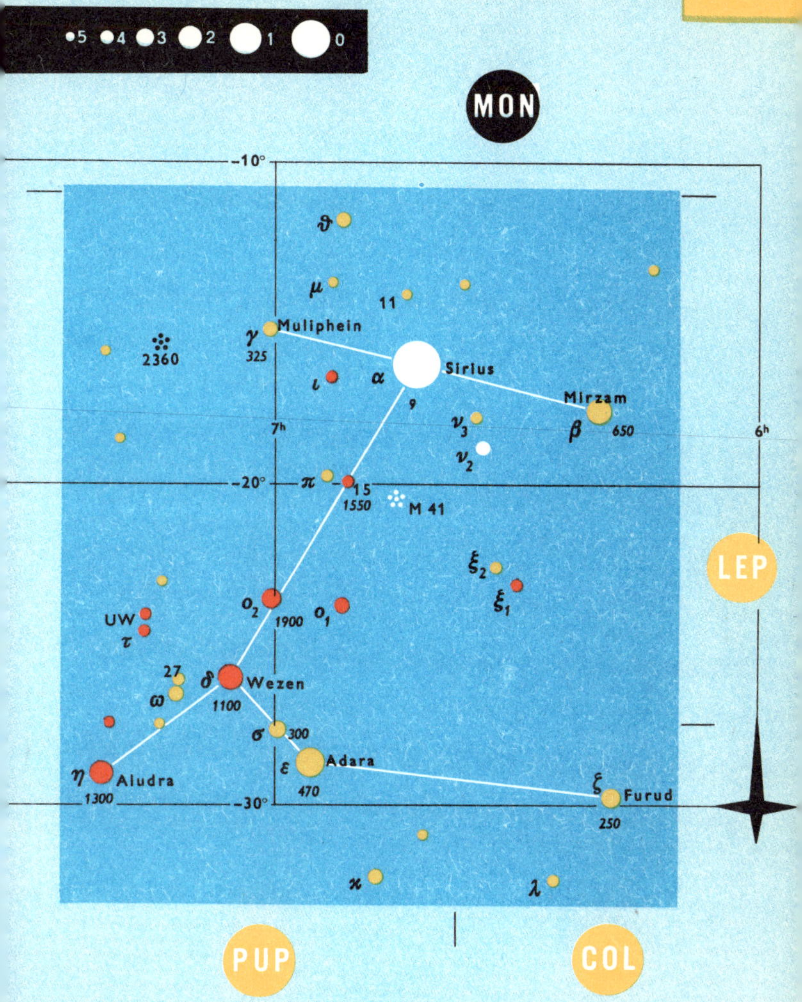
5 4 3 2 1 0
MON
−10°
−20°
−30°
7h
6h
ϑ
μ
11
γ Muliphein 325
2360
ι
α Sirius 9
Mirzam β 650
ν3
ν2
π
15 1550
M 41
ξ2
ξ1
o2 1900
o1
UW
τ
27
ω
δ Wezen 1100
σ 300
ε Adara 470
η Aludra 1300
ξ Furud 250
κ
λ
LEP
PUP
COL

CANIS MAIOR

CANIS MINOR

Canis Minoris CMi Kleiner Hund

In Winternächten sieht man unter dem Sternbild Gemini einen sehr hellen Stern, den Prokyon im kleinen Hund.

α CANIS MINORIS – PROCYON gehört zu einer Sterngruppe, die sich relativ sehr nahe der Sonne befindet. Von uns ist der Stern durch einen Raum getrennt, den das Licht in 11 Jahren durchläuft. Er ist ein Unterriese der Spektralklasse F 5 und leuchtet als Stern 0,48ter Größe. Seine absolute Helligkeit beträgt 2,7 Größenklasse. Ähnlich wie der Sirius, hat auch Prokyon einen Weißen Zwerg als Begleiter, d. h. einen Stern mit ungewöhnlich schwerer Materie. Der Durchmesser des Sterns mißt ein Hundertstel des Sonnendurchmessers, und dennoch hat er volle 63 % der Sonnenmaterie. Der Begleiter ist von der Hauptkomponente 4,3″ entfernt und ist 9,0ter Größe. Er umläuft mit dem Hauptstern den gemeinsamen Schwerpunkt einmal in 40 Jahren.

β CANIS MINORIS — GOMEISA — EL GOMEIZA — der Weinende — ist ein Stern 3,09ter Größe mit absoluter Helligkeit von 0,0 Größenklassen und vom Spektraltyp B 8. Er leuchtet in einer Entfernung von 136 Lichtjahren.

γ CANIS MINORIS leuchtet aus einer Entfernung von 250 Lichtjahren als Stern 4,60ter Größe. In Wirklichkeit ist er ein gelber Gigant K 4. Die absolute Helligkeit beträgt 0,2 Größenklassen.

Über den Kleinen Hund gibt es mehrere Sagen. Eratosthenes hält ihn für den Begleiter Orions, Hygin dagegen für einen Hund mit dem Namen Mära, der den Tod seines Herrn Ikanon beweint

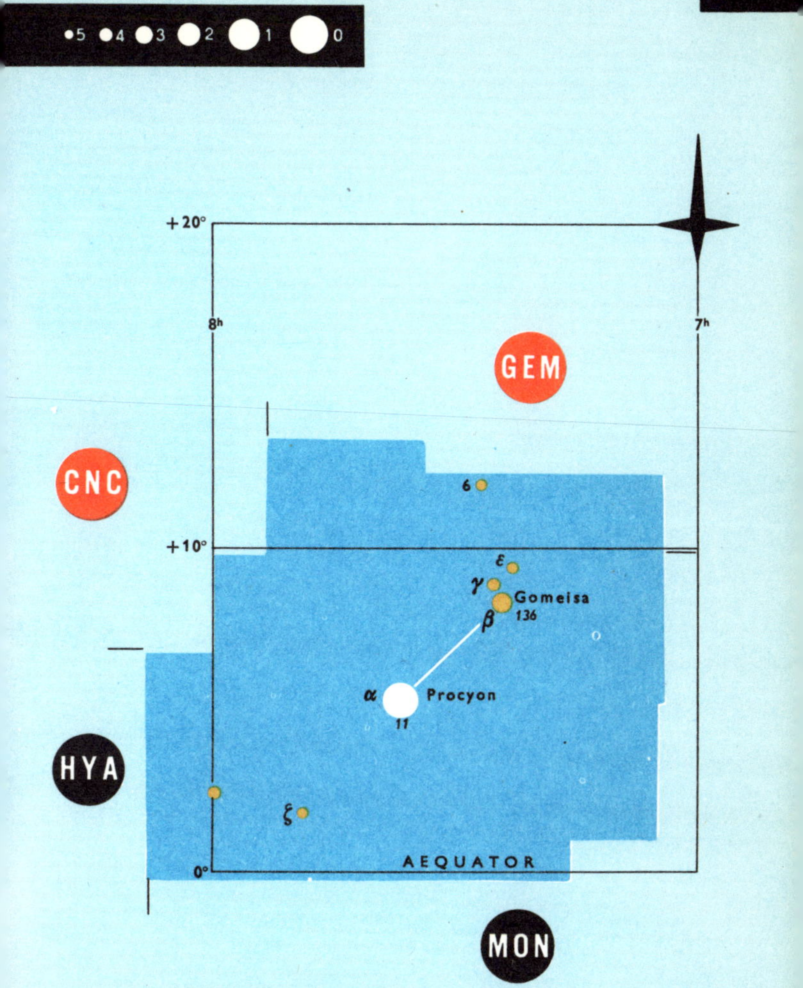
5
4
3
2
1
0
+20°
8h
7h
GEM
CNC
6
+10°
ε
γ
Gomeisa
136
β
α
Procyon
11
HYA
ξ
AEQUATOR
0°
MON

CANIS MINOR

CAPRICORNUS

Capricorni Cap Steinbock

Gegen Ende August kann man das Sternbild Steinbock, das zehnte Tierkreiszeichen, sehen. Die vier Sterne Alpha 1 und 2, Beta und Ny im Steinbock stellen die Hörner dieses verzauberten Satyrs Pan dar.

α CAPRICORNI – GREDI sind zwei Sterne, die infolge ihrer zufällig nahen Stellung als Doppelstern betrachtet werden können. In Wirklichkeit leuchtet Alpha 1 in einer Entfernung von 1100 Lichtjahren, während der zweite Stern nur 116 Lichtjahre entfernt ist. Beide Sterne weisen ähnliche Spektren G 5 und G 8 auf. Der Unterschied besteht darin, daß der erste Stern ein Überriese, der zweite „nur" ein Riese ist. Alpha 1 ist 4,55ter Größe, der zweite, etwas hellere Stern ist 3,77ter Größe.

β CAPRICORNI wurde von den arabischen Astrologen Dabih oder „des Mörders Glück" benannt. Der Stern ist ein Zwerg der Spektralklassen F 8 und B 8. Er leuchtet als Stern 3,25ter Größe mit absoluter Helligkeit von −1,2 Größenklassen. Von uns trennen ihn 250 Lichtjahre.

δ CAPRICORNI genannt DENEB ALGIEDI – der „Tierschwanz", hat das Spektrum A 5 und ist ein Veränderlicher des Algol-Types. Er ändert sein Licht kaum um 2,0 der Sterngröße. Die Änderungen verursacht sein Begleiter, dessen Bewegung sich im Spektrum des Hauptsterns äußert. Die Entfernung des Sternes beträgt 50 Lichtjahre, die Helligkeit 2,98 Größenklassen.

ε CAPRICORNI ist, obwohl er als Stern 3,86ter Größe leuchtet, ein Überriese der Spektralgruppe G 4 in einer Entfernung von 470 Lichtjahren. Seine absolute Helligkeit beträgt −2,2 Größenklassen.

AURIGA

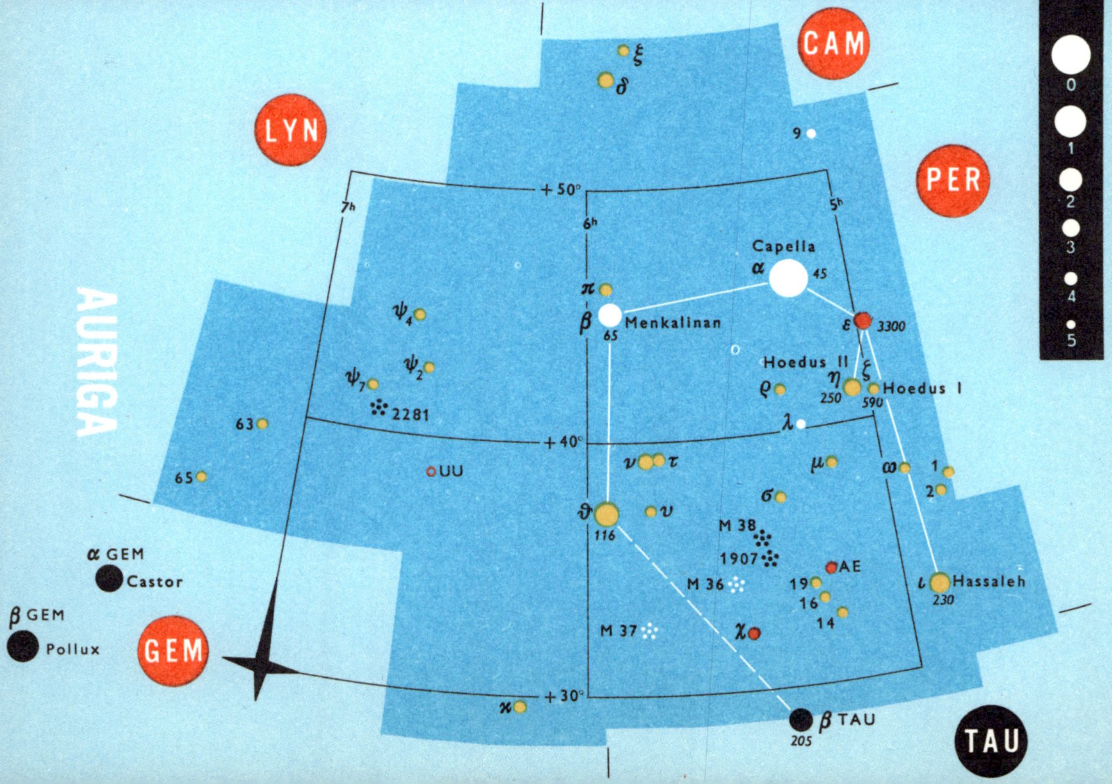

LYN
CAM
PER
GEM
TAU
+50°
+40°
+30°
7h
6h
5h
Capella
α 45
β 65 Menkalinan
π
ε 3300
Hoedus II
η 250
ξ 590 Hoedus I
ϱ
λ
μ
ω
1
2
ι 230 Hassaleh
σ
ν τ
ϑ 116
υ
M 38
1907
M 36
M 37
AE
19
16
14
χ
β TAU 205
ξ
δ
9
ψ4
ψ2
ψ7
2281
63
65
UU
ϰ
α GEM Castor
β GEM Pollux
0 1 2 3 4 5

BOOTES

Bootis Boo Bärenhüter

Das Sternbild Bärenhüter fällt durch den hellen Stern Arktur auf. Die wichtigsten Sterne im Bootes sind:

α BOOTIS – ARCTUR, ein Riese der Spektralklasse K 2, dessen Durchmesser fast 23× größer ist als der der Sonne. Er ist ein relativ naher Stern; sein Licht braucht nur 35 Lichtjahre, um zu uns zu gelangen. Die scheinbare Helligkeit beträgt 0,24 Größenklassen, die absolute −0,1.

β BOOTIS – NEKKAR ist ein Riese der Spektralgruppe G 5, er hat eine scheinbare Helligkeit von 3,63 Größenklassen und eine absolute Helligkeit von 0,5 Größenklassen. Das Licht braucht von diesem Stern 136 Lichtjahre.

γ BOOTIS, die Araber nannten ihn HARIS – die Wache des Nordens. Er ist ein Zwergstern der Spektralklasse A 7 mit einer scheinbaren Helligkeit von 3,00 Größenklassen und einer absoluten Helligkeit von 0,6 Größenklassen. Entfernung 99 Lichtjahre.

δ BOOTIS ist ein gelber Riese der Spektralklasse G 4, der 116 Lichtjahre entfernt ist. Er leuchtet als Stern 3,54ter Größe; seine absolute Helligkeit beträgt 0,8 Größenklassen.

ε BOOTIS – IZAR ist in Wirklichkeit ein orange Riese der Spektralklasse K 0. Er ist ein System von drei Sternen. Die Leistung eines der Sterne äußert sich im Spektrum des Izar. Die visuelle Helligkeit des Hauptsterns beträgt 2,70 Größenklassen, die absolute Helligkeit −1,6 Größenklassen. Das System ist von uns 230 Lichtjahre entfernt. In einem größeren Fernrohr bietet der visuelle Doppelstern einen so schönen Anblick, daß man ihm den Namen „pulcherrima", der Schönste, gab.

Im Bootes gibt es eine Reihe weiterer Doppelsterne. Mindestens eine Komponente ist bei ihnen heller als 5ter Größe. Es sind: μ BOOTIS, л BOOTIS, ζ BOOTIS.

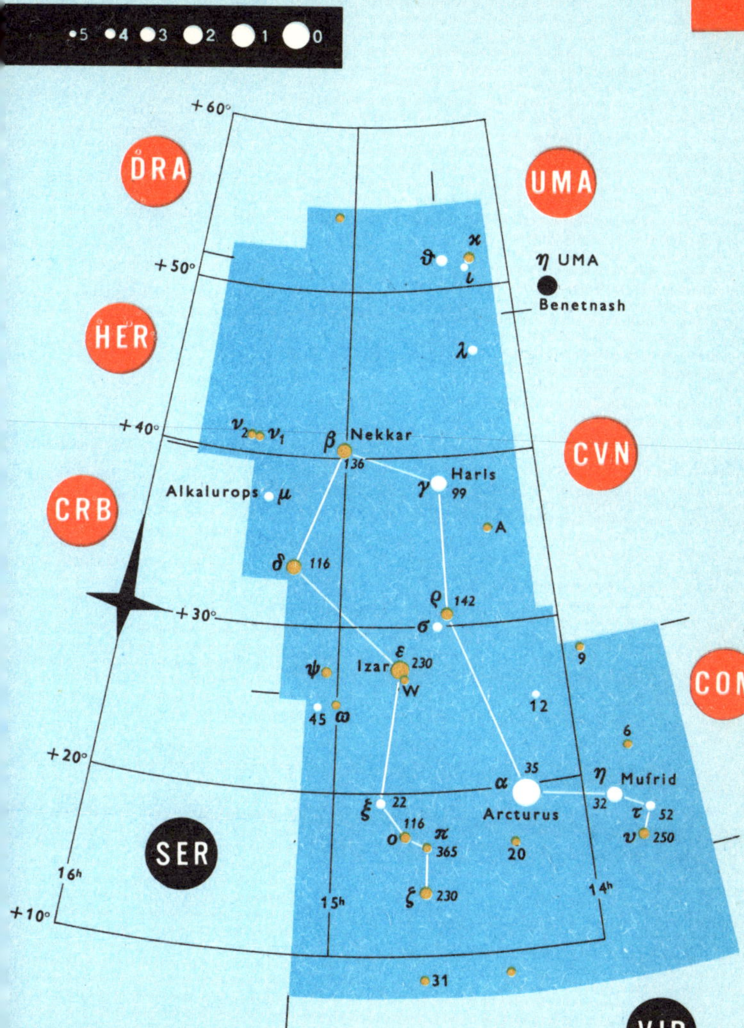
5 4 3 2 1 0
+60°
+50°
+40°
+30°
+20°
+10°
16h
15h
14h
DRA
UMA
HER
CVN
CRB
COM
SER
VIR
η UMA
Benetnash
ϑ
κ
ι
λ
ν2 ν1
β Nekkar
136
γ Haris
99
Alkalurops μ
A
δ 116
ρ 142
σ
9
ε 230
Izar
W
ψ
12
45 ω
6
α 35
Arcturus
η Mufrid
32
τ 52
υ 250
ξ 22
o 116
π 365
20
ζ 230
31

BOOTES

CAELUM

Caeli Cae Grabstichel

Nicolas-Louis de la Caille gab bestimmten amorphen Stellen zwischen den Sternen sonderbare Namen. Eine solche ist das Sternbild Grabstichel. Die vier schwachen Sterne, die das ganze Rückgrat des Sternbildes bilden, konnten ebenso gut zum Eridanus oder zur Taube gerechnet werden. Aber das geschah nicht, und das Sternbild Caelum hat sich bis heute erhalten.

α CAELI ist ein gelblicher Stern der Spektralklasse F 1 mit einer etwas höheren Temperatur als die unserer Sonne. Er leuchtet als Stern 4,52ter Größe. Die absolute Helligkeit wird mit 2,8 Größenklassen angegeben. Das Licht wandert zu uns mehrere Menschengenerationen — 72 Jahre — lang.

β CAELI liegt etwas näher, u. zw. in einer Entfernung von 60 Lichtjahren, er ist ein Stern 5,08ter Größe des Spektraltyps F 0. Die absolute Helligkeit beträgt 3,7 Größenklassen.

γ CAELI ist ein Stern mit Orangefärbung, die sich aus dem hellsten Teil des Spektrums um die Linie K 5 ergibt. Der Stern ist 4,62ter Größe und leuchtet in einer Entfernung von 230 Lichtjahren. Die absolute Helligkeit beträgt 0,3 Größenklassen.

δ CAELI ist ein Stern mit visueller Helligkeit der 5,16ten Größenklasse, von dem man nichts anderes weiß, als daß sein Spektrum, das sich durch Absorptionsstreifen neutralen Heliums auszeichnet, der Klasse B 3 angehört. Die Oberflächentemperatur dieser Sterne bewegt sich um 20 000 °K. Der Stern entfernt sich von uns mit einer Geschwindigkeit von 15 km/s.

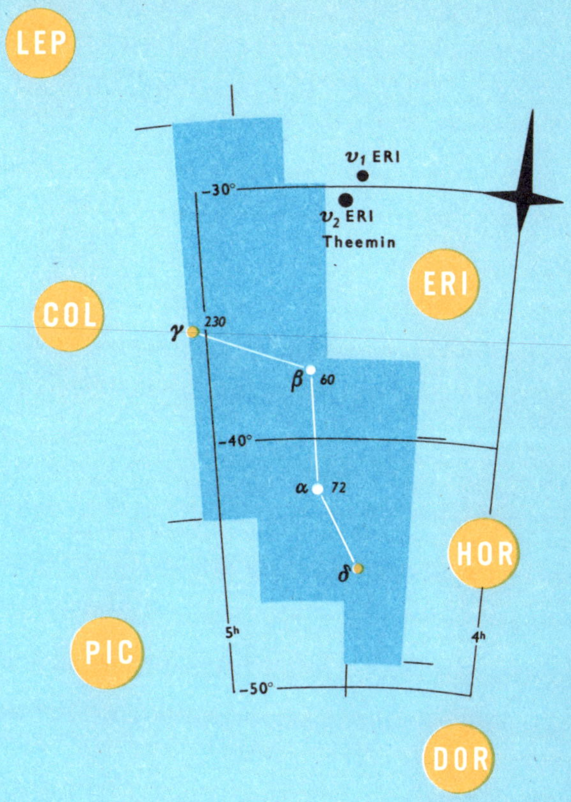
LEP
COL
PIC
ERI
HOR
DOR
υ1 ERI
υ2 ERI
Theemin
-30°
-40°
-50°
γ 230
β 60
α 72
δ
5h
4h

CAELUM

4
5

CAMELOPARDALIS

Camelopardalis Cam Giraffe

Zwischen dem Sternbild Fuhrmann und dem Polarstern ist eine Stelle gähnender Leere. Nur wenige Sterne erreichen eine Sterngröße, die unser Auge fesseln und zu einem Alignement-System verführen würde. Im Jahre 1624 taufte der jeder dichterischen Phantasie bare Jakob Bartsch in seinem Werk „Usus astronomicus planisphaerium Argentinae" diese amorphe Stelle Giraffe. Da die Astronomen ungern einmal eingebürgerte Sternbildnamen ändern, blieb er bis auf den heutigen Tag erhalten. Im ganzen Sternbild sind nur zwei Sterne mit bloßem Auge gut sichtbar:

α CAMELOPARDALIS: 3300 Lichtjahre von uns entfernt, leuchtet ein, wie sein Spektrum O 9 verrät, ungewöhnlich heißer Stern. Seine effektive Temperatur beträgt 35 000 °K. Diese Sterne sind sehr selten. Aus der erwähnten Entfernung leuchtet Alpha Camelopardalis als Stern 4,38ter Größe. In einer Entfernung von 10 Parsec würde seine Helligkeit −6,3 Größenklassen betragen.

β CAMELOPARDALIS ist ein Überriese der Spektralklasse G 2, den wir als Stern mit einer Helligkeit von kaum 4,22 Größenklassen sehen. Wäre er 10 Parsec entfernt, dann würde er am Himmel als Stern −5,2ter Größe glitzern. Der Stern ist von uns 1700 Lichtjahre entfernt.

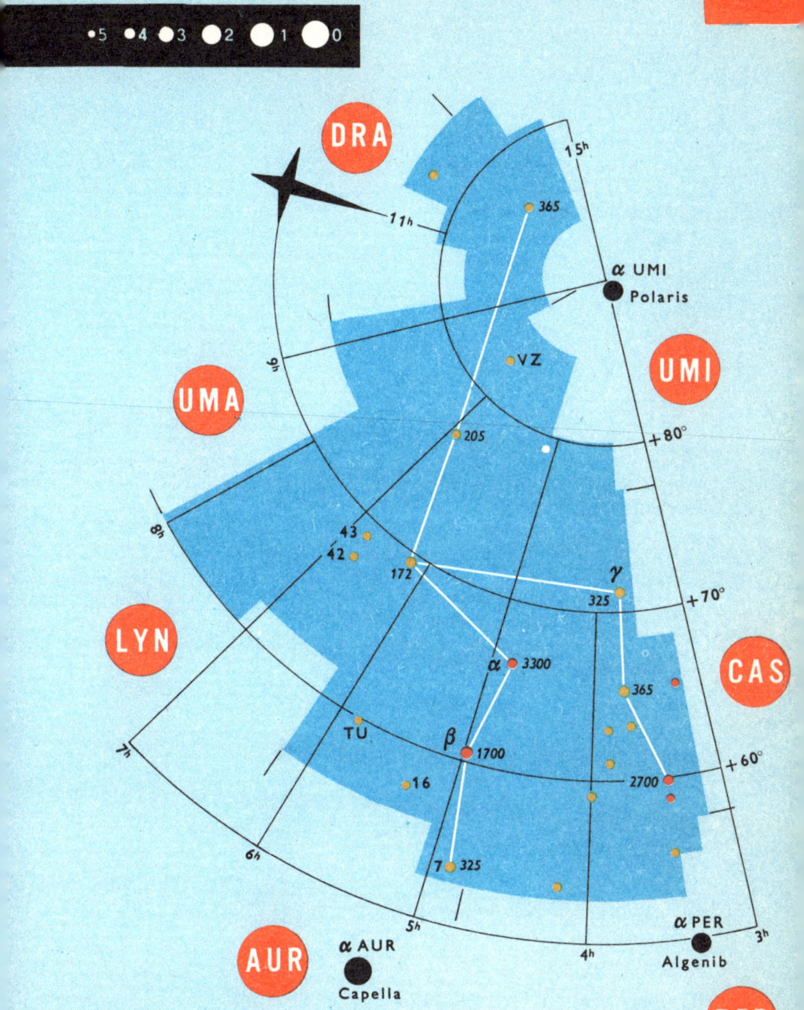

CAMELOPARDALIS

CANCER

Cancri Cnc Krebs

Ein kaum markantes Sternbild mit Sternen, deren Helligkeit weniger als vier Größenklassen beträgt. Sie haben sonderbare Namen. Der eine heißt Acubens, was so viel wie „Liegender" bedeutet, die zwei weiteren tragen die Bezeichnung Asellus Borealis und Asellus Australis — „Nördliches Eselchen" und „Südliches Eselchen".

α CANCRI – ACUBENS, ein Doppelstern, der in einer Entfernung von 99 Lichtjahren leuchtet. Die Hauptkomponente hat die visuelle Helligkeit von 4,27 Größenklassen, die zweite ist 11ter Größe. Da sie zur Zeit nur 11″ voneinander entfernt sind, ist zu ihrer Auflösung ein Fernrohr notwendig. Das Spektrum der Hauptkomponente gehört zur Klasse F 0

γ CANCRI – ASELLUS BOREALIS. Dieser Stern 4,73ter Größe würde in einer Entfernung von 10 Parsec mit dem gleichen Licht leuchten, wie der Stern Asellus Australis. Seine Entfernung beträgt 230 Lichtjahre.

δ CANCRI – ASELLUS AUSTRALIS ist ein scheinbar sehr schwacher Stern 4,17ter Größe, in Wirklichkeit jedoch ein Riese der Spektralklasse K 0. Die absolute Helligkeit beträgt 0,0 Größenklassen. Das bedeutet, daß er in einer Entfernung von 10 Parsec wie der Stern Wega im Sternbild Lyra an unserem Himmel leuchten würde. Er ist 220 Lichtjahre entfernt.

ζ CANCRI ist ein Doppelstern, der zuerst von Tobias Mayer gesehen wurde. Die hellere Komponente ist 5,1ter Größe, die zweite, etwas schwächere, 6,0ter Größe. Sie sind voneinander 5,9″ entfernt, und man kann sie mit einem kleinen astronomischen Fernrohr trennen. Ihren dritten Begleiter sah zum ersten Mal am 21. November 1781 William Herschel Der Stern befindet sich in unmittelbarer Nähe des Hauptsterns. Es handelt sich also eigentlich um ein System von drei Sternen, das in einer Entfernung von 78 Lichtjahren leuchtet.

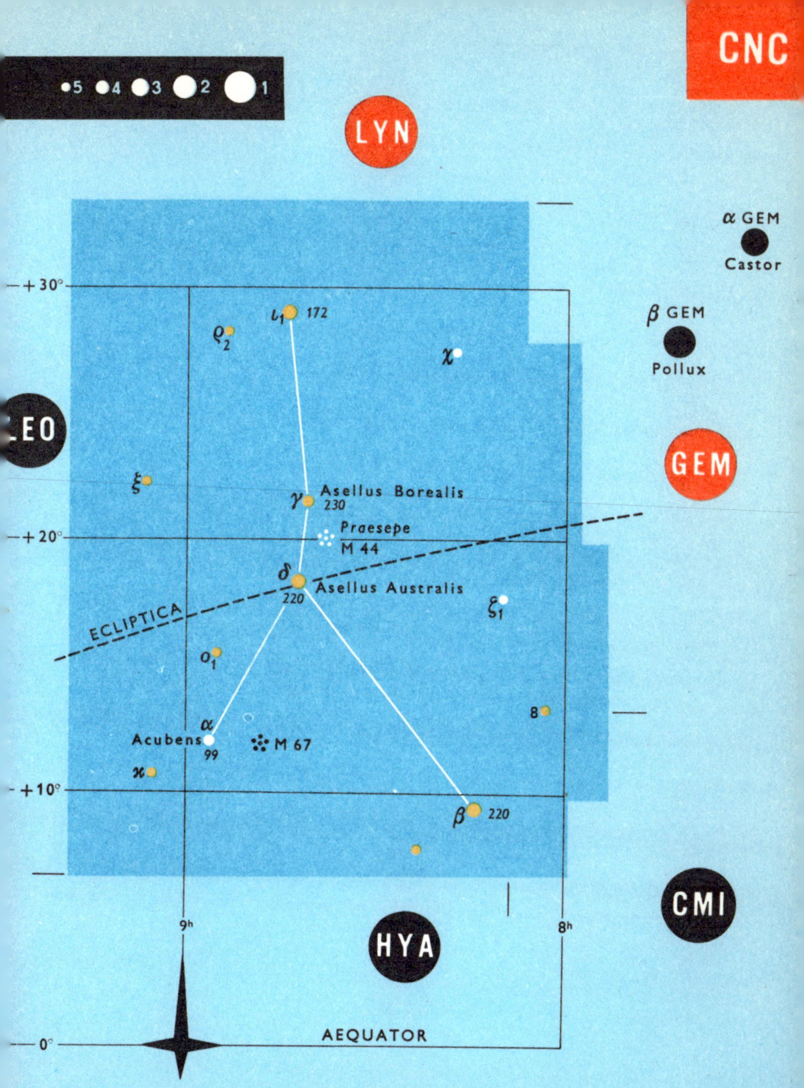
CNC
5 4 3 2 1
LYN
α GEM
Castor
β GEM
Pollux
+30°
ι1 172
ρ2
χ
LEO
GEM
ξ
γ Asellus Borealis 230
Praesepe M 44
+20°
δ Asellus Australis 220
ECLIPTICA
ξ1
o1
8
α Acubens 99
M 67
κ
+10°
β 220
CMI
9h
8h
HYA
AEQUATOR
0°

CANCER

CANES VENATICI

Canum Venaticorum CVn Jagdhunde

Ein Sternbild von amorpher Form, das von Johannes Hevelius festgelegt wurde. Im Werk „Prodromus astronomiae" aus dem Jahre 1690 bestimmte er für das Sternbild mehrere schwache Sterne unter dem Großen Bären, ohne zu ahnen, daß hier große Anhäufungen von entfernten Galaxien sind, deren Fortsetzung die Haare der Berenike darstellen. Das Sternbild Jagdhunde wird in den alten Karten durch ein Hundepaar dargestellt.

α CANUM VENATICORUM wird COR CAROLI — „Karls Herz" genannt. Es handelt sich hier um einen Doppelstern 2,80ter und 5,39ter Größe, der in einer Entfernung von 130 Lichtjahren leuchtet. Absolute Helligkeit der ersten Komponente −0,1 und der zweiten 2,4 Größenklassen. Beide weisen das gleiche Spektrum A 0 auf, das Wasserstoffsternen eigen ist. Die Temperatur ist hoch, um 10 000 °K, die Farbe dieser Sterne weiß.

β CANUM VENATICORUM – ASTERION ist ein Zwergstern der Spektraltype G 0. Die scheinbare visuelle Helligkeit beträgt 4,32 Größenklassen, die absolute Helligkeit 4,5 Größenklassen. Der Stern ist 30 Lichtjahre entfernt.

γ CANUM VENATICORUM ist ein Veränderlicher mit halbregelmäßiger Periode, in der sich seine Helligkeit von 5,2 auf 6,6 Größenklassen ändert, der also mit freiem Auge nicht sichtbar ist, mit einem Feldstecher jedoch beobachtet werden kann. Das Sternspektrum gehört zur Spektralklasse N 3. Sterne dieses Typs sind intensiv rot gefärbt.

Wie bereits gesagt wurde, sind in den Jagdhunden viele entfernte Galaxien verschiedener Form und Größe. Es handelt sich jedoch um Objekte, die sich besser zum Fotografieren mit großen Fernrohren eignen. Zu ihnen gehört z. B. der Nebel M 51, ein Spiralnebel mit der Helligkeit eines Sternes 10ter Größe.

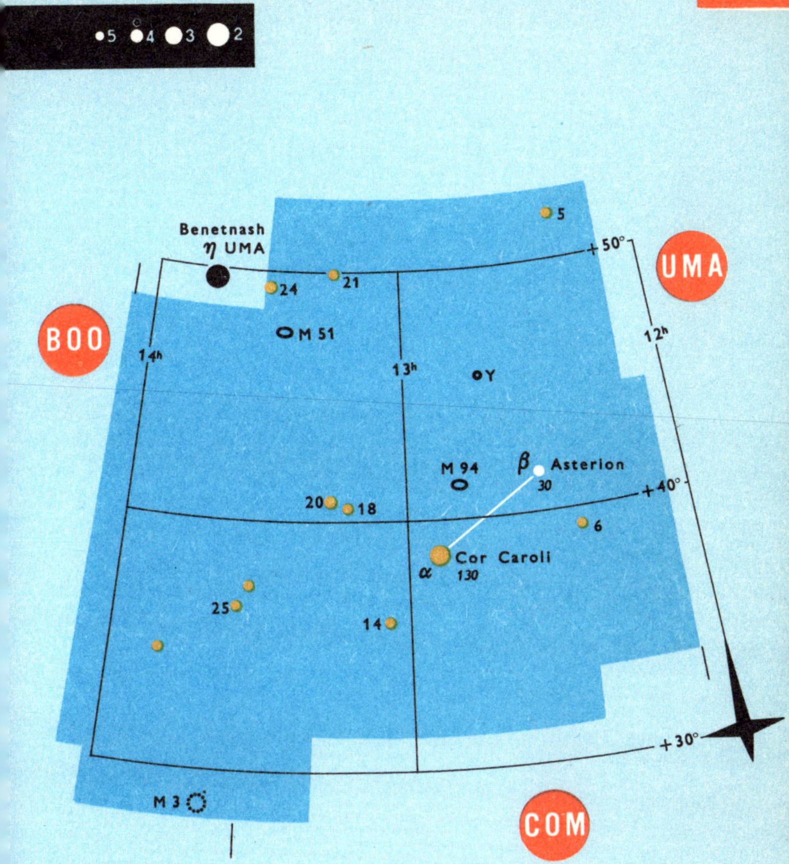

CANES VENATICI

CANIS MAIOR

Canis Maioris CMa Großer Hund

α CANIS MAIORIS – SIRIUS. Er ist 9 Lichtjahre entfernt, leuchtet als Stern −1,37 Größenklasse und sein Durchmesser ist doppelt so groß wie der der Sonne. Dem Spektrum nach gehört er den Sternen der Klasse A 1 an. Mehr als der Sirius selbst interessiert den Astronomen der Begleiter des Sternes, der Sirius B. Er ist ein sog. ,,Weißer Zwerg", doch die Dichte seiner Materie übertrifft 90 000 mal die Materie der Sonne. Der Sirius B umläuft den Hauptstern einmal in 50. Jahren. Die günstigste Zeit für seine Sichtbarkeit — in einem größeren astronomischen Fernrohr — sind nun die Jahre 1965—1980.

β CANIS MAIORIS – MIRZAM, der Begleiter des Shiera (Sirius) leuchtet in einer Entfernung von 650 Lichtjahren als Stern 1,99ter Größe. In einer Entfernung von 10 Parsec würde er um ein Vielfaches heller leuchten als Sirius A.

γ CANIS MAIORIS – MULIPHEIN ist ein Stern 4,07ter Größe. — Es dauert 325 Jahre, bis das Licht von ihm zu uns gelangt. Wir sehen ihn als Stern 4,07ter Größe, der zur Spektralklasse B 8 gehört. Die absolute Helligkeit beträgt −0,9 Größenklassen.

δ CANIS MAIORIS – WEZEN leuchtet in Weltraumfernen, aus denen uns das Licht in 1100 Jahren erreicht. Er gehört der Spektralklasse G 3 an. Seine scheinbare Helligkeit beträgt 1,98 und seine absolute Helligkeit −5,9 Größenklassen.

ε CANIS MAIORIS – ADARA, ein Überriese mit dem Spektrum der Heliumsterne B 1, ist 470 Lichtjahre entfernt und leuchtet als Stern 1,63ter Größe. Seine absolute Helligkeit beträgt −4,4 Größenklassen.

ζ CANIS MAIORIS – FURUD ist 250 Lichtjahre entfernt. Man sieht ihn als Stern 3,1ter Größe. Spektraltyp B 5, absolute Helligkeit −1,3 Größenklassen.

η CANIS MAIORIS – ALUDRA. Die Bedeutung des Wortes ist nicht mehr festzustellen. Er ist ein Stern 2,43ter Größe, von dem das Licht 1300 Jahre braucht, bis es unsere Erde erreicht. In Wirklichkeit ist er ein Überriese der Spektralklasse B 5. Seine absolute Helligkeit beträgt — 6,0 Größenklassen.

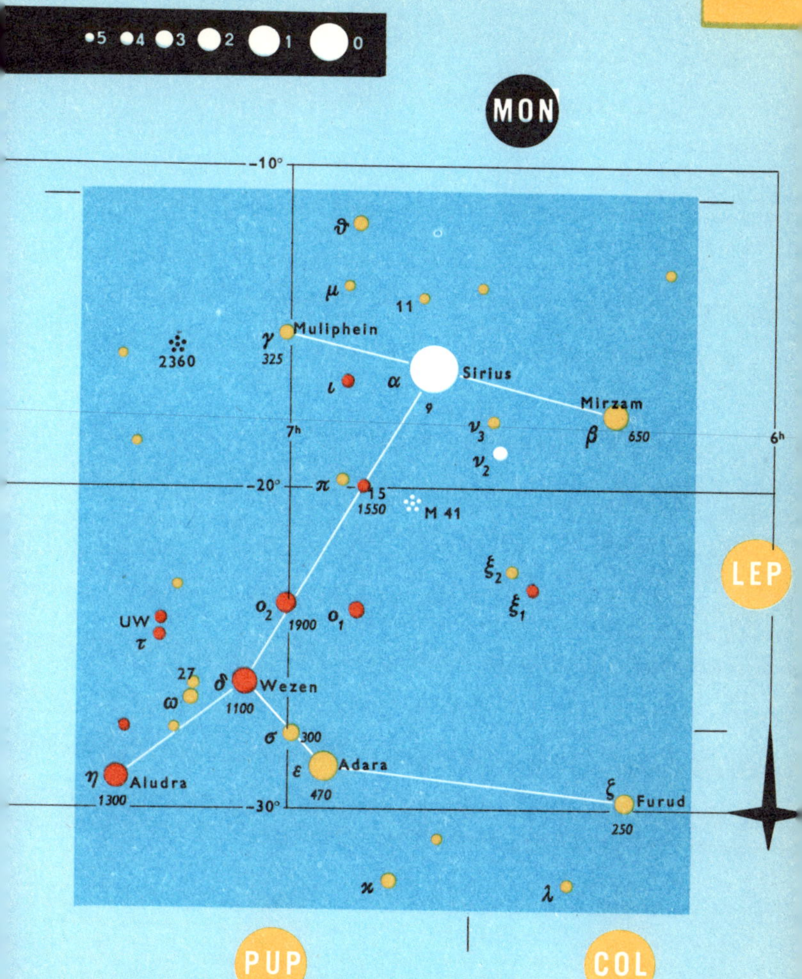
5 4 3 2 1 0
MON
-10°
-20°
-30°
7h
6h
ϑ
μ
11
γ Muliphein
325
2360
α Sirius
9
ι
Mirzam
β 650
ν3
ν2
π
15
1550
M 41
ξ2
ξ1
LEP
o2
1900
o1
UW
τ
27
ω
δ Wezen
1100
σ 300
ε Adara
470
η Aludra
1300
ξ Furud
250
κ
λ
PUP
COL

CANIS MAIOR

CANIS MINOR

Canis Minoris CMi Kleiner Hund

In Winternächten sieht man unter dem Sternbild Gemini einen sehr hellen Stern, den Prokyon im kleinen Hund.

α CANIS MINORIS – PROCYON gehört zu einer Sterngruppe, die sich relativ sehr nahe der Sonne befindet. Von uns ist der Stern durch einen Raum getrennt, den das Licht in 11 Jahren durchläuft. Er ist ein Unterriese der Spektralklasse F 5 und leuchtet als Stern 0,48ter Größe. Seine absolute Helligkeit beträgt 2,7 Größenklasse. Ähnlich wie der Sirius, hat auch Prokyon einen Weißen Zwerg als Begleiter, d. h. einen Stern mit ungewöhnlich schwerer Materie. Der Durchmesser des Sterns mißt ein Hundertstel des Sonnendurchmessers, und dennoch hat er volle 63 % der Sonnenmaterie. Der Begleiter ist von der Hauptkomponente 4,3″ entfernt und ist 9,0ter Größe. Er umläuft mit dem Hauptstern den gemeinsamen Schwerpunkt einmal in 40 Jahren.

β CANIS MINORIS — GOMEISA — EL GOMEIZA — der Weinende — ist ein Stern 3,09ter Größe mit absoluter Helligkeit von 0,0 Größenklassen und vom Spektraltyp B 8. Er leuchtet in einer Entfernung von 136 Lichtjahren.

γ CANIS MINORIS leuchtet aus einer Entfernung von 250 Lichtjahren als Stern 4,60ter Größe. In Wirklichkeit ist er ein gelber Gigant K 4. Die absolute Helligkeit beträgt 0,2 Größenklassen.

Über den Kleinen Hund gibt es mehrere Sagen. Eratosthenes hält ihn für den Begleiter Orions, Hygin dagegen für einen Hund mit dem Namen Mära, der den Tod seines Herrn Ikanon beweint

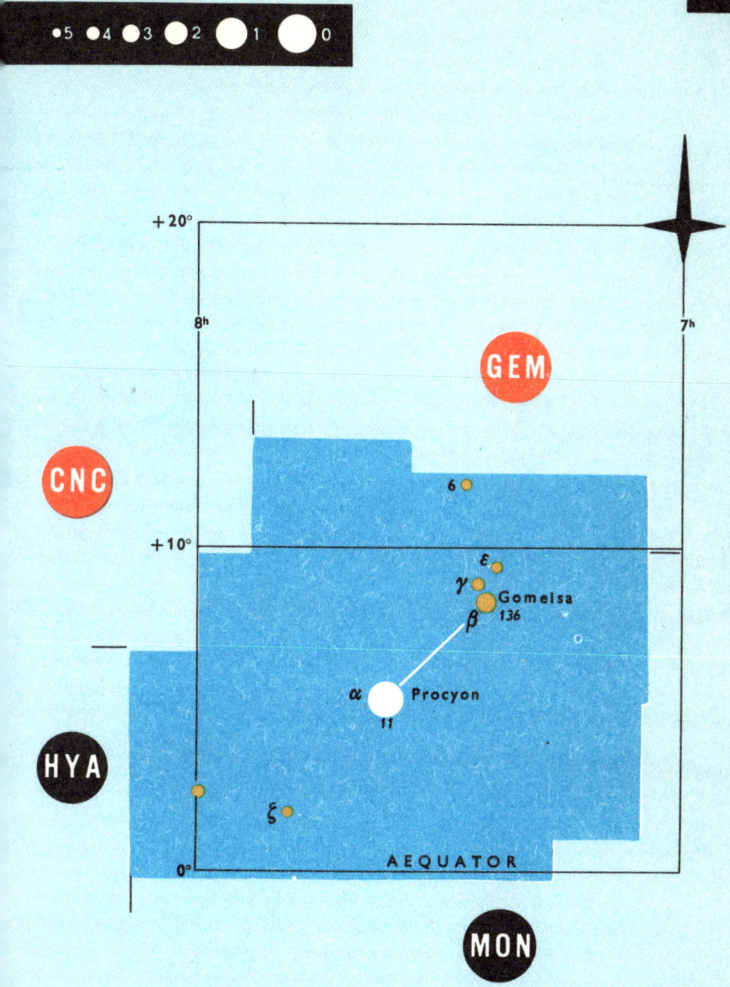
5 4 3 2 1 0
+20°
8h
7h
GEM
CNC
6
+10°
ε
γ
Gomeisa
136
β
α
Procyon
11
HYA
ξ
0°
AEQUATOR
MON

CANIS MINOR

CAPRICORNUS

Capricorni   Cap   Steinbock

Gegen Ende August kann man das Sternbild Steinbock, das zehnte Tierkreiszeichen, sehen. Die vier Sterne Alpha 1 und 2, Beta und Ny im Steinbock stellen die Hörner dieses verzauberten Satyrs Pan dar.

α CAPRICORNI – GREDI sind zwei Sterne, die infolge ihrer zufällig nahen Stellung als Doppelstern betrachtet werden können. In Wirklichkeit leuchtet Alpha 1 in einer Entfernung von 1100 Lichtjahren, während der zweite Stern nur 116 Lichtjahre entfernt ist. Beide Sterne weisen ähnliche Spektren G 5 und G 8 auf. Der Unterschied besteht darin, daß der erste Stern ein Überriese, der zweite „nur" ein Riese ist. Alpha 1 ist 4,55ter Größe, der zweite, etwas hellere Stern ist 3,77ter Größe.

β CAPRICORNI wurde von den arabischen Astrologen Dabih oder „des Mörders Glück" benannt. Der Stern ist ein Zwerg der Spektralklassen F 8 und B 8. Er leuchtet als Stern 3,25ter Größe mit absoluter Helligkeit von −1,2 Größenklassen. Von uns trennen ihn 250 Lichtjahre.

δ CAPRICORNI genannt DENEB ALGIEDI – der „Tierschwanz", hat das Spektrum A 5 und ist ein Veränderlicher des Algol-Types. Er ändert sein Licht kaum um 2,0 der Sterngröße. Die Änderungen verursacht sein Begleiter, dessen Bewegung sich im Spektrum des Hauptsterns äußert. Die Entfernung des Sternes beträgt 50 Lichtjahre, die Helligkeit 2,98 Größenklassen.

ε CAPRICORNI ist, obwohl er als Stern 3,86ter Größe leuchtet, ein Überriese der Spektralgruppe G 4 in einer Entfernung von 470 Lichtjahren. Seine absolute Helligkeit beträgt −2,2 Größenklassen.

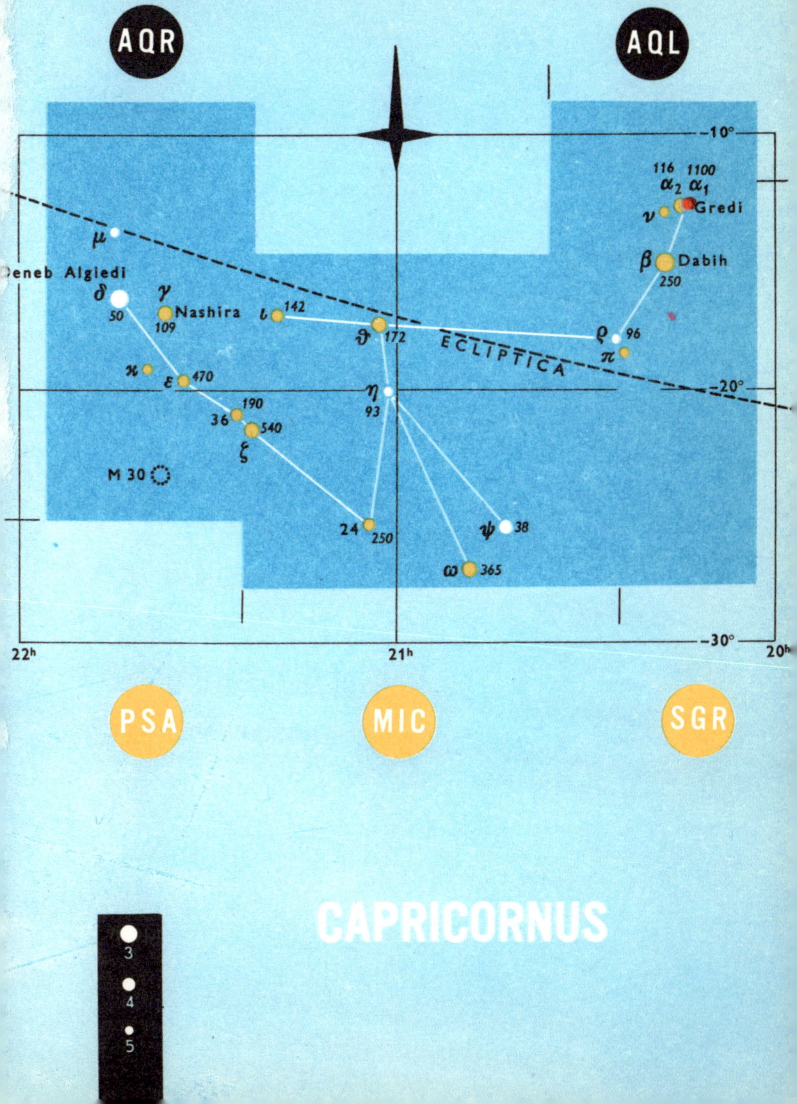

CAPRICORNUS

CARINA

Carinae Car Schiffskiel

Die drei Sternbilder Carina, Puppis und Vela sind Teile des Sternbildes, das früher Argo Navis genannt wurde. Von den dreien hat Carina den hellsten Stern, Canopus, eine Lichtquelle, nach der sich oft die Raumschiffe orientieren.

α CARINAE – CANOPUS — latinisiert aus dem griechischen Canobos. Es war der Namen einer Stadt an der westlichen Nilmündung, die im Altertum durch das ausschweifende Leben ihrer Bewohner berüchtigt war. Der Stern Canopus ist –0,86 Größe, ein Riese der Spektralklasse F 0 in einer Entfernung von 365 Lichtjahren. Würde man ihn in eine Entfernung von 36,2 Lichtjahren bringen, so wäre er weit heller als die Venus.

β CARINAE – MIAPLACIDUS — „Schiffskiel" — ist der zweithellste Stern in der Reihe der Sterne mit hohem Wasserstoffgehalt, mit dem Spektrum A O. Er befindet sich in einer Entfernung von 105 Lichtjahren, wo er als Stern mit einer scheinbaren Helligkeit von 1,80 Größenklassen leuchtet. Die absolute Helligkeit beträgt –0,9 Größenklassen.

ε CARINAE hat eine scheinbare Helligkeit von 1,74 Größenklassen. Das zusammengesetzte Spektrum KO-B zeigt, daß es sich um einen spektroskopischen Doppelstern in einer Entfernung von 325 Lichtjahren handelt. Die absolute Helligkeit beträgt –3,0 Größenklassen.

ϑ CARINAE liegt bei einer Gruppe von mehreren schwachen Sternen. Der Stern selbst besitzt eine Helligkeit wie ein Stern 3,03ter Größe. Er gehört in die Gruppe der sog. Heliumsterne B 0 mit einer effektiven Temperatur von 20 000 °K. Das Licht gelangt zu uns in 930 Jahren.

ι CARINAE – TUREIS ist ein Stern 2,25ter Größe. In einer Entfernung von 10 Parsec würde er ebenso hell leuchten wie die Venus in größtem Licht. Seine wirkliche Entfernung ist 1400 Lichtjahre.

CAR

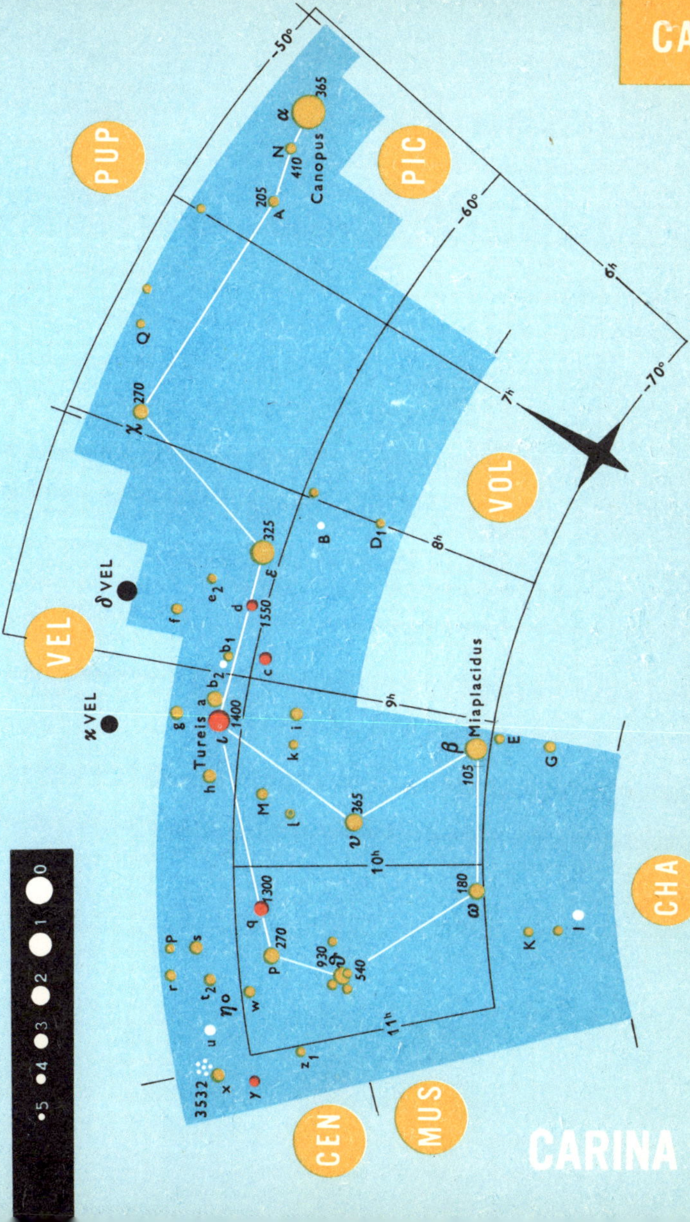
PUP
PIC
VOL
VEL
CHA
MUS
CEN
δ VEL
κ VEL
Canopus
Tureis
Miaplacidus
-50°
-60°
-70°
6h
7h
8h
9h
10h
11h
3532
0
1
2
3
4
5

CARINA

CASSIOPEIA

Cassiopeiae Cas Kassiopeia

Kassiopeia ist ein sehr markantes Sternbild, dessen fünf helle Sterne zu einem „W" gruppiert sind. Der Sage nach war Kassiopeia die Mutter Andromedas, die einem Seeungeheuer geopfert werden sollte, das das Land des äthiopischen Königs Kepheus bedrohte.

α CASSIOPEIAE – SCHEDIR ist ein Riese der Spektralklasse K 0, von dem das Licht in 163 Jahren zu uns gelangt. Aus dieser Ferne leuchtet er als Stern mit einer scheinbaren Helligkeit von 2,47 Größenklassen. Absolute Helligkeit 0,1 Größenklasse.

β CASSIOPEIAE – CAPH ist ein Zwergstern mit dem Spektrum F 2 in einer Entfernung von 47 Lichtjahren. Scheinbare Helligkeit 2,42 Größenklassen, absolute Helligkeit −1,6 Größenklassen.

γ CASSIOPEIAE – CIH, ein Riesenstern des Spektraltyps B 0, war wegen Änderung seiner Helligkeit von 1,6 bis 3,0 Größenklassen Gegenstand des Interesses der Astronomen. Die Ursache waren wahrscheinlich Durchmesserschwankungen seiner Gashülle. Seine Entfernung beträgt 650 Lichtjahre.

δ CASSIOPEIAE – KSORA ist ein Stern der Spektralklasse A 3. Entfernung 76 Lichtjahre, absolute Helligkeit 1,0 Größenklassen.

ε CASSIOPEIAE – SEGIN leuchtet in einer Entfernung von 470 Lichtjahren als Stern 3,34ter Größe und gehört der Spektralklasse B 0 an. Absolute Helligkeit −2,3.

ρ CASSIOPEIAE ist ein veränderlicher Stern, der seine Helligkeit von 4,1 bis 6,2 Größenklassen in unregelmäßigen Perioden ändert. Entfernung 830 Lichtjahre.

Im Sternbild befinden sich mehrere offene Sternhaufen, M 52, M 103 und NGC 457.

In der Kassiopeia zündete im Jahre 1572 eine Supernova, die von Tycho Brahe beobachtet wurde.

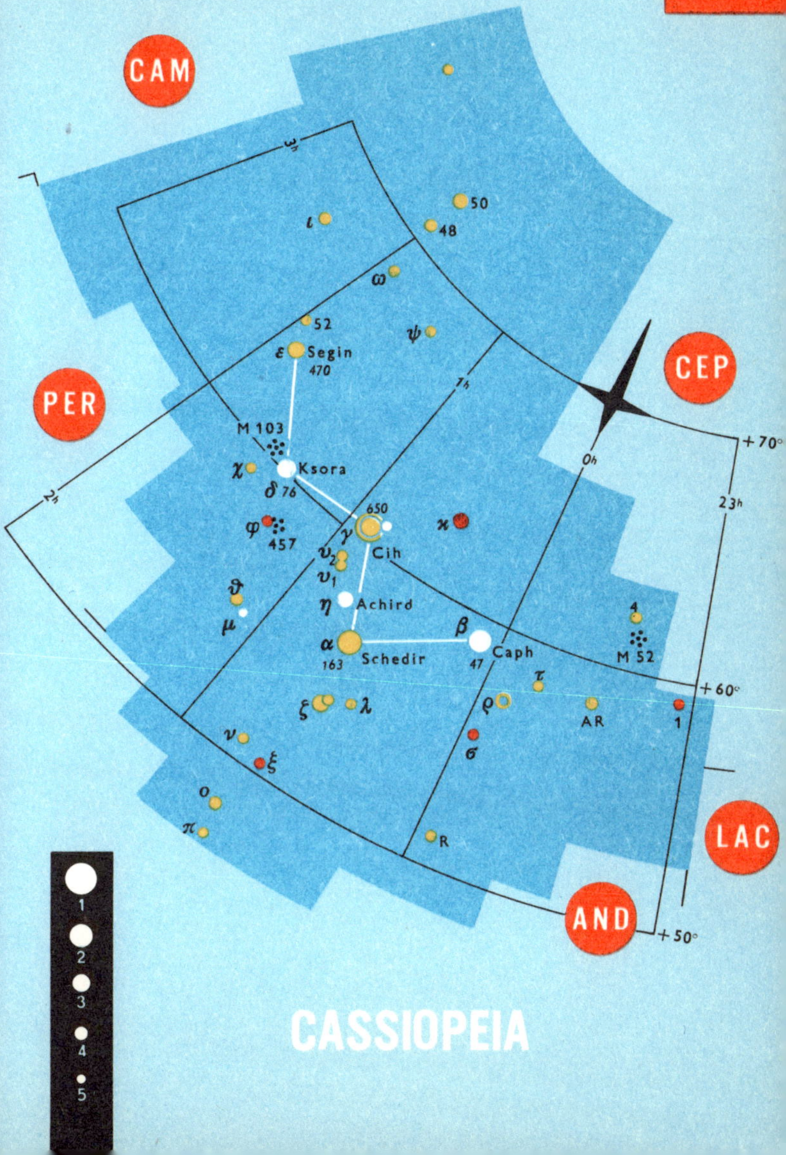
CAM
PER
CEP
LAC
AND
50
48
ι
ω
52
ψ
ε Segin
470
3h
2h
1h
0h
23h
+70°
+60°
+50°
M 103
Ksora
χ
δ 76
650
γ
Cih
φ
457
ϰ
υ2
υ1
ϑ
μ
η Achird
α
163
Schedir
β
47
Caph
4
M 52
τ
ρ
AR
1
ξ
λ
ν
ξ
σ
ο
π
R
1
2
3
4
5

CASSIOPEIA

CENTAURUS

Centauri Cen Zentaur

α CENTAURI – TOLIMAN „Weinrebentrieb“, aber auch RIGEL KENT — „der Fuß des Zentaurs“. Beides bezieht sich auf die Personifizierung des Fabelwesens Zentaur, das halb Mensch und halb Pferd war, und in der Hand einen mit einer Weinrebe umwundenen Stab hielt. Alpha Centauri ist ein Doppelstern. Die eine Komponente ähnelt spektral unserer Sonne G 4. Beide zusammen erreichen eine Helligkeit von 0,06 Größenklassen.

Wir führen hier auch den Stern PROXIMA CENTAURI an, obwohl es sich um einen Stern der neunten Größenklasse handelt. Dieser rote Zwergstern K 5 befindet sich in der Nähe des Sternes Alpha. Er ist der unserem Sonnensystem nächste Stern. Von ihm trennt uns ein Raum, den das Licht in nur 4,3 Lichtjahren durchläuft.

β CENTAURI – AGENA ist ein heller Riese der Spektralklasse B 3, der von uns 325 Lichtjahre entfernt ist. Dieser Stern hat einen derzeit vom Hauptstern 1,2″ entfernten Begleiter 9ter Größe. Zu ihrer Auflösung ist ein gutes astronomisches Fernrohr notwendig. Die Gesamthelligkeit der Agena beträgt 0,86 Größenklassen, die absolute Helligkeit −4,3 Größenklassen.

γ CENTAURI ist ein Wasserstoffstern mit einer Temperatur von 10 000 °K. Mit seiner Helligkeit gleicht er einem Stern 2,38ter Größe in einer Entfernung von 130 Lichtjahren.

δ CENTAURI hat das Spektrum B 3 der Heliumsterne und leuchtet in einer Entfernung von 220 Lichtjahren als Stern 2,88ter Größe. Absolute Helligkeit — 1,2 Größenklassen.

ω CENTAURI, ein mit bloßem Auge sichtbarer Kugelsternhaufen, der 5000 Parsec entfernt ist.

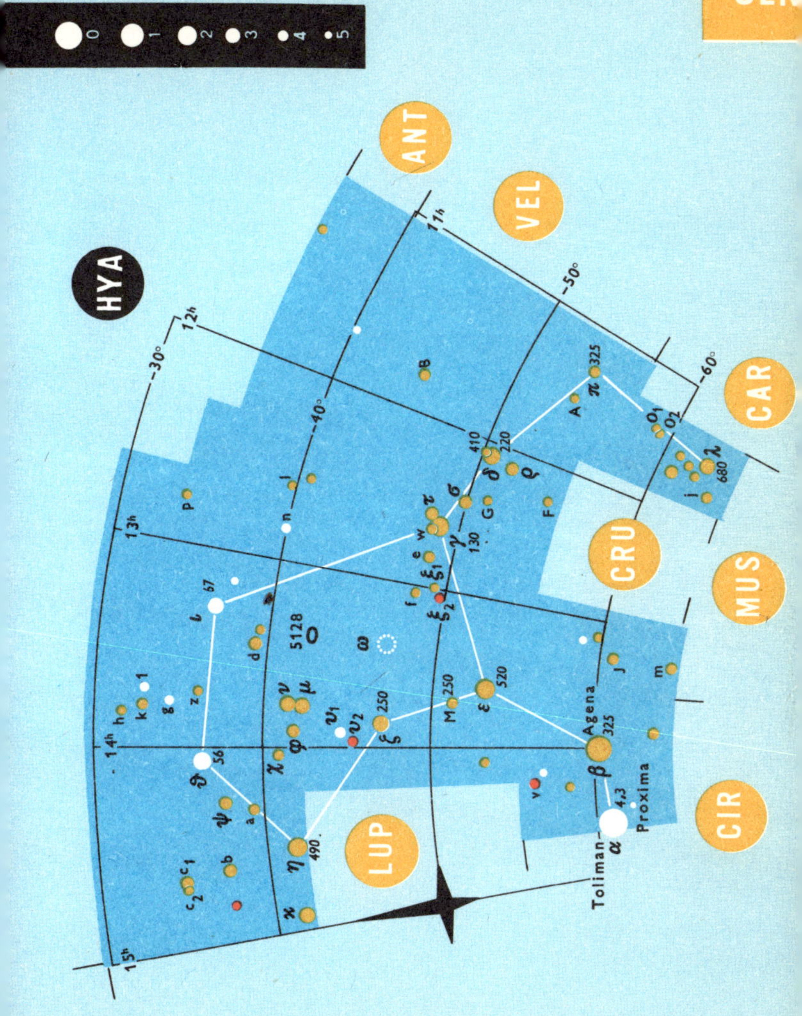
HYA
ANT
VEL
CAR
CRU
MUS
CIR
LUP
-30°
-40°
-50°
-60°
11h
12h
13h
14h
15h
5128
Agena
325
Toliman
Proxima
4,3
490
520
250
130
220
410
680
56
67

CENTAURUS

CEPHEUS

Cephei Cep Kepheus

Zwischen den Sternbildern Kassiopeia und Drache ist eine aus vier hellen Sternen bestehende Sterngruppe, die den Namen Kepheus erhielt. Nach der griechischen Mythologie war Kepheus König von Äthiopien und Vater der schönen Andromeda. Die moderne Wissenschaft weiß von diesen Sternen folgende Einzelheiten:

α CEPHEI – ALDERAMIN „rechter Arm". Es handelt sich um einen Riesenstern der Spektralklasse A 7, der von uns 49 Lichtjahre entfernt ist und auf unserem Himmel als Stern der 2,50. Größenklasse leuchtet. Wäre der Stern 10 Parsec entfernt, so würde seine Helligkeit 1,7 Größenklassen betragen.

β CEPHEI – ALPHIRK „Herde". In Wirklichkeit handelt es sich um einen Doppelstern. Der Hauptstern ist ein Veränderlicher mit geringfügiger Amplitude im Bereich von 3,30 bis 3,35. Diese Lichtänderungen wiederholen sich in der ungewöhnlich kurzen Zeit von 0,19 Tagen. Für die Astronomen ist β Cephei der Typus einer bestimmten Veränderlichen-Klasse. Alphirk gehört in die Klasse der Riesensterne. Sein Licht braucht 740 Jahre, bis es zu uns gelangt.

γ CEPHEI – ALRAI „Schafhirt" ist ein Unterriese der Spektralklasse K 1 in einer Entfernung von 50 Lichtjahren.

δ CEPHEI ist der Typ von Veränderlichen, die als Cepheiden oder Delta-Cephei-Sterne bekannt sind. In einer Periode von 5,37 Tagen ändert er seine Helligkeit von 4,1 bis 5,2 Größenklassen. Er ist ein Überriese der Spektralklasse F 5 in der Zeit des Maximums und G 0 in der Zeit des Minimums. Der Durchmesser des Sternes in der Zeit seiner größten Helligkeit entspricht dem 35,4fachen, im Minimum dem 31,6fachen Durchmesser unserer Sonne. Der Stern ist von uns 930 Lichtjahre entfernt.

Im Sternbild Kepheus gibt es ziemlich viele veränderliche Doppelsterne und hauptsächlich auch Sternhaufen.

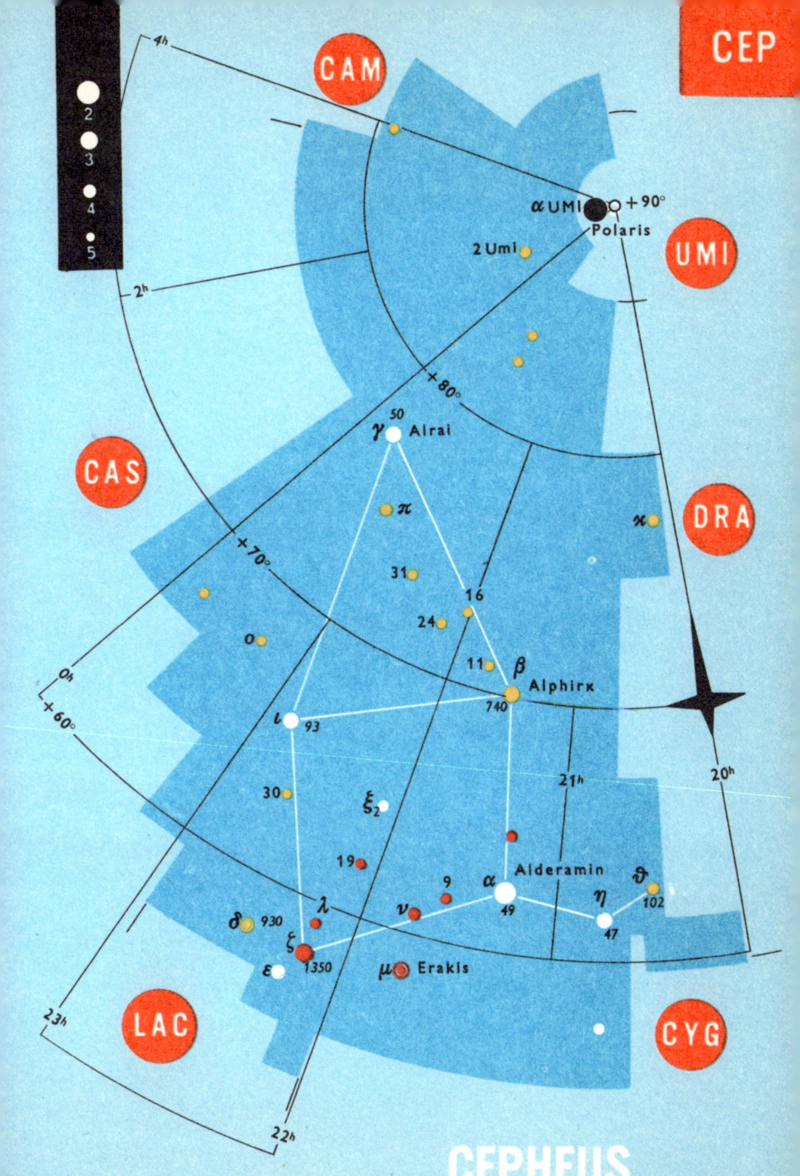
2
3
4
5
4h
CAM
α UMI
+90°
Polaris
2 Umi
UMI
2h
+80°
50
γ
Alrai
CAS
π
DRA
κ
31
+70°
16
24
o
11
β
Alphirk
740
0h
+60°
ι
93
21h
20h
30
ξ2
19
Alderamin
9
α
ϑ
49
η
102
λ
ν
δ
930
47
ξ
1350
ε
μ
Erakis
23h
LAC
CYG
22h

CEPHEUS

CETUS

Ceti Cet Walfisch

α CETI – MENKAR bedeutet nach einer alten zoologischen Vorstellung „Schnabel“ des Walfisches. Der Stern ist ein roter Riese der Spektralklasse M 2 in einer Entfernung von 130 Lichtjahren. Auf dem Himmel leuchtet er als Stern 2,82ter Größe. Absolute Helligkeit –0,2 Größenklassen.

β CETI – DENEB KAITOS ebenfalls ein Riese der Spektralklasse K 0 und ist 64 Lichtjahre vom Sonnensystem entfernt. Die visuelle Helligkeit beträgt 2,24 Größenklassen, die absolute Helligkeit 0,8 Größenklassen.

γ CETI – KAFFALJIDHMA weist ein zusammengesetztes Spektrum A 2 — F 7 auf. Das Licht braucht 82 Jahre, bis es zu uns gelangt. Die absolute Helligkeit beträgt 1,6 Größenklassen, ansonsten sehen wir den Stern als Stern 3,58ter Größe.

ζ CETI – BATEN KAITOS. Es handelt sich um einen Riesenstern vom Spektraltyp K 0, der als Stern 3,92ter Größe in einer Entfernung von 148 Lichtjahren leuchtet. Die absolute Helligkeit entspricht 0,6 Größenklassen.

ϑ CETI ist ein Unterriese der Spektralklasse K 0 in einer Entfernung von 112 Lichtjahren. Seine scheinbare Helligkeit beträgt 3,83 Größenklassen, die absolute 1,1 Größenklassen.

ν CETI ist ein rot gefärbter Riesenstern, was mit dem Spektrum des Typs M 1 zusammenhängt. Er ist von uns volle 230 Lichtjahre entfernt und erscheint von hier als Stern 4,18ter Größe. In einer Entfernung von 10 Parsec würde er am Himmel wie der Aldebaran leuchten.

μ CETI ist ein Zwergstern, dessen Helligkeit in der Entfernung von 102 Lichtjahren 4,36 Größenklassen beträgt. Er gehört zum Spektraltyp F 4 mit einer absoluten Helligkeit von 1,9 Größenklassen.

o CETI – MIRA CETI ist ein typischer Veränderlicher mit langer Periode, dessen Amplitude sich zwischen 2,0ter – 10,1ter Sterngröße bewegt. Die Periode der Lichtänderungen verläuft in 331 Tagen. Die Entfernung des Sternes beträgt 820 Lichtjahre.

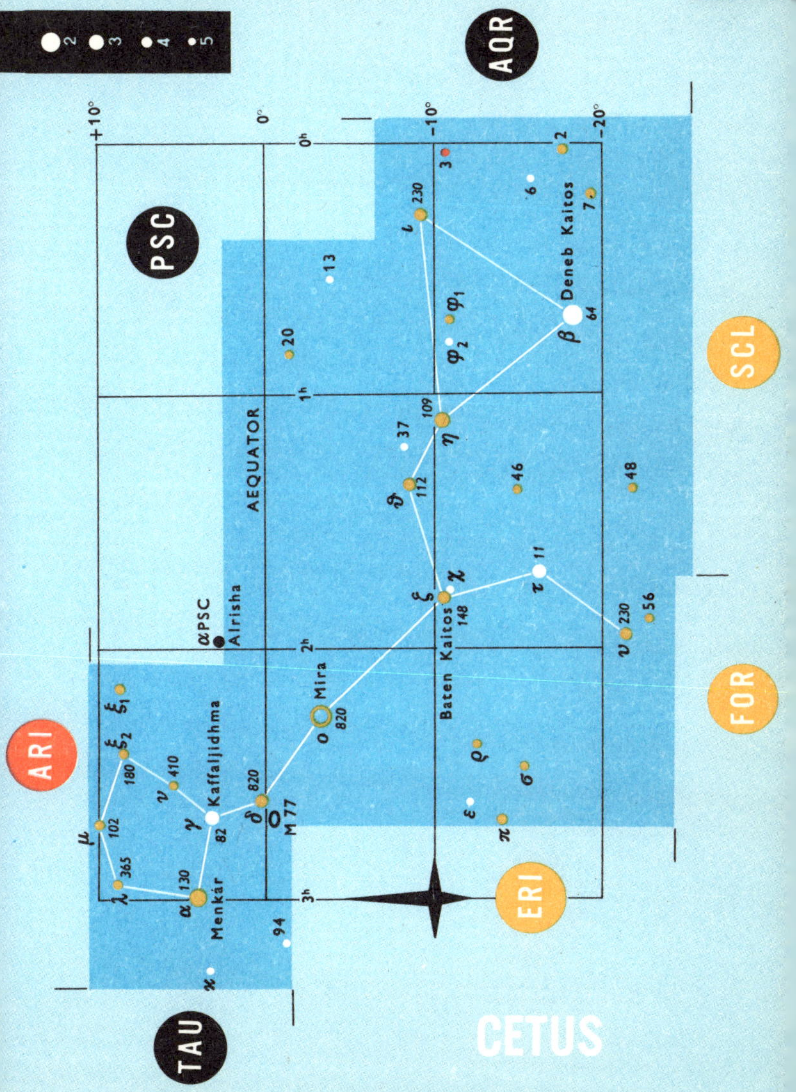
2
3
4
5
AQR
PSC
ARI
TAU
ERI
SCL
FOR
+10°
0°
-10°
-20°
0h
1h
2h
3h
AEQUATOR
αPSC
Alrisha
Mira
820
M 77
Kaffaljidhma
Menkar
Baten Kaitos
148
Deneb Kaitos
64
CETUS

CHAMAELEON

Chamaeleonis Cha Chamäleon

Das Sternbild Chamäleon findet man über dem hellen Stern Miaplacidus im Sternbild Carina. Die Sterne sind durchweg schwach, zwischen 4ter bis 5ter Größe, und das ganze Sternbild liegt sehr nahe beim Südpol.

α CHAMAELEONIS leuchtet in einer Entfernung von 67 Lichtjahren als Stern 4,08ter Größe. Die absolute Helligkeit beträgt 2,5 Größenklassen. Das Spektrum gehört dem Typ F 5 an, das für gelbliche Sterne mit einer Temperatur von 7500 °K charakteristisch ist.

β CHAMAELEONIS gehört zu den Heliumsternen mit hoher effektiver Temperatur um 20 000 °K. Er leuchtet in einer Entfernung von 250 Jahren als Stern 4,38ter Größe. Seine absolute Helligkeit beträgt 0,0 Größenklassen.

γ CHAMAELEONIS leuchtet uns in einer Entfernung von 820 Lichtjahren als Stern 4,1ter Größe. Er weist das typische Spektrum M 0 roter Sterne auf. Die Oberflächentemperatur liegt um 3500 °K. In einer Entfernung von 32,6 Lichtjahren würde der Stern wie Beteigeuze im Sternbild Orion leuchten.

δ^2 CHAMAELEONIS, ein Stern der Spektralklasse B 5 in einer Entfernung, wohin das Licht in 410 Jahren eilt. Er leuchtet als Hauptstern eines optischen Doppelsternes. Seine absolute Helligkeit beträgt −0,9 Größenklassen. In seiner unmittelbaren Nähe befindet sich δ^1 CHAMAELEONIS. Seine Entfernung von 1088 Lichtjahren sagt allein schon, daß die beiden Sterne nur scheinbar nahe beieinander liegen. Auch die Spektralklasse K 2 ist unterschiedlich. Die Temperatur ist niedriger als die der Sonne und deshalb leuchtet der Stern mit orangefarbenem Licht. Die absolute Helligkeit beträgt −2,1 Größenklassen.

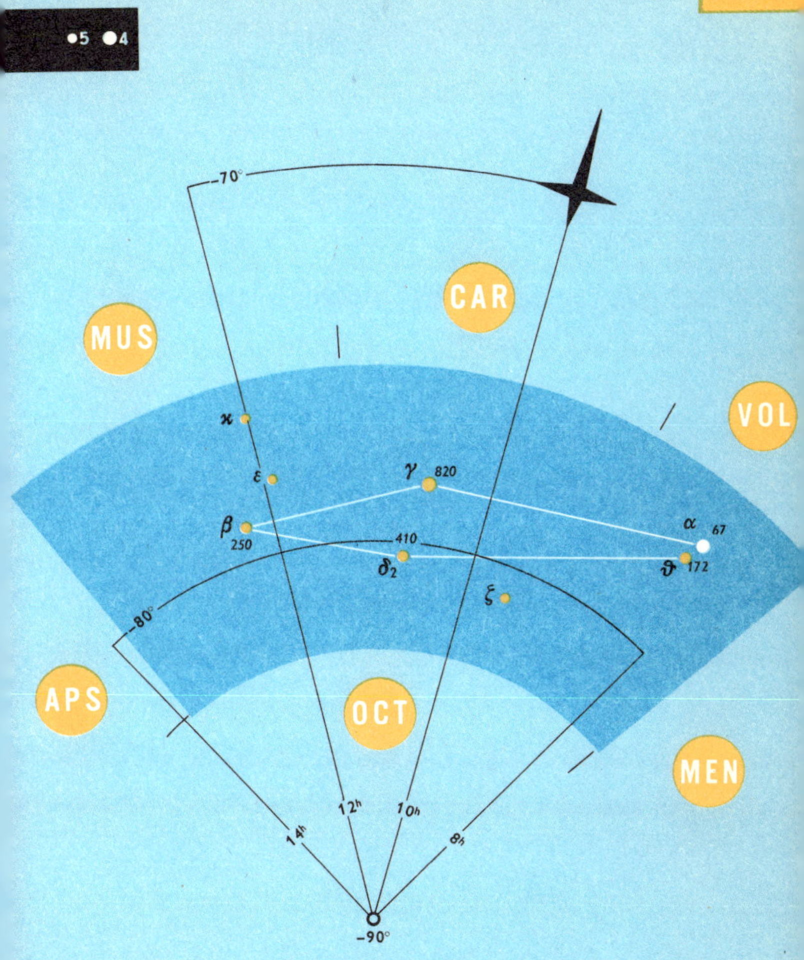

5 4
-70°
CAR
MUS
VOL
ϰ
ε
γ 820
β 250
410
α 67
δ2
ϑ 172
ξ
-80°
APS
OCT
MEN
14h
12h
10h
8h
-90°

CHAMAELEON

CIRCINUS

Circini Cir Zirkel

Der Abbé de la Caille hatte in Anbetracht fehlender dichterischer Phantasie und im unbegreiflichen Bestreben, um jeden Preis den südlichen Himmel mit einer größeren Zahl von Sternbildern zu füllen, eine Stelle mit dem Namen Zirkel bezeichnet. Dieses Sternbild hat nur einen einzigen hellen Stern, alle übrigen sind schwächer als 4te Sterngröße. Sie könnten ebensogut zum Sternbild Zentaur oder in das Sternbild Südliches Dreieck gehören, in deren Nähe sich das Sternbild Zirkel befindet.

α CIRCINI leuchtet von uns 57 Lichtjahre entfernt als Stern 3,41ter Größe. Er weist ein Spektrum auf, in dem die Wasserstofflinien bereits schwächer werden und die Linien der Metalldämpfe sich markanter zeigen, was für den Spektraltyp F 0 charakteristisch ist.

β CIRCINI – Von diesem Stern wissen wir nur, daß seine scheinbare Größe, besser gesagt seine Helligkeit, 4,16 Größenklassen beträgt. Die übrigen Angaben fehlen.

γ CIRCINI – Aus der Tiefe eines Raumes, den das Licht in 270 Jahren durchläuft, leuchtet dieser Stern 4,54ter Größe. Sein Spektrum ist aus den Typen B 5 und F 8 zusammengesetzt. Die absolute Helligkeit beträgt −0,1 Größenklassen und ist der des Aldebaran im Sternbild Stier gleich.

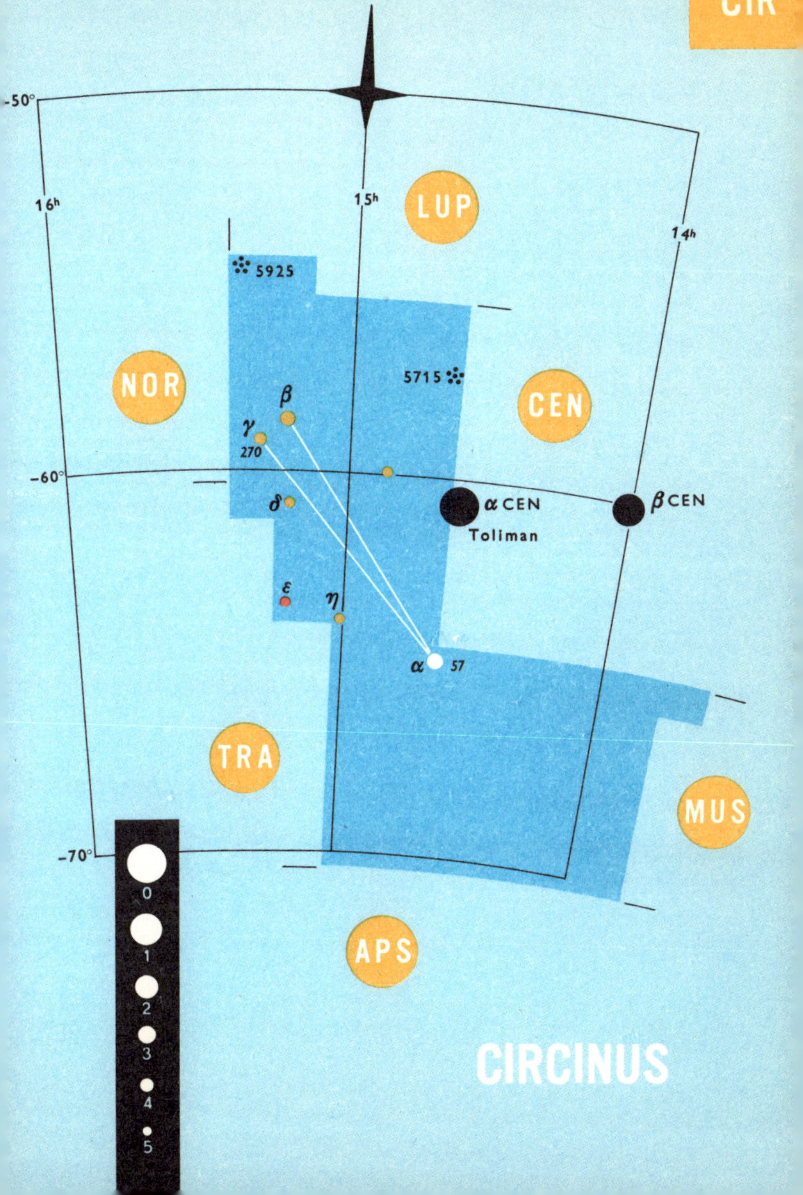
-50°
16h
15h
14h
LUP
5925
NOR
5715
CEN
β
γ
270
-60°
δ
α CEN
Toliman
β CEN
ε
η
α
57
TRA
MUS
-70°
APS
0
1
2
3
4
5

CIRCINUS

COLUMBA

Columbae Col Taube

Dieses formlose Sternbild führte Royer im Jahre 1679 ein, also zu einer Zeit, da er unter dem südlichen Himmel weilte. Seine Phantasie sah in ihm eine Taube mit einem Zweig im Schnabel.

α COLUMBAE – PHAKT ist der Hauptstern der Taube. Er leuchtet in einer Entfernung von 148 Lichtjahren als Stern mit einer visuell scheinbaren Helligkeit von 2,75 Größenklassen. In Wirklichkeit handelt es sich um ein System von zwei Sternen. Der Hauptstern hat das Spektrum B 8. Die zweite Komponente ist schwach, ungefähr 12ter Größe.

β COLUMBAE weist eine scheinbare Helligkeit von 3,22 Größenklassen auf, in Wirklichkeit ist der Stern jedoch ein Unterriese. Der Stern ist 120 Lichtjahre entfernt. Sein Spektrum gehört dem Typ K 1 an.

γ COLUMBAE ist ein Stern, der von uns 650 Lichtjahre entfernt ist. Er erscheint uns als ziemlich schwacher Stern 4,36ter Größe. In einer Entfernung von 10 Parsec (32,6 Lichtjahren) würde er wie die Venus im höchsten Glanz strahlen.

ε COLUMBAE ist ein Stern mit visuell scheinbarer Helligkeit von 3,92 Größenklassen in einer Entfernung von 250 Lichtjahren. Er gehört zur Spektralklasse K 0.

Im Sternbild Taube breitet sich eine dunkle, lichtabsorbierende Wolke aus, die angeblich, nach einer wissenschaftlich nicht unterbauten Theorie, einmal das Sonnensystem durchlief und die die Ursache für die Eiszeit auf der Erde gewesen sein könnte.

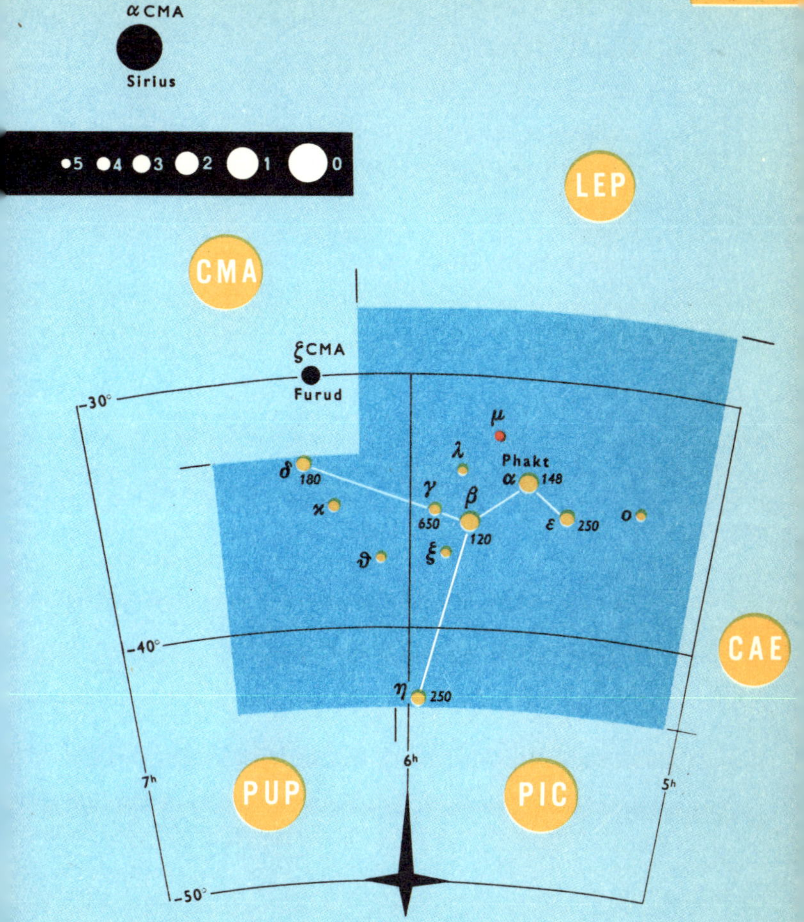
α CMA
Sirius
5 4 3 2 1 0
LEP
CMA
ξ CMA
Furud
-30°
μ
λ
Phakt
δ 180
α 148
γ
β
ϰ
650
ε 250
o
120
ξ
ϑ
CAE
-40°
η 250
6h
7h
5h
PUP
PIC
-50°

COLUMBA

COMA BERENICES

Comae Berenicis Com Haar der Berenike

Berenike, die Tochter des Königs Maegerse aus Cyrene, ließ sich ihr schönes Haar als Opfer der Venus dafür abschneiden, daß ihr Gemahl, König Ptolemäus, gesund aus einem Feldzug zurückgekehrt war. Ptolemäus war von der Tat Berenikes nicht begeistert und fand sich damit erst nach der Erklärung des Hofmathematikers Conon ab, daß die Götter die Haare zu den Sternen gesetzt hätten. Tycho Brahe, der das Sternbild benannte, ahnte nicht, daß er am Himmel eine Stelle festlegte, an der sich ein großes Nest weitentfernter Galaxien befindet. An Sternen ist das Sternbild sehr arm.

α COMAE BERENICIS — DIADEM, ist ein Stern 5,22ter Größe. Er gehört zu den sog. Zwergsternen vom Spektraltyp F 0. Die Temperatur dieser Sterne ist etwas höher als die der Sonne. Die absolute Helligkeit ist 4,0 Größenklassen. Die Entfernung des Sternes beträgt 57 Lichtjahre.

β COMAE BERENICIS ist ein Zwergstern vom Typ G 0, dessen Spektrum dem unserer Sonne ähnelt. Die Helligkeit des von uns 27 Lichtjahre entfernten Sternes beträgt 4,32 Größenklassen und auch seine absolute Helligkeit ist nur 4,8.

γ COMAE BERENICIS leuchtet als Stern 4,56ter Größe in einer Entfernung, wohin das Licht erst in 300 Jahren gelangt. Es ist ein orangefarbener Unterriese der Spektralklasse K 3, der, wenn er sich in einer Entfernung von 32,6 Lichtjahren befände, als heller Stern —0,2ter Größe leuchten würde.

M 53 (NGC 5024) ist ein Kugelsternhaufen. Am besten zeigt ihn ein Spiegelteleskop.

NGC 4826 (M 64) ist ein schöner Spiralnebel, der so hell ist wie ein Stern 8,8ter Größe.

NGC 4382 (M 85) eine Spiralgalaxie 9ter Größe.

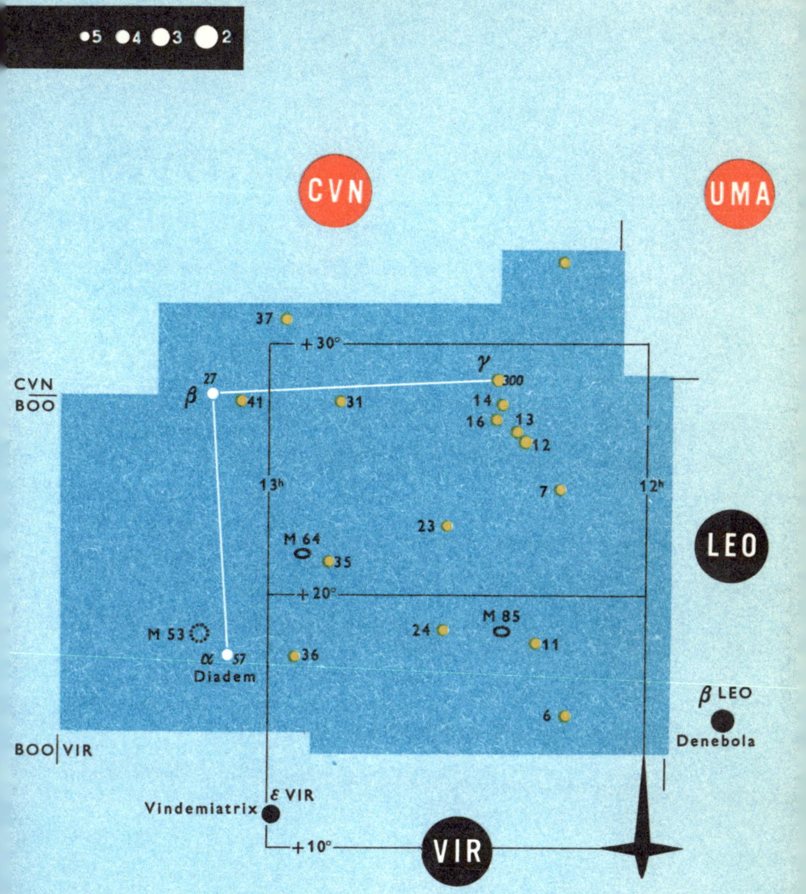

COMA BERENICES

CORONA AUSTRALIS

Coronae Australis CrA Südliche Krone

Als Gegenstück zur Nördlichen Krone wurden mehrere im Halbkreis angeordnete Sterne Südliche Krone benannt. Das Sternbild befindet sich in einem Gebiet, wo die schwach leuchtenden Wolken der Milchstraße von der lichtabsorbierenden interstellaren Materie durchwoben sind. Sie wird hauptsächlich von Staubteilchen und interstellarem Gas gebildet und äußert sich auf zwei Arten, u. zw. sowohl durch Streuung der Strahlung an den Staubteilchen als auch durch Absorption der Strahlung in den Gasatomen. Das Ergebnis ist die Abschwächung des Sternlichtes.

α CORONAE AUSTRALIS gehört zum Typ der Wasserstoffsterne A 2 mit einer scheinbaren Helligkeit von 4,12 Größenklassen. Er leuchtet in einer Entfernung von 102 Lichtjahren. Absolute Helligkeit 1,6 Größenklassen.

β CORONAE AUSTRALIS ist ein Stern von gelblicher Färbung, der der Spektralklasse G 5 angehört. Das Licht benötigt 365 Jahre, bis es die Entfernung des Sternes zu uns überbrückt. Er leuchtet als Stern 4,16ter Größe. Absolute Helligkeit —1,1 Größenklassen.

γ CORONAE AUSTRALIS ist ein Zwergstern der Spektralklasse F 7 in einer Entfernung von 58 Lichtjahren. Von dort erscheint er als Stern 4,26ter Größe. Aus einer Entfernung 10 Parsec würde sich seine Helligkeit praktisch um eine Größenklasse steigern.

δ CORONAE AUSTRALIS ist ein orangefarbener Stern, und deshalb liegt seine größte Intensität im Bereich der Spektrallinie K 1. Er befindet sich in einer Entfernung von 220 Lichtjahren, von wo er als Stern 4,66ter Größe leuchtet. Die absolute Helligkeit beträgt 0,5 Größenklassen.

Im Sternbild CrA sieht man unter anderem den schön geordneten Kugelsternhaufen NGC 6541.

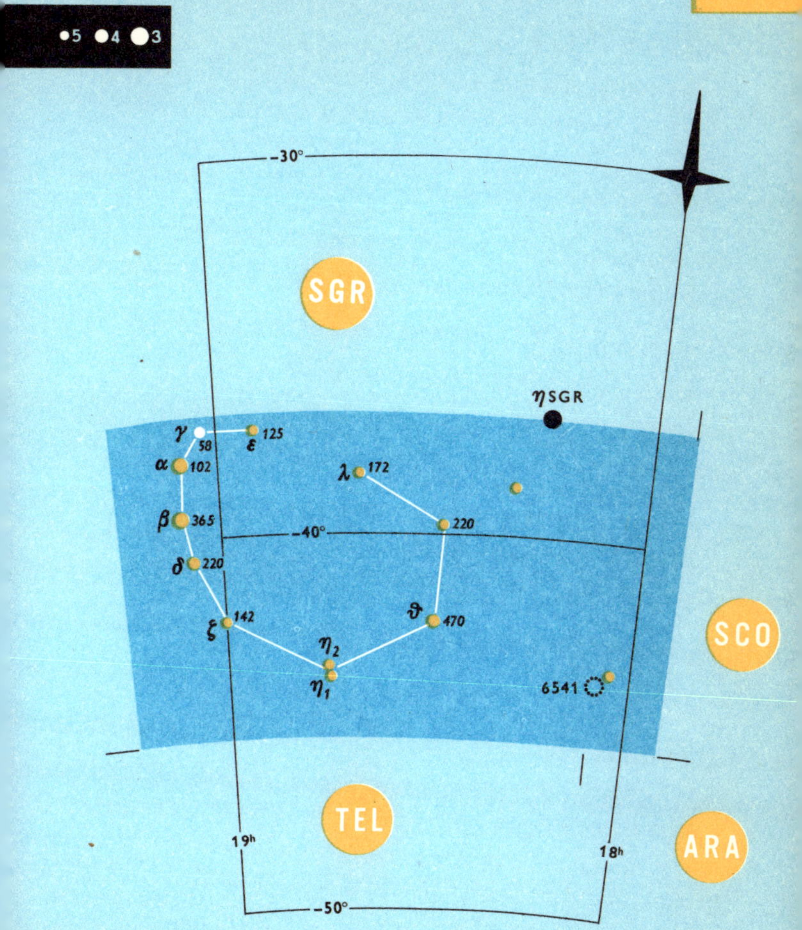

CORONA AUSTRALIS

CORONA BOREALIS

Coronae Borealis CrB Nördliche Krone

Ein kleines, aber sehr charakteristisches Sternbild. Sieben nicht allzu helle Sterne sind in einem Halbkreis angeordnet, so daß sie einem Diadem ähneln. Der Ursprung des Namens ist alt, und es bestehen verschiedene Versionen darüber. Die hübscheste ist die Sage von Bacchus, der Ariadne von seinem göttlichen Ursprung überzeugen wollte und ihr Diadem auf den Himmel warf. Unsere Zeit erzählt von den Sternen der Nördlichen Krone folgendes:

α CORONAE B. – GEMMA (lateinisch „Edelstein") ist der hellste Stern mit einer scheinbaren Helligkeit von 2,31 Größenklassen, absolute Helligkeit 0,6. Das Spektrum des Hauptsterns A 0 verrät, daß Gemma einen Begleiter hat, der ihn in 17,4 Tagen umläuft. Vom Stern trennt uns eine Entfernung von 71 Lichtjahren.

β CORONAE B. ist ein Riese mit dem Spektrum A 8 in einer Entfernung von 102 Lichtjahren. Er leuchtet als Stern 3,72ter Größe. Absolute Helligkeit 1,2 Größenklassen.

γ CORONAE B. ist ein blauer Stern A 0 in einer Entfernung von 142 Lichtjahren. Die Helligkeit beträgt 3,93, die absolute Helligkeit 0,7 Größenklassen.

ε CORONAE B. ist ein Riesenstern K 2 in einer Entfernung von 172 Lichtjahren.

ϑ CORONAE B., ein Stern mit scheinbarer Helligkeit von 4,17 Größenklassen, absolute Helligkeit 0,0 Größenklassen. Er befindet sich in einer Entfernung im Weltraum, aus der das Licht zu uns 220 Jahre wandert.

T CORONAE B., ein Veränderlicher, besser eine rekurrente Nova, die in 80 Jahren zweimal zündete. Ihre Helligkeit stieg bis auf 2,0 Größenklassen an, um dann wieder bis auf die 15. Größe zu sinken. Ihr Spektrum Q – g M3 bedeutet, daß es sich um einen Stern-Giganten mit kompliziertem physikalischem Aufbau handelt.

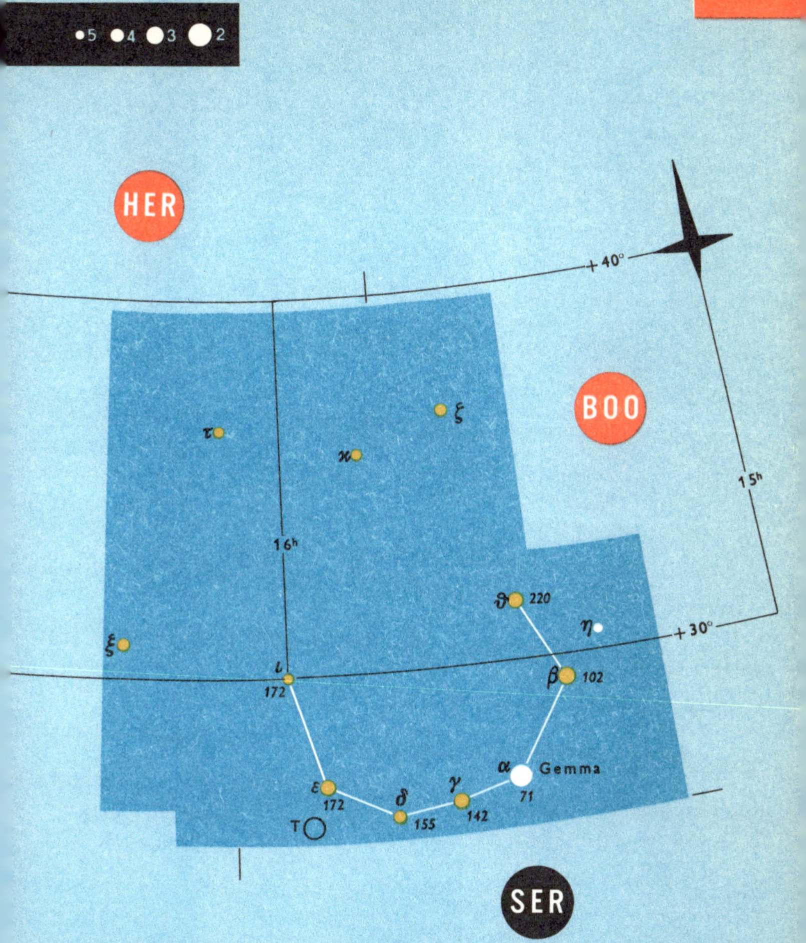

CORONA BOREALIS

CORVUS

Corvi Crv Rabe

α CORVI – ALCHITA, ein Zwergstern mit visuell scheinbarer Helligkeit 4,18 in einer Entfernung von 63 Lichtjahren. Spektraltyp F 2 und absolute Helligkeit 2,8 Größenklassen.

β CORVI – KRAZ ist ein Gigant der Spektralklasse G 4. Er leuchtet aus einer Entfernung von 172 Lichtjahren als Stern 2,84ter Größe; absolute Helligkeit –0,8 Größenklassen.

γ CORVI. In einer Entfernung von 250 Lichtjahren leuchtet er als Stern 2,78ter Größe der Spektralklasse B 8. Absolute Helligkeit –1,6 Größenklassen.

δ CORVI – ALGORAB. Er ist ein Riese der Spektralgruppe A 0 in einer Entfernung von 136 Lichtjahren. An unserem Himmel leuchtet er als Stern mit einer scheinbaren Helligkeit von 3,11 Größenklassen. Die absolute Helligheit beträgt 0,0 Größenklassen.

CRATER

Crateris Crt Becher

Über dem Sternbild Wasserschlange (Hydra) ist das Sternbild Becher zu sehen.

α CRATERIS – ALKES, arabische Bezeichnung Al Batiak – Schale – ist ein Riesenstern der Spektralklasse K 1 mit einer visuell scheinbaren Helligkeit von 4,20 Größenklassen, die absolute Helligkeit beträgt 0,7 Größenklassen; Entfernung 163 Lichtjahre.

β CRATERIS hat ein Spektrum der Klasse A 2, scheinbare Helligkeit 4,52 Größenklassen, absolute Helligkeit 2,9 Größenklassen. Das Licht braucht die Länge eines durchschnittlichen Menschenalters (68 Jahre), bis es zu uns gelangt.

γ CRATERIS ist 148 Lichtjahre entfernt. Spektrum A 5, scheinbare Helligkeit 4,14 Größenklassen, absolute Helligkeit 0,8 Größenklassen.

δ CRATERIS ist ein Gigant mit dem Spektrum K 0. 130 Jahre dauert es, bis sein Licht unsere Erde erreicht. Er leuchtet als Stern 3,82ter Größe, die absolute Helligkeit beträgt 0,8 Größenklassen.

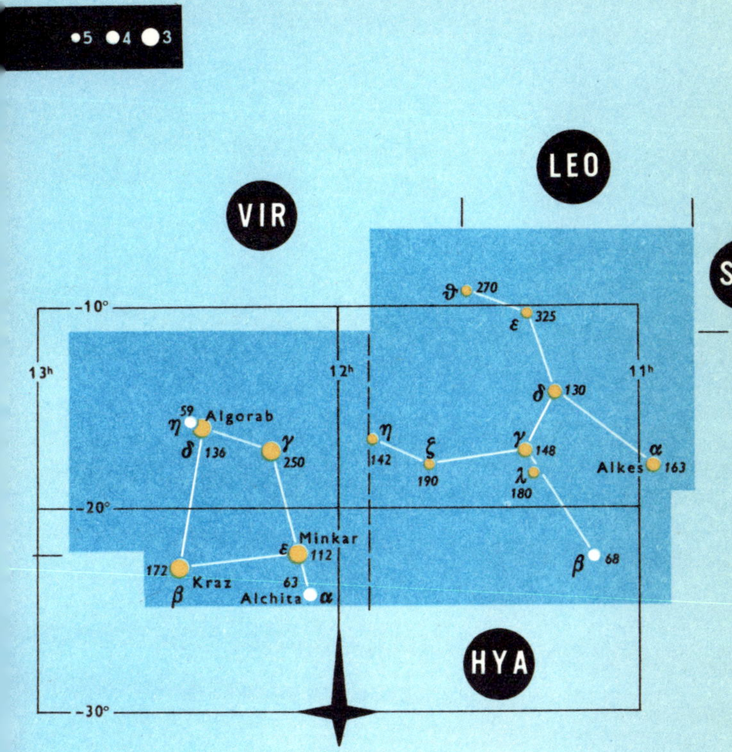

CORVUS

CRATER

CRUX

Crucis Cru Kreuz des Südens

Das Kreuz des Südens stellt eine Attraktion für alle jene dar, die nach dem Süden fahren. Das Sternbild ist durch seine hellen Sterne sehr auffällig. Zusammen mit dem reichen Hintergrund der Milchstraße ist es die Zierde der Tropennächte.

α 1,2 CRUCIS – ACRUX ist ein Doppelstern. Die eine Komponente (α^1) ist ein Stern 1,58ter Größe, beim zweiten (α^2) beträgt die visuelle scheinbare Helligkeit 2,09 Größenklassen. Beide weisen Spektren vom Frühtyp B 1 auf und befinden sich in einer Entfernung, die der Lichtstrahl in 300 Jahren durchläuft. Die erste Komponente hat eine absolute Helligkeit von –3,4 Größenklassen, die zweite von –2,9 Größenklassen.

β CRUCIS ist ein weiterer, sehr heller Stern im Kreuz des Südens. Er ist 1,50ter Größe, gehört ebenfalls in die Spektralklasse B 1, ist jedoch mindestens 490 Lichtjahre entfernt. Seine absolute Helligkeit beträgt –4,5 Größenklassen.

γ CRUCIS ist ein Stern 1,61ter Größe, der in einer Tiefe von 220 Lichtjahren strahlt. Die absolute Helligkeit beträgt –2,4 Größenklassen. Das Spektrum ist typisch für rote Sterne. In der Harward-Klassifikation ist er mit M 4 bezeichnet.

δ CRUCIS, ein schwächeres Mitglied des Kreuzes, ist 3,08ter Größe und leuchtet in einer Entfernung von 590 Lichtjahren. Sein Spektrum gehört dem Typ der Helium-Sterne mit effektiver Temperatur um 20 000 °K an. Absolute Helligkeit –3,2 Größenklassen.

ε CRUCIS ist ein ergänzender Stern im Kreuz mit dem Spektrum K 2 der orangefarbenen Sterne, der in einer Entfernung von 172 Lichtjahren leuchtet. Er ist so hell wie ein Stern 3,57ter Größe. Die absolute Helligkeit ist 0,0 Größenklassen.

Von den übrigen Objekten ist das hellste der Sternhaufen NGC 4755 in der Nähe des Sternes Beta Crucis.

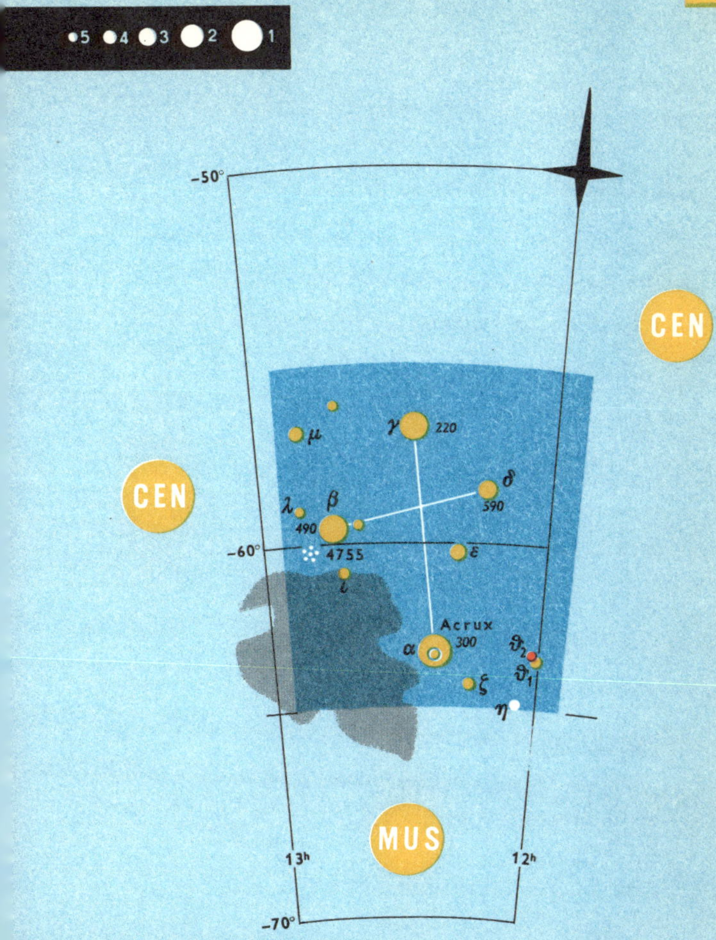
5
4
3
2
1
-50°
CEN
CEN
γ
220
μ
δ
590
λ
β
490
-60°
4755
ε
ι
Acrux
α
300
ϑ2
ϑ1
ξ
η
MUS
13h
12h
-70°

CRUX

CYGNUS

Cygni Cyg Schwan

α CYGNI – DENEB ist der hellste Stern im Schwan. Er ist ein Überriese der Spektralklasse A 2 mit einer absoluten Helligkeit von −6,2 Größenklassen. Von Deneb braucht der Lichtstrahl bis zur Erde volle 930 Jahre. Wäre Deneb in einer Entfernung von 10 Parsec, so würde er auf dem Himmel wie der hellste Stern des südlichen Himmels Canopus leuchten. So beträgt jedoch seine Helligkeit nur 1,33 Größenklassen.

β CYGNI – ALBIREO ist ein schöner Doppelstern. Zu trennen ist er in einem kleinen astronomischen Fernrohr. Die eine Komponente ist rotgelb, da sie ein Riesenstern mit dem Spektrum K 1 ist, die zweite — ungefähr der gleichen Spektralklasse — leuchtet mit orangefarbenem Licht. Beide sind von der Erde 410 Lichtjahre entfernt.

γ CYGNI – SADIR ist ein Überriese mit dem Spektrum F 8. Die scheinbare Helligkeit aus einer Entfernung von 540 Lichtjahren beträgt 2,32 Größenklassen, die absolute Helligkeit −3,9 Größenklassen.

ε CYGNI – GIENAH ist ein Riesenstern mit dem Spektrum K 0, dessen scheinbare Helligkeit 2,64 Größenklassen und dessen absolute Helligkeit 0,7 Größenklassen beträgt. Das Licht wandert durch den Weltraum zu uns 80 Jahre.

χ CYGNI ist ein langperiodischer Veränderlicher mit einer scheinbaren Helligkeit von 3,3 Größenklassen, dessen Licht bis auf die 14te Größe sinkt. Diese Änderung spielt sich in einer Periode von 407 Tagen ab. Der Stern ist ein Riese mit dem Spektrum M 7. Das Licht durchläuft die Entfernung zu uns in 230 Jahren.

P CYGNI, der sog. Kepler-Stern, ähnelt Neuen Sternen und sinkt von 3,3ter Größe bis auf einen Stern sechster Größe. Er leuchtet aus einer Entfernung von 4700 Lichtjahren.

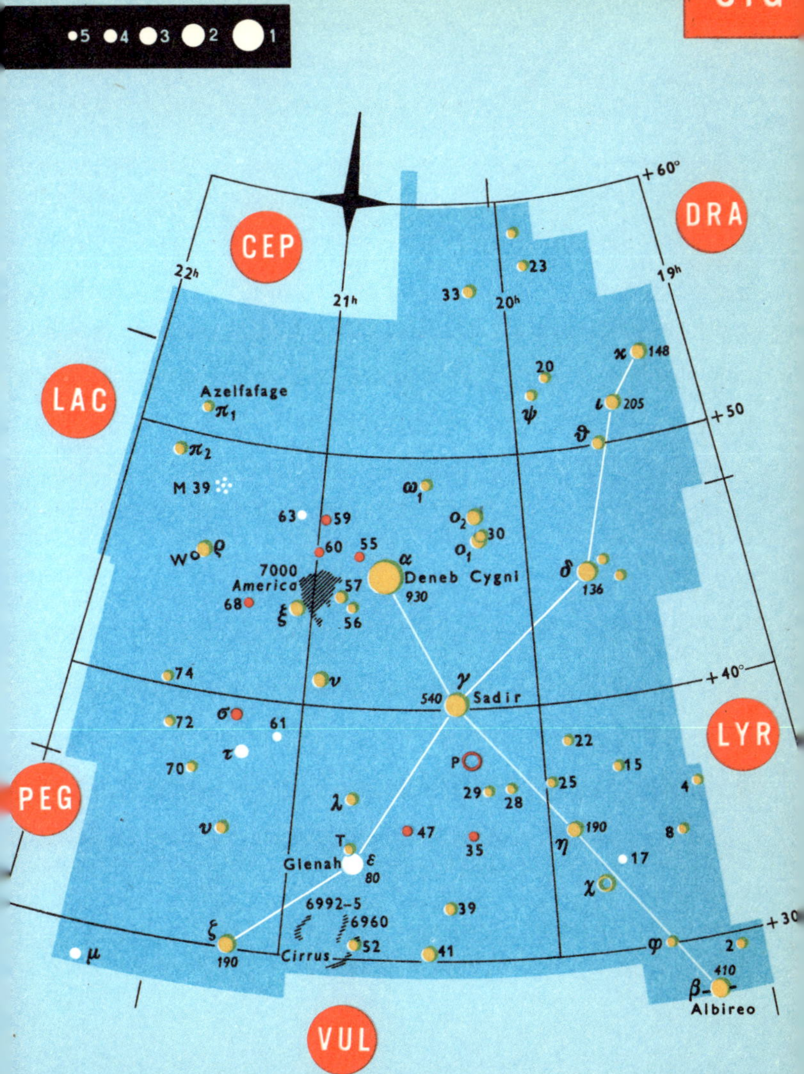
5 4 3 2 1
CEP
DRA
LAC
LYR
PEG
VUL
+60°
+50
+40°
+30
22h
21h
20h
19h
23
33
20
ψ
κ 148
ι 205
ϑ
Azelfafage
π1
π2
M 39
ω1
o2
30
o1
63
59
60
55
W ρ
7000
America
57
α
Deneb Cygni
930
δ
136
68
ξ
56
74
ν
γ
540
Sadir
σ
72
61
τ
70
22
P
15
25
4
29
28
λ
υ
47
35
190
8
η
T
Glenah
ε
80
17
χ
6992-5
6960
39
ξ
190
52
Cirrus
41
φ
2
410
β
Albireo
μ

CYGNUS

DELPHINUS

Delphini Del Delphin

Der Delphin ist ein kleines, sehr schönes Sternbild, das aus sechs Sternen zusammengesetzt ist. Man findet es östlich vom hellen Stern Altair im Sternbild Adler. Der Delphin projiziert sich in die an Sternen reichen Außenbezirke der Milchstraße.

Die Sterne Alpha, Beta, Gamma und Delta bilden einen Rhombus, der in zwei Sternen nach Westen zu ausläuft. Das Sternbild selbst war schon in der Antike bekannt, und über den Ursprung des Namens gibt es mehrere Versionen. Nach der einen ist der Delphin der Sohn des Meergottes Triton. Man schreibt ihm die Rettung des Sängers Arion zu, den er auf seinem Rücken zur Küste brachte.

α DELPHINI – SVALOCIN. Es handelt sich um einen blauen Zwergstern mit einer scheinbaren Helligkeit von 3,86 Grössenklassen, der in die Spektralklasse B 8 gehört; Entfernung 270 Lichtjahre. Aus einer Entfernung von 10 Parsec würde der Stern wie die Kapella im Sternbild Fuhrmann leuchten.

β DELPHINI – ROTANEV (Bedeutung unbekannt) ist ein Zwergstern der Spektralklasse F 3 in einer Entfernung von 96 Lichtjahren und mit einer absoluten Helligkeit von 1,4 Größenklassen.

γ^2 DELPHINI ist ein Unterriese mit dem Spektrum der Klasse K 1 mit einer scheinbaren Helligkeit von 4,49 Größenklassen und einer absoluten Helligkeit von 1,8 Größenklassen. Das Licht läuft von ihm zu uns 112 Jahre. Der benachtbarte Stern γ^1 in einem Abstand von 10″ ist nur mit dem Fernrohr als schwächere Komponente 5,5 zu unterscheiden. Absolute Helligkeit 0,1 Größenklassen.

δ DELPHINI in einer Entfernung von 250 Lichtjahren leuchtet als Stern 4,53 Größe.

ε DELPHINI leuchtet in einer Entfernung von 270 Lichtjahren als Stern 3,98ter Größe und gehört der Spektralklasse B 7 an. Aus einer Entfernung von 10 Parsec würde er wie die Kapella im Sternbild Fuhrmann leuchten.

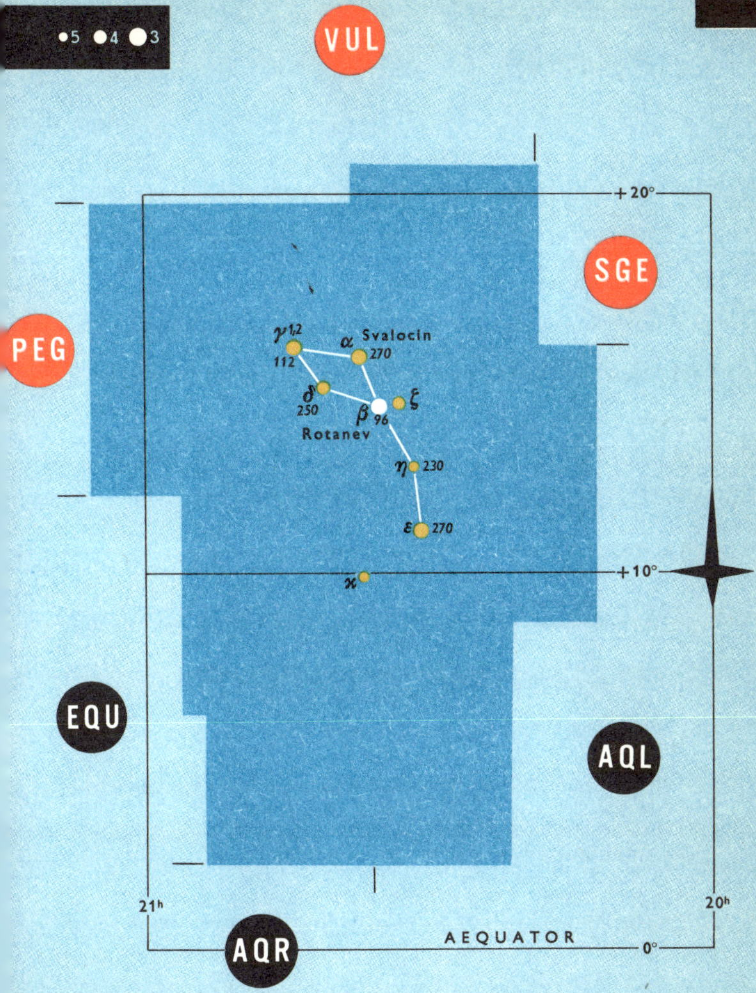
5 4 3
VUL
SGE
PEG
EQU
AQL
AQR
+20°
+10°
0°
21h
20h
AEQUATOR
γ 1,2
112
α Svalocin
270
δ
250
β
96
Rotanev
ζ
η 230
ε 270
κ

DELPHINUS

DORADO

Doradus Dor Goldfisch

α DORADUS ist ein Stern 3,47ter Größe mit dem Sternspektrum A 0 und einer Temperatur um 10 000 °K. Entfernung 300 Lichtjahre.

β DORADUS gehört zum Typ eines Veränderlichen der sog. Cepheiden mit einer Amplitude von 9,84 Tagen; in dieser Zeit ändert der Stern seine Helligkeit um 4,5 bis 5,8 Größenklassen. Er ist von uns 910 Lichtjahre entfernt.

γ DORADUS leuchtet in einer Entfernung von 47 Lichtjahren als Stern 4,36ter Größe. Physikalisch gehört er in die Gruppe der Sterne, die eine höhere Oberflächentemperatur haben als unsere Sonne — ordnungsmäßig ca. 7500 °K. Seine absolute Helligkeit beträgt 3,6 Größenklassen.

δ DORADUS hat das Spektrum A 5 der sog. Wasserstoffsterne. Er leuchtet aus einer Entfernung von 148 Lichtjahren als Stern 4,5ter Größe. Seine absolute Helligkeit beträgt 1,2 Größenklassen.

LMC – LARGE MAGELLANIC CLOUD — die Große Magellansche Wolke zusammen mit der Kleinen Magellanschen Wolke im Tukan wurden im Jahre 1519 vom Seefahrer Magellan entdeckt. Manchmal werden sie kurz Nebucula Major und Nebucula Minor genannt. Beide Wolken kann man gut in einzelne Sterne auflösen, die eine bestimmte Konzentration in Richtung zur Mitte aufweisen. Die hellsten Sterne sind neunter Größe und die schwächsten neunzehnter Größe. In beiden Wolken, die anscheinend zur Milchstraße gehören, sind mehrere Tausende Veränderliche, hauptsächlich vom Cepheiden-Typ, eine Menge von Sternhaufen und großen Wolken von interstellarer Materie und interstellarem Gas. Am meisten äußert sich dies im Gasnebel Tarantel und in weiteren Randgebieten der Wolken. Die Entfernung der großen Wolke wird auf 64 000 Parsec geschätzt. Es scheint, daß sich die Große Magellansche Wolke an der Rotation der Milchstraßenarme beteiligt.

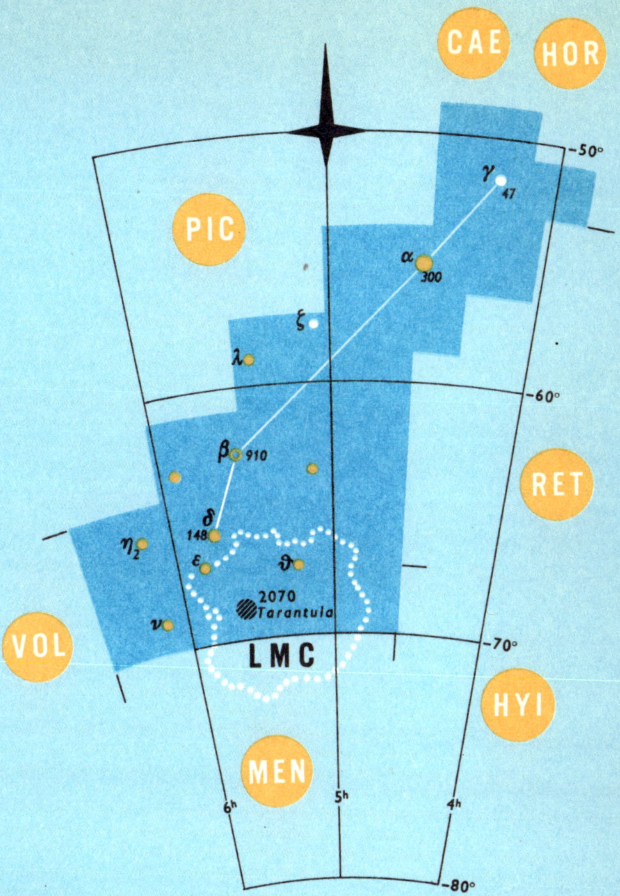
CAE
HOR
PIC
RET
VOL
HYI
MEN
γ
47
α
300
ξ
λ
β
910
δ
148
η2
ε
ϑ
ν
2070
Tarantula
LMC
-50°
-60°
-70°
-80°
6h
5h
4h

3
4
5

DORADO

DRACO

Draconis Dra Drache

Der Drache ist eine Erinnerung an die mythologische Echse Ladona im Garten der Hesperiden.

α DRACONIS – THUBAN ist ein Stern der Spektralklasse A. Sein Spektrum wird von einem Begleiter beeinflußt, der den Stern einmal in 51 Jahren umläuft. Die Entfernung von Thuban beträgt 220 Lichtjahre.

β DRACONIS – ALWAID ist ein Stern, der seinen physikalischen Eigenschaften nach unserer Sonne ähnelt. Er gehört der Spektralklasse G 2 an. In einer Entfernung von 10 Parsec würde er an unserem Himmel heller als der Sirius strahlen. Der Stern hat einen Begleiter 14ter Größe. In vielem erinnert dieser Doppelstern an das Verhältnis der Sonne zum Planeten Jupiter. Entfernung 365 Lichtjahre.

γ DRACONIS – ETAMIN ist ein roter Riese der Spektralklasse K 5 in einer Entfernung von 116 Lichtjahren. Er ist der hellste Stern im Drachen und leuchtet als Stern 2,42 ter Größe. In einer Entfernung von 10 Parsec würde er heller strahlen als Aldebaran.

δ DRACONIS – NODUS II, ein gelber Riese G 8 in der Entfernung von 120 Lichtjahren, leuchtet als Stern 3,24ter Größe. Absolute Helligkeit 0,4 Größenklassen.

ξ DRACONIS – NODUS I ist ein Riese, der zur Spektralklasse K 3 gehört und als Stern 3,90ter Größe leuchtet. Er ist 148 Lichtjahre entfernt, und seine absolute Helligkeit beträgt 1,4 Größenklassen.

$\nu^{1,2}$ DRACONIS – KUMA ist ein Doppelstern mit gleicher Helligkeit beider Komponenten von 5,0 Größenklassen und den gleichen Spektralklassen A 8 und A 4. Beide Sterne sind 120 Lichtjahre entfernt. Von der Erde gemessen, beträgt ihr gemeinsamer Abstand 62″.

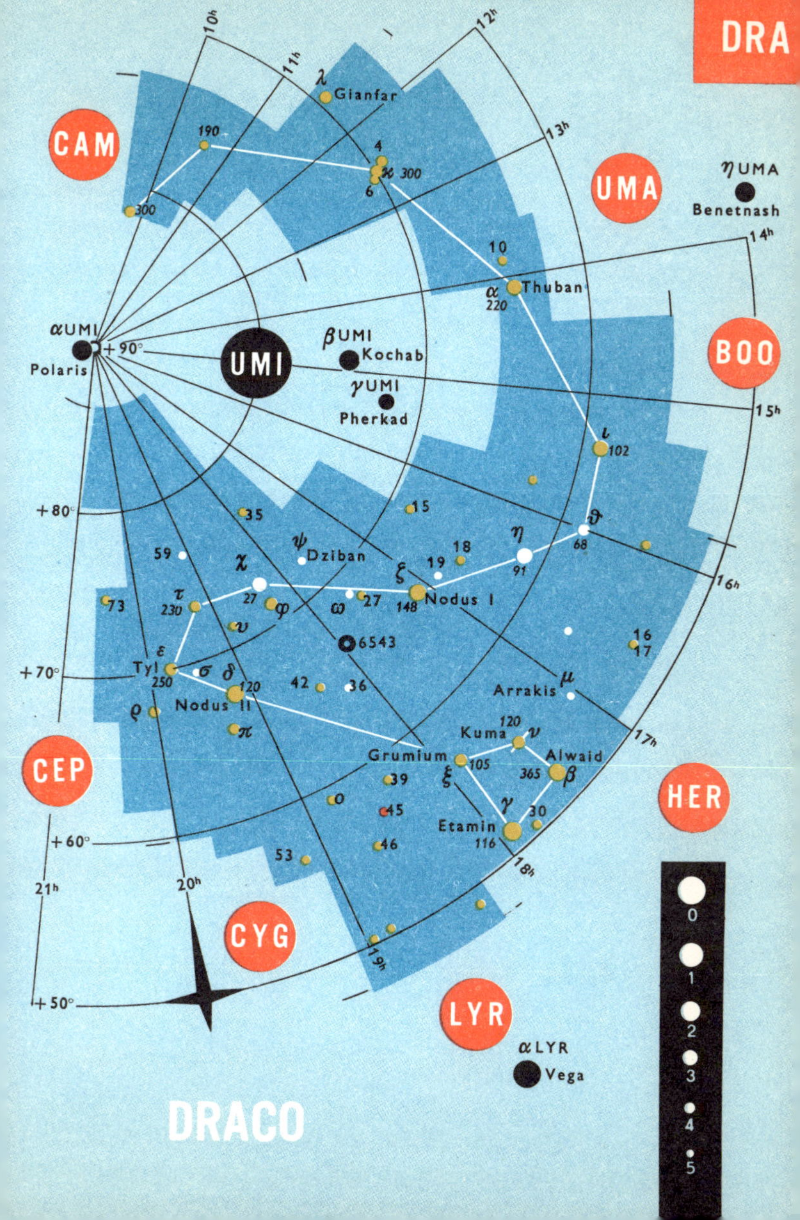
CAM
UMA
BOO
CEP
HER
CYG
LYR
UMI
ηUMA
Benetnash
αUMI
Polaris
βUMI
Kochab
γUMI
Pherkad
αLYR
Vega
λ Gianfar
190
300
4
κ 300
6
10
α 220 Thuban
ι 102
ϑ 68
η 91
18
19
15
35
59
ψ Dziban
χ 27
ξ 148 Nodus I
τ 230
φ
ω
27
73
υ
6543
ε Tyl 250
σ
δ 120 Nodus II
42
36
16
17
μ Arrakis
ρ
π
120 Kuma ν
Grumium 105
ξ
Alwaid 365 β
39
o
45
γ
30
Etamin 116
46
53
+90°
+80°
+70°
+60°
+50°
10h
11h
12h
13h
14h
15h
16h
17h
18h
19h
20h
21h
0
1
2
3
4
5

DRACO

EQUULEUS

Equulei Equ Kleines Pferd

Das an Sternen sehr arme und fast überflüssige Sternbild Kleines Pferd kannte weder Aratus noch Cicero. Außer den vier schwachen Sternen, die südöstlich vom kleinen Sternbild Delphin zu einem kleinen Trapez gruppiert sind, zieht in diesem Sternbild nichts die Aufmerksamkeit auf sich. Man kann in einer Sommernacht versuchen, es zu identifizieren.

α EQUULEI ist ein spektroskopischer Doppelstern mit zusammengesetztem Spektrum der Klasse F 6 + A 3. Er leuchtet in einer Entfernung von 148 Lichtjahren als Stern 4,14ter Größe. Die Hauptkomponente gehört zur Gruppe der Zwergsterne. Die absolute Helligkeit der Hauptkomponente wurde auf 0,8 Größenklassen geschätzt.

β EQUULEI. Ein Stern kaum 5,14ter Größe, der in einer Entfernung von 172 Lichtjahren leuchtet. Absolute Helligkeit 1,5 Größenklassen.

γ EQUULEI ist ein Unterriese, der in die Spektralklasse F 1 gehört. An unserem Himmel sieht man ihn als Stern 4,76ter Größe. In einer Entfernung von 32,6 Lichtjahren würde er so hell leuchten wie Aldebaran im Sternbild Stier. In Wirklichkeit befindet er sich 180 Lichtjahre weit von uns entfernt im Weltraum.

δ EQUULEI, ein Zwergstern mit dem Spektrum F 3, der als Stern 4,61ter Größe in einer Entfernung leuchtet, aus der der Lichtstrahl uns erst nach 52 Jahren erreicht. Seine absolute Helligkeit beträgt 3,6 Größenklassen.

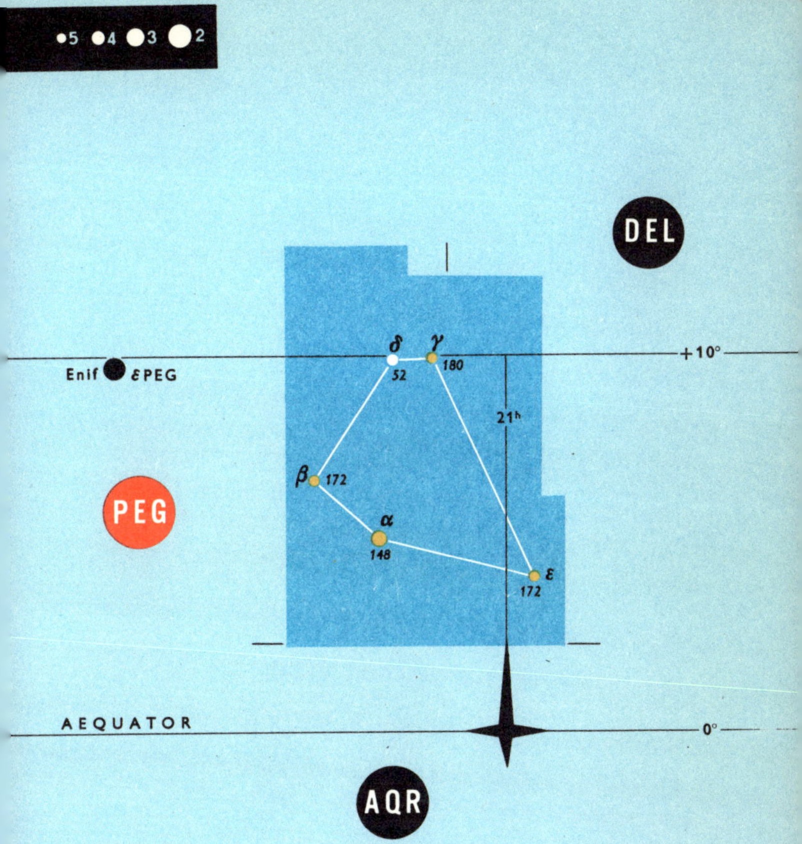
5 4 3 2
DEL
δ
γ
52
180
+10°
Enif
ε PEG
21ʰ
β
172
PEG
α
148
ε
172
AEQUATOR
0°
AQR

EQUULEUS

ERIDANUS

Eridani Eri Eridanus

Eridanus breitet sich westlich vom Orion aus. Es ist ein Sternbild des südlichen Himmels, doch ist ein großer Teil auch auf dem nördlichen Himmel gut beobachtbar.

α ERIDANI – ACHERNAR („Flußende"). Seine visuelle scheinbare Helligkeit beträgt 0,6 Größenklassen, seine absolute Helligkeit −1,3 Größenklassen. Er leuchtet in einer Entfernung von 78 Lichtjahren. Seinem Spektrum nach gehört er in die Klasse B 9. Seine Oberflächentemperatur erreicht 15 000 °K. Achernar ist zweihundertmal heller als die Sonne.

β ERIDANI – CURSA (arabisch Thron) ist ein Stern mit dem Spektrum A 3. Er erscheint uns visuell als Stern 2,92ter Größe in einer Entfernung von 82 Lichtjahren.

γ ERIDANI – ZAURAK ist ein roter Riese der Spektralklasse M 0 mit einer scheinbaren Helligkeit von 3,19 Größenklassen und einer absoluten Helligkeit von −2,4 Größenklassen. Er strahlt in einer Entfernung von 375 Lichtjahren.

δ ERIDANI – RANA ist ein Zwergstern der Spektralklasse K 0, den man aus einer Entfernung von 29 Lichtjahren als Stern 3,72ter Größe beobachtet. Absolute Helligkeit 4,0 Größenklassen.

ε ERIDANI ist ebenfalls ein Zwergstern in einer Entfernung von 11 Lichtjahren.

Die meisten übrigen Sterne im Eridanus sind schwächer.

In populärwissenschaftlichen Büchern findet man gewöhnlich Aufnahmen der Galaxie NGC 1300.

Nach Aratus ist Eridanus der Fluß, in den Phaeton, der Sohn des Sonnengottes Helios, stürzte.

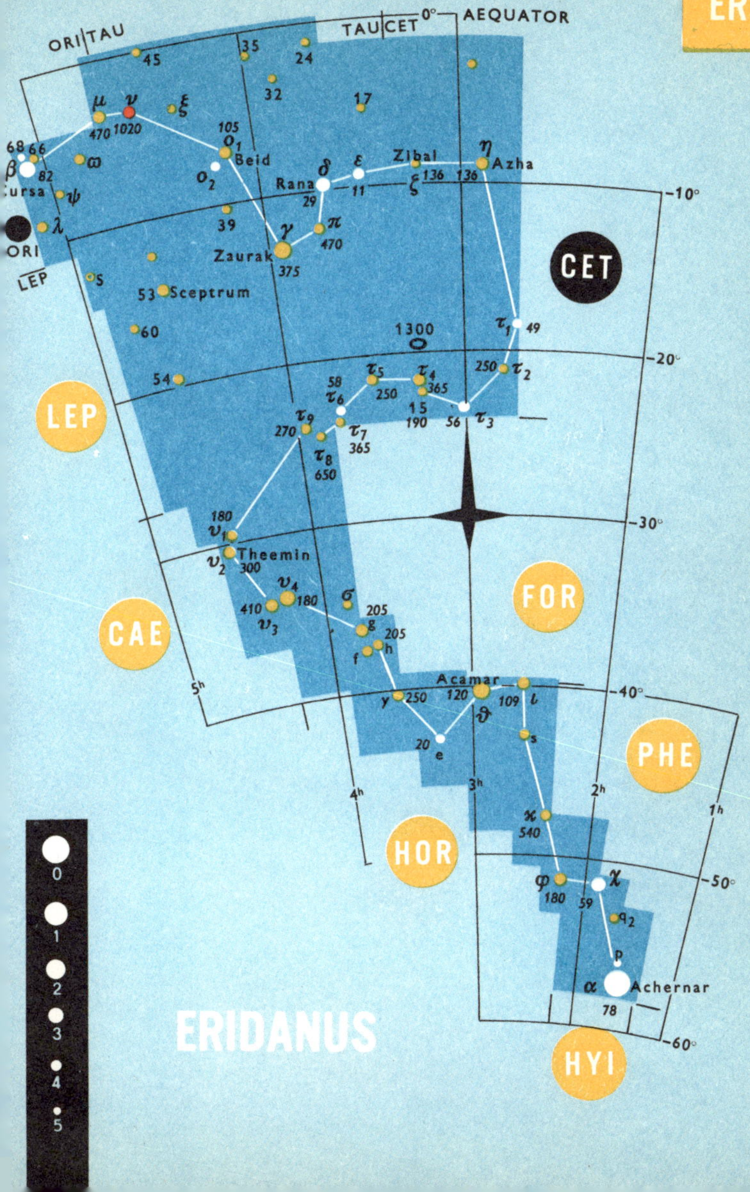
ORI|TAU
TAU|CET
0° AEQUATOR
-10°
-20°
-30°
-40°
-50°
-60°
5h
4h
3h
2h
1h
CET
LEP
CAE
FOR
PHE
HOR
HYI
ORI
LEP
Cursa
β
68
66
82
ψ
λ
ϖ
μ
470
ν
1020
ξ
45
35
24
32
17
105
o_1
Beid
o_2
39
Rana
δ
29
ε
11
Zibal
ξ
136
136
η
Azha
γ
Zaurak
375
π
470
s
53 Sceptrum
60
54
1300
O
$τ_1$
49
250
$τ_2$
$τ_3$
56
15
190
$τ_4$
365
$τ_5$
250
58
$τ_6$
$τ_7$
365
$τ_8$
650
$τ_9$
270
180
$υ_1$
Theemin
$υ_2$
300
$υ_4$
180
410
$υ_3$
σ
205
g
205
h
f
Acamar
120
ϑ
109
ι
y
250
20
e
s
ϰ
540
φ
180
χ
59
q_2
p
α
Achernar
78
0
1
2
3
4
5

ERIDANUS

FORNAX

Fornacis For Chemischer Ofen

Der Name dieses Sternbildes stammt von Abbé de la Caille. Der ursprüngliche Namen „Fornax Chimiae“ wurde auf Fornax abgekürzt. Mit dem Namen sollte die Bedeutung der Chemie unterstrichen werden, so wie sie den Zeitgenossen des achtzehnten und neunzehnten Jahrhunderts erschien.

α FORNACIS ist ein Zwergstern des Spektraltyps F 5. Er ist ein von unserem Sonnensystem 45 Lichtjahre entfernter Stern 3,95ter Größe.

β FORNACIS, ein gelber Stern vom Spektraltyp G 6 in einer Entfernung von 148 Lichtjahren. Er leuchtet als Stern 4,5ter Größe. Die absolute Helligkeit beträgt 1,2 Größenklassen.

υ FORNACIS. In einer Entfernung von 470 Lichtjahren leuchtet dieser Unterriese, der zum Spektraltyp A 0 gehört. Er weist eine Helligkeit wie ein Stern 4,74ter Größe auf. In einer Entfernung von 32,6 Lichtjahren würde seine Helligkeit auf —1,0 Größenklassen ansteigen.

Der Chemische Ofen befindet sich in einem Gebiet, wo es nur wenige helle Sterne gibt. Wenn man den veränderlichen Stern Mira Ceti im Sternbild Walfisch kennt, so findet man den Ofen in Richtung zum Horizont.

In den Ofen projiziert sich ein großes lokales Galaxien-System, das jedoch nicht mit bloßem Auge beobachtbar ist, sondern nur photographiert werden kann. In ihm befinden sich Galaxien, die Millionen von Sternen, Emissionsknoten von gasförmiger Materie und Staubwolken enthalten, die das Licht der Sterne reflektieren.

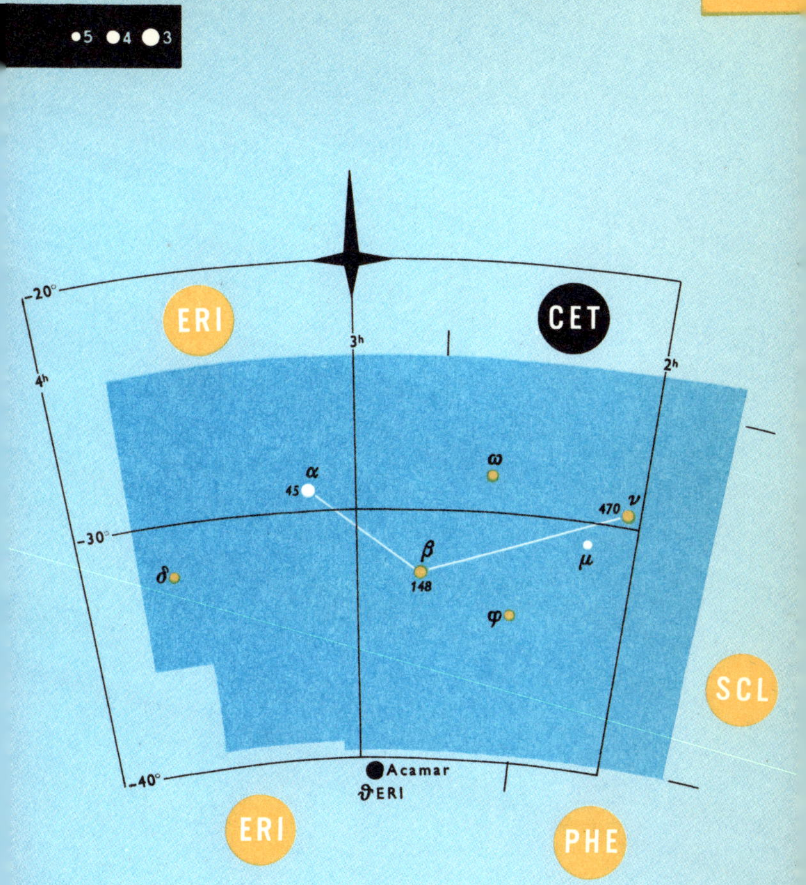
5
4
3
ERI
CET
3h
2h
4h
-20°
-30°
-40°
α
45
ω
ν
470
β
148
μ
δ
φ
SCL
Acamar
ϑ ERI
ERI
PHE

FORNAX

GEMINI

Geminorum Gem Zwillinge

Das dritte Zeichen im Tierkreis sind die Zwillinge. Es ist ein sehr weitgezogenes Sternbild, in dem die Ekliptik gipfelt. Nicht zu übersehen sind die zwei hellen Sterne Kastor und Pollux, zwei Brüder, die die antike Mythologie auf den Himmel versetzte. Da beide den auf dem Olymp thronenden Zeus zum Vater hatten, waren sie Dioskuren.

α GEMINORUM – CASTOR ist ein kompliziertes Sternsystem. Es leuchtet als Stern 1,58ter Größe, und durch ein kleines Fernrohr erkennt man den kleinen Begleiter als Stern 2,89ter Größe. Beide leuchten mit bläulichem Licht, wie es ihrem Spektrum A 2 und A 0 entspricht. Ein größeres Fernrohr zeigt ein weiteres Mitglied 9ter Größe. Die Sterne umlaufen einen gemeinsamen Schwerpunkt einmal in 380 Jahren. Mittels Spektrographen wurde festgestellt, daß jeder dieser Sterne noch einen weiteren unsichtbaren Begleiter hat, so daß es sich um einen bemerkenswerten Sechsfachstern in einer Entfernung von 45 Lichtjahren handelt.

β GEMINORUM – POLLUX ist ein Riesenstern mit dem Spektrum K 0 und einer Oberflächentemperatur von 4500 °K. Er ist von uns 35 Lichtjahre entfernt und strahlt als Stern 1,21ter Größe. Absolute Helligkeit −1,0.

γ GEMINORUM – ALHENA, der sog. „Plejadenhüter", ist ein Stern der Spektralklasse A 1 in einer Entfernung von 84 Lichtjahren. Seine visuelle Helligkeit beträgt 1,93, die absolute −0,1 Größenklassen.

ε GEMINORUM – MEBSUTA („gestreckter Arm") ist ein Stern 3,18ter Größe, der in einer Entfernung von 32,6 Lichtjahren um ein Vielfaches heller strahlen würde als der Sirius. Wegen seiner Entfernung von 1100 Lichtjahren ist sein Licht jedoch wesentlich schwächer. In Wirklichkeit ist er ein Überriese der Spektralklasse G 8.

M 35 ist ein schöner offener Sternhaufen, den man im Opernglas sehen kann. In einem größeren Fernrohr ist das ganze Blickfeld mit Sternen 8ter bis 12ter Größe ausgefüllt.

5
4
3
2
1

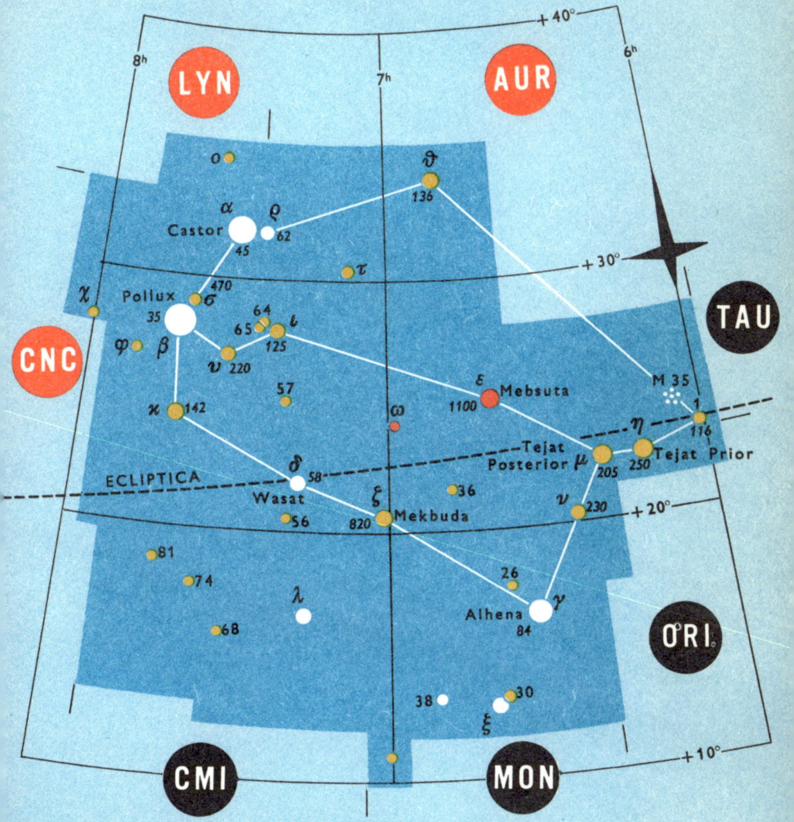
+40°
8h
7h
6h
LYN
AUR
TAU
CNC
ORI
CMI
MON
+30°
+20°
+10°
Castor
Pollux
Mebsuta
M 35
Tejat Posterior
Tejat Prior
ECLIPTICA
Wasat
Mekbuda
Alhena
45
62
136
470
35
64
65
125
220
57
142
1100
116
205
250
58
36
230
56
820
81
74
26
84
68
38
30

GEMINI

GRUS

Gruis Gru Kranich

Vom Sternbild Südliche Fische und dem hellen Stern Fomalhaut in Richtung zum Südpol leuchten die Sterne des Sternbildes Kranich. Es ist nicht sicher, wer den Namen dieses Sumpfvogels gewählt hat. Die alten Schriftsteller benützten für dieses Sternbild den Namen „Phoenicopterus" — Flamingo.

α GRUIS – ALNAIR – AL NAIR – bedeutet im Arabischen Flamme — Brand. Wie der Stern, der im Gegenteil weiße Farbe und das Spektrum B 5 aufweist, zu diesem Namen gekommen ist, läßt sich heute nicht mehr feststellen. Alnair ist von uns 91 Lichtjahre entfernt und leuchtet am südlichen Himmel als Stern 2,16ter Größe. In einer Entfernung von 32,6 Lichtjahren würde seine Helligkeit 0,3 Größenklassen betragen.

β GRUIS hat, da er in die Spektralklasse M 6 gehört, eine schöne rote Farbe. Die Oberflächentemperatur ist wesentlich niedriger als die der Sonne, um 3500 °K. Er leuchtet in einer Entfernung von 270 Lichtjahren als Stern 2,24ter Größe. Die absolute Helligkeit beträgt —2,4 Größenklassen.

γ GRUIS leuchtet in einer Ferne, wohin das Licht in 163 Jahren gelangt. Von dort erscheint er uns als Stern 3,6ter Größe, würde sich jedoch seine Entfernung auf ein Fünftel verringern, so würde er als Stern 0,3ter Größe leuchten. Er gehört zu den Helium-Sternen der Spektralklasse B 8.

$\delta^1\delta^2$ GRUIS sind für das menschliche Auge ein optischer Doppelstern, das heißt, daß beide Komponenten scheinbar nebeneinander liegen. Die erste ist ein gelber Stern mit dem gleichen Spektrum wie die Sonne, die zweite ist ein roter Stern der Spektralklasse M 4. Die Entfernung des δ^1 ist 230 Lichtjahre, bei der zweiten Komponente wurde sie nicht festgestellt.

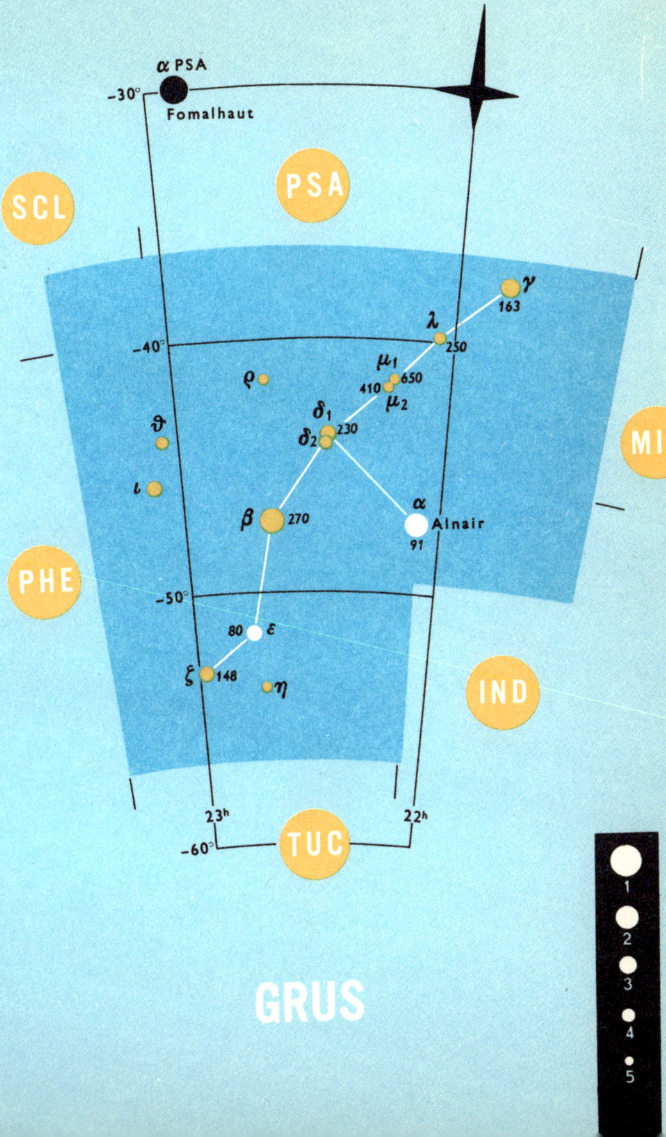
α PSA
-30°
Fomalhaut
PSA
SCL
γ
163
λ
-40°
250
μ1
650
410
μ2
ρ
δ1
δ2
230
ϑ
MIC
ι
α
β
270
Alnair
91
PHE
-50°
80
ε
ζ
148
η
IND
23h
22h
-60°
TUC
1
2
3
4
5

GRUS

HERCULES
Herculis Her Herkules

Zwischen der Leier und der Nördlichen Krone ist das Sternbild Herkules. Wie schon der Name verrät, ist hier der sagenhafte griechische Nationalheld verewigt.

α HERCULIS – RAS ALGETHI oder „Kopf eines knienden Mannes". Ras Algethi ist ein roter Riese der Spektralklasse M 5. Er ist ein Doppelstern, den Maskelyne bereits im Jahre 1779 im Fernrohr erkannte. Der Hauptstern übertrifft den Durchmesser unserer Sonne 800mal, und der zweite Stern, ebenfalls ein Riese, weist intensive Blaufärbung auf. Die Änderungen im Spektrum des Hauptsternes weisen auf die Existenz einer dritten Komponente hin, die einmal in 52 Jahren den Stern umkreist. Das ganze System ist 540 Lichtjahre von uns entfernt.

β HERCULIS – RUTILICUS – ANTILICUS – ist ein Riesenstern der Spektralklasse G 8 mit einer scheinbaren Helligkeit von 2,81 Größenklassen. Absolute Helligkeit —0,2 Größenklassen, Entfernung 125 Lichtjahre.

γ HERCULIS ist ein Zwergstern A 6 in einer Entfernung von 142 Lichtjahren. Scheinbare visuelle Helligkeit 3,79 Größenklassen, absolute Helligkeit 0,6 Größenklassen.

δ HERCULIS – SARIN ist ein blauer Stern, Spektraltyp A 3, scheinbare Helligkeit 3,16, absolute Helligkeit 0,6 Größenklassen. Entfernung 105 Lichtjahre.

g HERCULIS ist ein halb regelmäßiger veränderlicher Stern 4,6 bis 6,0ter Größe in einer Zeit von 70 Tagen. Er ist ein Riese der Spektralklasse M 2. Entfernung 410 Lichtjahre.

M 13 ist der schönste Kugelsternhaufen am nördlichen Himmel. Man findet ihn zwischen den Sternen η und ζ Herculis. Er ist an der äußersten Grenze der Sichtbarkeit mit unbewaffnetem Auge. In einem kleinen und mittleren astronomischen Fernrohr bietet er einen herrlichen Anblick. Bei starker Vergrößerung wird der Sternhaufen in eine enorme Anzahl von Sternen aufgelöst.

M 92 ein weiterer Kugelsternhaufen in einer Entfernung von 3300 Lichtjahren im gleichen Sternbild.

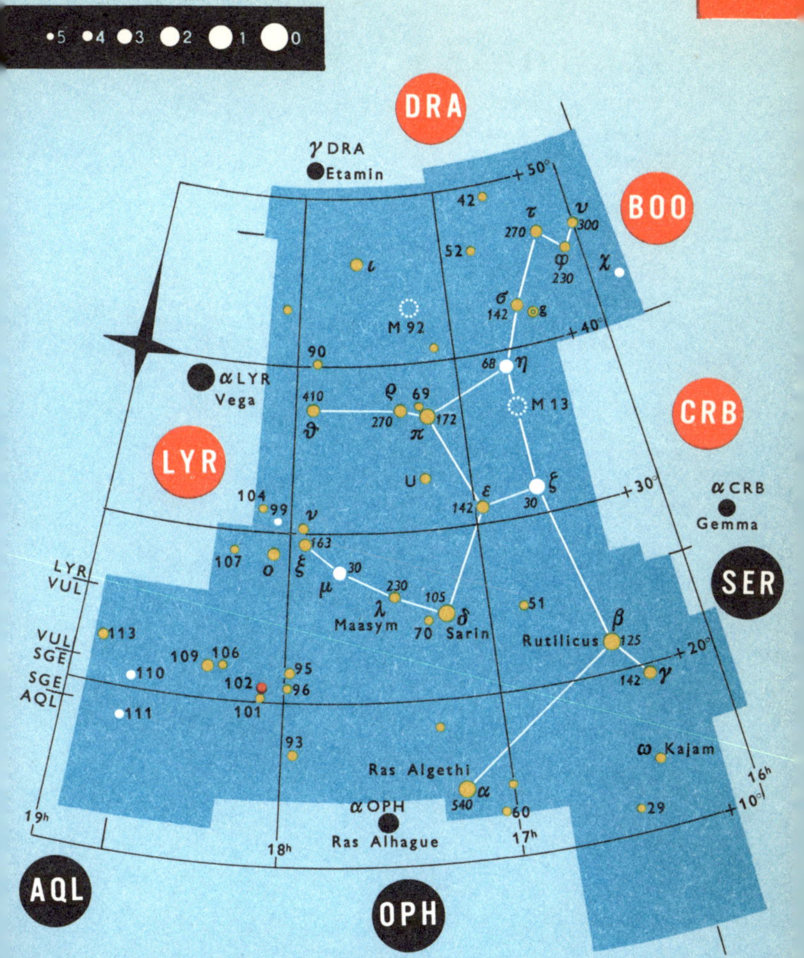
5 4 3 2 1 0
DRA
γ DRA
Etamin
BOO
CRB
LYR
α LYR
Vega
α CRB
Gemma
SER
AQL
OPH
α OPH
Ras Alhague
+50°
+40°
+30°
+20°
+10°
19h
18h
17h
16h
LYR
VUL
VUL
SGE
SGE
AQL
42
52
τ
270
υ
300
φ
230
χ
σ
142
g
ι
M 92
90
68
η
410
ϑ
ρ
270
69
π
172
M 13
U
ε
142
ξ
30
104
99
ν
107
ο
ξ
163
μ
30
λ
230
Maasym
105
δ
70
Sarin
51
β
Rutilicus
125
γ
142
113
109
106
110
102
95
96
101
111
93
ω
Kajam
Ras Algethi
α
540
60
29

HERCULES

HOROLOGIUM

Horologii Hor Pendeluhr

Abbé de la Caille hat beim Erfinden von Namen für amorphe Örter auf dem südlichen Himmel zwischen das Sternbild Eridanus in der Nähe des hellen Sterns Achernar und das Sternbild Reticulum „die Pendeluhr" gehängt. Es ist ein langgestrecktes, vollkommen ausdrucksloses Sternbild, da es aus einigen wenigen Sternen durchweg 4ter und 5ter Größe zusammengesetzt ist.

α HOROLOGII ist der hellste Stern 3,83ter Größe. Er ist von der Sonne 148 Lichtjahre entfernt. In seinem Spektrum K 1 sind am stärksten die Metallinien zu sehen, und es zeigen sich Absorptionsbänder von Molekülen. Die Oberflächentemperatur ist 4500 °K. Die absolute Helligkeit des Sternes beträgt 0,5 Größenklassen.

β HOROLOGII ist der Typ eines Sternes mit hohem Wasserstoffgehalt, dessen Entfernung (Parallaxe) nicht genau bekannt ist. Er leuchtet an unserem Himmel als Stern fast fünfter Größe.

η HOROLOGII liegt fast unter dem Größenlimit unseres Atlasses, denn seine Helligkeit gleicht einem Stern 5,26ter Größe. Er gehört zu den Sternen mit hoher Temperatur, wie es bei der Spektralklasse A 5 der Fall ist. Die Entfernung des Sterns beträgt 155 Lichtjahre.

μ HOROLOGII leuchtet in einer Entfernung, wohin das Licht in 155 Jahren gelangt. In seinem Spektrum der Klasse F 0 werden die Wasserstofflinien bereits schwächer und die Linien der Metalldämpfe verstärken sich. Die Temperatur ist höher als die der Sonne und erreicht 7500 °K.

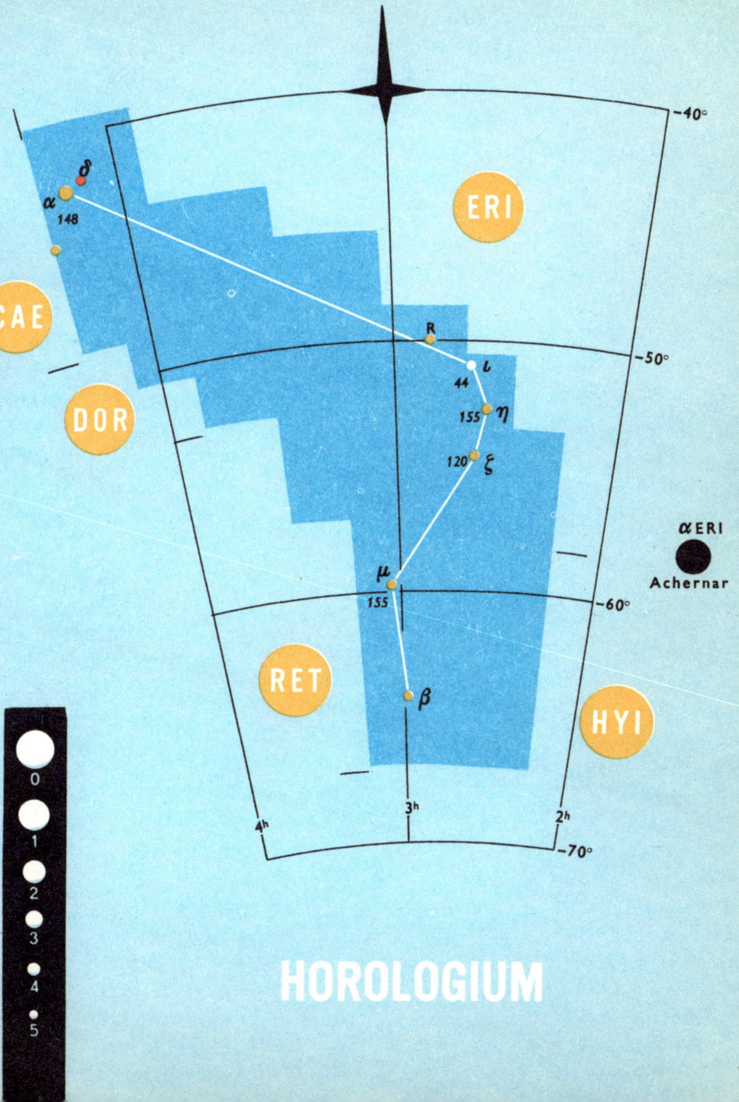
ERI
δ
α
148
CAE
DOR
R
ι
44
155
η
120
ζ
μ
155
αERI
Achernar
-40°
-50°
-60°
-70°
RET
β
HYI
4h
3h
2h
0
1
2
3
4
5

HOROLOGIUM

HYDRA

Hydrae Hya Nördliche Wasserschlange

Die Wasserschlange ist das längste Sternbild am nördlichen und südlichen Himmel. Sie erhebt ihren Kopf, der unter dem Sternbild Krebs beginnt, über den Äquator, taucht unter den Äquator und geht unter dem Äquator bis zum Zeichen Waage.

α HYDRAE – ALFARD ist ein Riese der Spektralklasse K 3 in einer Entfernung von 130 Lichtjahren. Absolute Helligkeit von −1,0 Größenklassen, jedoch in der angeführten Entfernung leuchtet er als Stern 2,16ter Größe.

β HYDRAE ist 270 Lichtjahre entfernt und leuchtet als Stern 4,40ter Größe. Der Stern gehört in die Spektralklasse B 9 Helligkeit −0,2 Größenklassen.

γ HYDRAE ist so hell wie ein Stern 3,33ter Größe, Entfernung 130 Lichtjahre. Er ist ein Gigant mit dem Spektrum A 0. Absolute Helligkeit 0,3 Größenklassen.

δ HYDRAE ist ein blauer Stern der Spektralklasse A 0, der als Stern 4,18ter Größe in einer Entfernung von 130 Lichtjahren leuchtet. Absolute Helligkeit 1,2 Größenklassen.

ε HYDRAE ist ein Zwergstern, der zur Spektralklasse G 0 gehört und 136 Lichtjahre von uns entfernt ist. Seine Helligkeit gleicht der eines Sterns 3,48ter Größe; absolute Helligkeit 0,2 Größenklassen.

ζ HYDRAE ist ein gelber Riese in der Tiefe des Raumes, aus der das Licht zu uns 130 Jahre braucht. So weit entfernt leuchtet er als Stern 3,30ter Größe; aus einer Entfernung von 10 Parsec würde er wie die Wega strahlen.

η HYDRAE gehört zur Spektralklasse B 5 und leuchtet als Stern 4,32 Größe aus einer Entfernung von 410 Lichtjahren. In einer Entfernung von 10 Parsec würde er als Stern −1,2ter Größe leuchten.

R HYDRAE ist die Bezeichnung für einen veränderlichen Stern mit langer Periode (387 Tage), in der sich seine Helligkeit von 4,0ter bis 10,0ter Größe ändert.

HYDRA

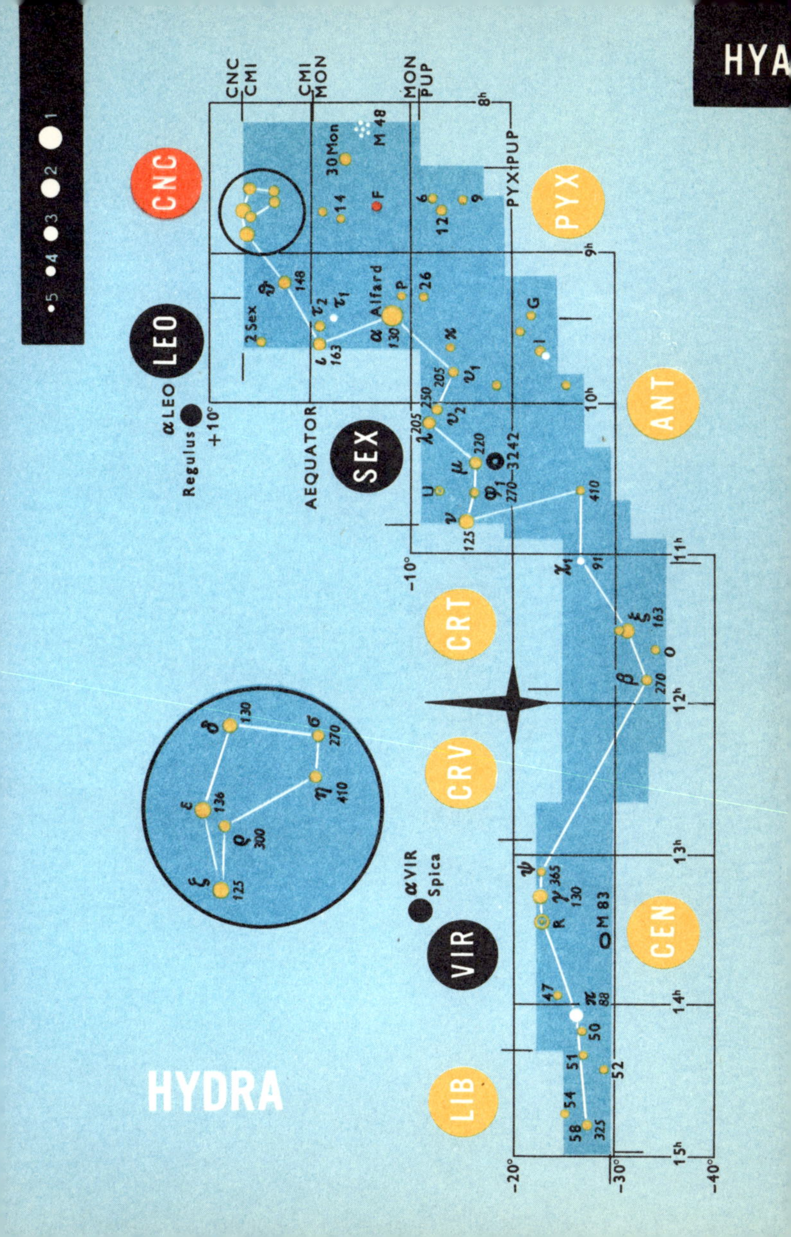

5 4 3 2 1
CNC
LEO
SEX
PYX
ANT
CRT
CRV
VIR
CEN
LIB
CNC CMI
CMI MON
MON PUP
PYX PUP
AEQUATOR
+10°
-10°
-20°
-30°
-40°
8h
9h
10h
11h
12h
13h
14h
15h
α LEO Regulus
α VIR Spica
Alfard
30 Mon
M 48
M 83
3242
2 Sex

HYDRUS

Hydri Hyi Kleine Wasserschlange

Verhältnismäßig nahe bei der Großen Magellanschen Wolke befindet sich das Sternbild Kleine Wasserschlange. Der sie in die Sterne des südlichen Himmels setzte – es war J. Bayer im Jahre 1603 – wollte in ihr das Gegenstück zum Sternbild Nördliche Wasserschlange schaffen, das auch am nördlichen Himmel zu sehen ist. Der hellste Stern dieses ausdruckslosen Sternbildes leuchtet über dem Stern Achernar am Ende des Flusses Eridanus.

α HYDRI befindet sich in einer Entfernung, wohin das Licht in 41 Jahren gelangt. Physikalisch gehört er in die Gruppe der Wasserstoffsterne A 7, deren Oberflächentemperatur bedeutend ist – um 20 000 °K. Er leuchtet am Himmel als Stern 3,02ter Größe. Die absolute Helligkeit beträgt 2,5 Größenklassen.

β HYDRI ist ein sog. Zwergstern vom Sonnentyp G 0 und leuchtet am Himmel als Stern 2,90ter Größe. Absolute Helligkeit –3,8 Größenklassen. Er ist 22 Lichtjahre entfernt.

γ HYDRI, in einer Entfernung, wohin das Licht in 250 Jahren gelangt, leuchtet als Stern 3,17ter Größe; absolute Helligkeit –1,3 Größenklassen. Sein Spektrum gehört zur Spektralklasse M 3 und zeichnet sich durch Molekularbänder und eine niedrigere Temperatur um 3500 °K aus.

δ HYDRI gehört zum Typ der Wasserstoffsterne A 2 in einer Entfernung von 72 Lichtjahren. Dort sehen wir ihn an unserem Himmel als Stern 4,26ter Größe. Seine absolute Helligkeit beträgt 2,5 Größenklassen.

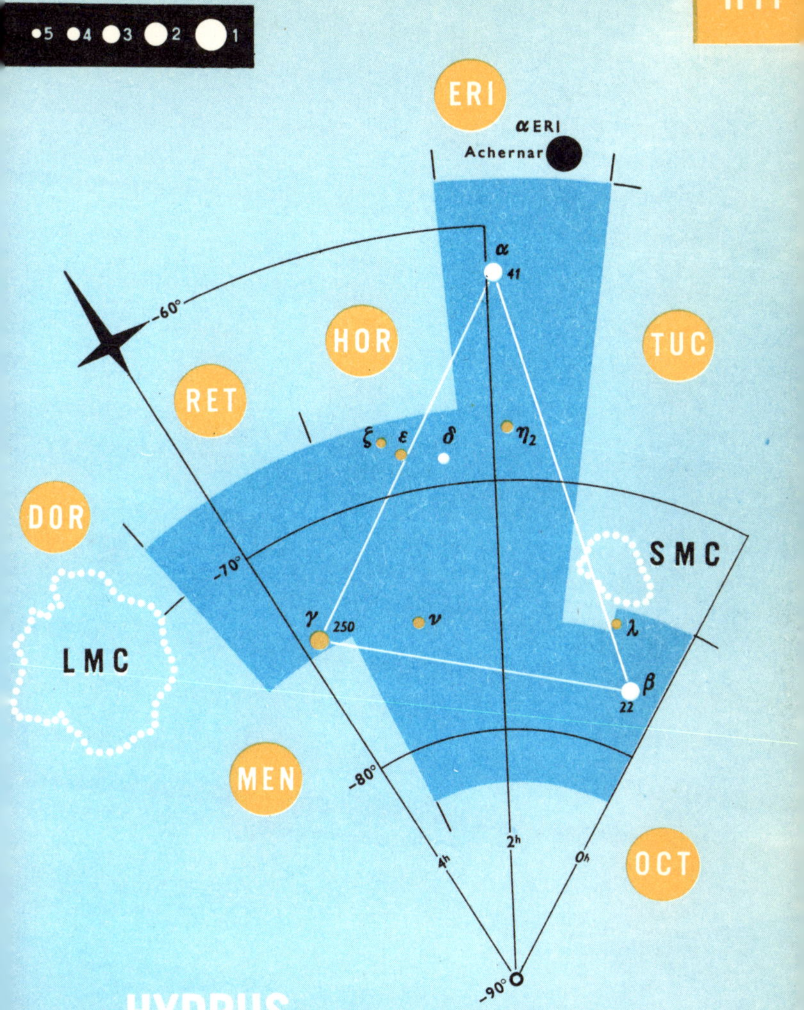
5 4 3 2 1
ERI
α ERI
Achernar
α
41
-60°
HOR
TUC
RET
ξ
ε
δ
η2
DOR
SMC
-70°
γ
250
ν
λ
LMC
β
22
MEN
-80°
2h
4h
0h
OCT
-90°

HYDRUS

INDUS

Indi Ind Inder

Das Sternbild Inder wurde zum ersten Mal in Bayers „Uranometrie“ aus dem Jahre 1603 abgebildet. Der lateinische Name Indus paßt eher auf die Bewohner Indiens, die figurale Konzeption jedoch erinnert wieder an einen Indianer aus den nordamerikanischen Prärien. Das Sternbild ist ziemlich ausdruckslos in seinem südlichen Teil und erst zwischen den Sternbildern Pfau und Kranich findet man vier etwas hellere Sterne.

α INDI ist ein Stern der gleichen Spektralklasse wie unsere Sonne. Das bedeutet, daß er ungefähr die gleiche Oberflächentemperatur um 6000 °K hat. Falls um den Stern eine Chromosphäre besteht, kann man annehmen, daß sich hier die gleichen Erscheinungen abspielen wie auf der Sonne. Über ihm steigen eruptive Protuberanzen auf, und aus der Korona, die man voraussetzen kann, fällt die Materie wieder auf den Stern hinunter. Auf unserem Himmel leuchtet der Alpha Indi als Stern 3,21ter Größe. Er ist von uns 102 Lichtjahre entfernt. Die absolute Helligkeit beträgt 0,7 Größenklassen.

β INDI ist ein wesentlich kühlerer Sterntyp mit einer Temperatur von ca. 4500 °K, in dessen Spektrum K 2 bereits Metallinien überwiegen. Er ist 270 Lichtjahre von uns entfernt. Seine scheinbare Helligkeit beträgt 3,72 Größenklassen, seine absolute Helligkeit −0,9 Größenklassen.

δ INDI ist ein gelblicher Doppelstern in einer Entfernung von 190 Lichtjahren, dessen Hauptkomponente 4,60ter Größe und dessen zweite Komponente 7,0ter Größe ist. Die Gesamthelligkeit der Komponenten beträgt 4,60 Größenklassen. Sie sind voneinander 5,3″ entfernt, also ein Objekt für mittelgroße astronomische Fernrohre.

ϑ INDI ist ein Stern 4,60ter Größe in einer Entfernung von 78 Lichtjahren. Er gehört zur Gruppe der Wasserstoffsterne (A 5) mit einer effektiven Oberflächentemperatur um 10 000 °K.

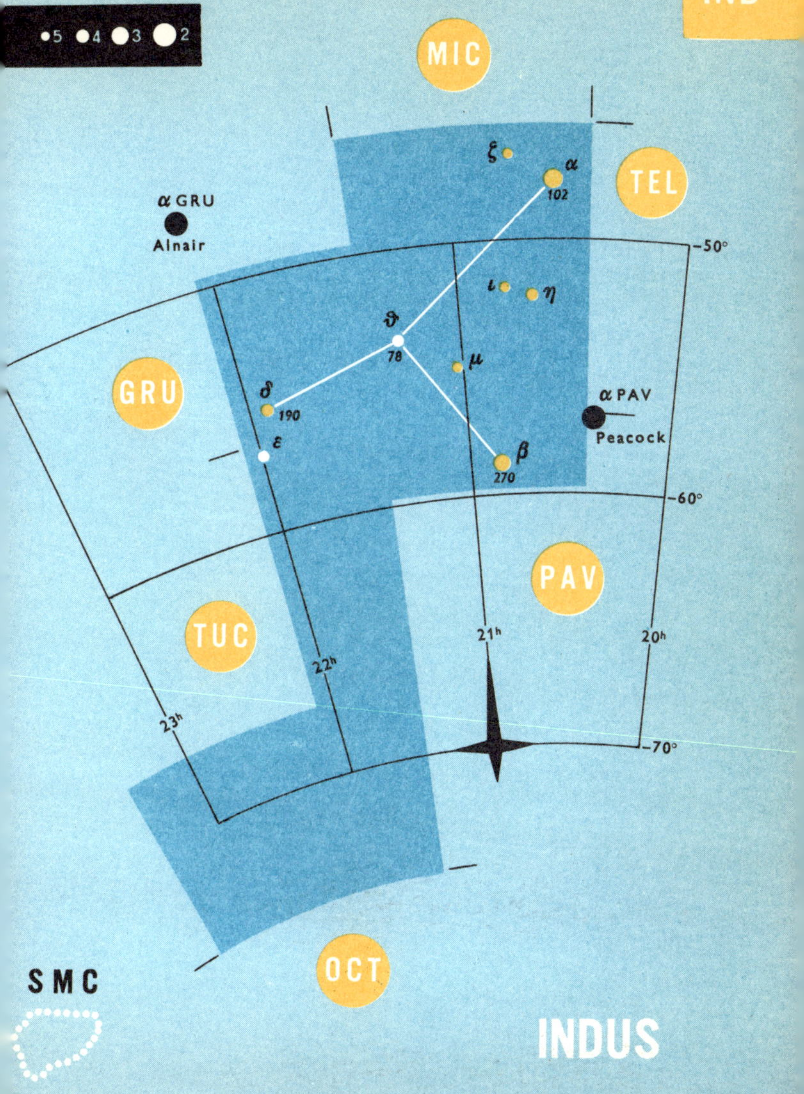
5 4 3 2
MIC
TEL
α GRU
Alnair
ξ
α
102
ι
η
ϑ
78
μ
δ
190
ε
β
270
α PAV
Peacock
GRU
PAV
TUC
OCT
-50°
-60°
-70°
21h
20h
22h
23h
SMC

INDUS

LACERTA

Lacertae Lac Eidechse

Wieder ein Sternbild, das am Himmel Örter ohne helle Sterne ausfüllen sollte. Johannes Hevelius wählte für einen solchen Ort zwischen dem Schwan und der Andromeda den prosaischen Namen Eidechse. Das Sternbild ist arm an Sternen und ausdruckslos und deshalb schwierig zu finden. Eigentlich gibt es hier nur drei etwas hellere Sterne, deren physikalische Eigenschaften wir uns nun näher ansehen werden.

α LACERTAE ist ein Stern mit der hohen effektiven Temperatur von ca. 10 000 °K. Er gehört zur Spektralklasse A 0 und zu den Wasserstoffsternen. Entfernung 91 Lichtjahre. Helligkeit 3,85 Größenklassen, absolute Helligkeit 1,6 Größenklassen.

β LACERTAE ist ein Gigant der Spektralgruppe K 0 in einer Entfernung, wohin das Licht in 172 Jahren gelangt. Am Himmel leuchtet er als Stern 4,58ter Größe mit einer absoluten visuellen Helligkeit von 1,0 Größenklassen.

1 LACERTAE ist ebenfalls ein Riese der Spektralklasse K4 in einer Entfernung von 235 Lichtjahren. Wir sehen ihn als Stern 4,22ter Größe. Seine absolute Helligkeit hat ein negatives Vorzeichen und entspricht jener von — 0,8 Größenklassen.

Ansonsten sind im Sternbild Eidechse keine hellen Himmelskörper. Das einzige Bemerkenswerte ist vielleicht, daß hier in letzter Zeit Neue Sterne zündeten, durchweg mit dem Spektrum der Klasse Q, und zwar im Jahre 1910 und der hellste im Jahre 1950, wo die Helligkeit dieses Sternes auf 2,1 Größenklassen anstieg, um binnen mehreren Monaten auf 14,4 Größenklassen abzusinken.

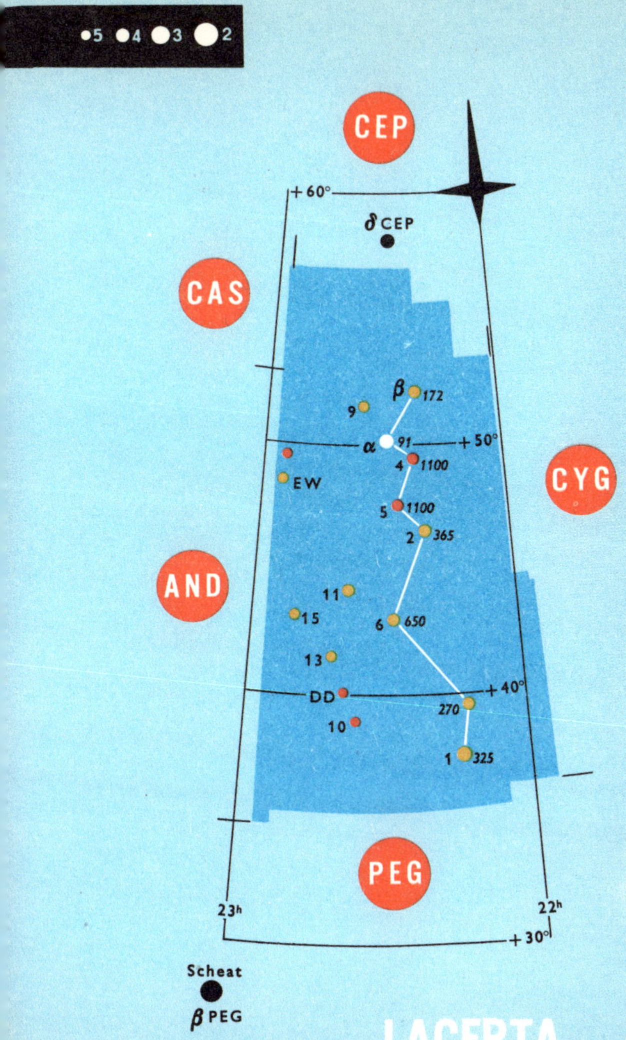
5 4 3 2
CEP
+60°
δ CEP
CAS
β 172
9
α 91
+50°
4 1100
EW
CYG
5 1100
2 365
AND
11
15
6 650
13
DD
+40°
270
10
1 325
PEG
23h
22h
+30°
Scheat
β PEG

LACERTA

LEO

Leonis Leo Löwe

Am absteigenden Teil der Ekliptik befindet sich das Sternbild Löwe, das fünfte Zeichen des Tierkreises. Der Mythus des Löwen schöpft aus der Sage über die Taten des Nationalhelden des Alten Griechenlandes, unter denen auch die Überwindung des Nemeischen Löwen war.

α LEONIS – REGULUS. Nach Plinius wurde dieser Stern wahrscheinlich deshalb „stella regina" genannt, weil er sehr nahe an der Ekliptik liegt und hier oft Konjunktionen oder Apulse mit Planeten oder mit dem Mond stattfinden. Die scheinbare visuelle Helligkeit des Regulus beträgt 1,34 Größenklassen, die absolute Helligkeit −0,2 Größenklassen. Von ihm trennt uns eine Entfernung, die das Licht mit einer Geschwindigkeit von 299 790 km/s in 68 Jahren zurücklegt.

β LEONIS – DENEBOLA, arabisch der „Schwanz des Löwen". Er ist der zweite helle Stern des Sternbildes, der in einer Entfernung von 42 Lichtjahren die Helligkeit von 2,23 Größenklassen aufweist. Mit dem Spektrum A 4 gehört er zu den Wasserstoffsternen mit einer Oberflächentemperatur um 20 000 °K. Seine absolute Helligkeit beträgt 1,6 Größenklassen.

γ LEONIS – ALGIEBA (arabisch „Löwenmähne") ist ein System von zwei Sterngiganten, von denen der eine orangefarben und der andere gelb ist. Sie drehen sich um einen gemeinsamen Schwerpunkt einmal in 619 Jahren. Die Entfernung des Systems von uns beträgt 130 Lichtjahre. Der Hauptstern weist eine scheinbare Helligkeit von 2,61 Größenklassen und eine absolute Helligkeit von −0,4 Größenklassen auf.

δ LEONIS – ZOSMA. Der Ursprung dieses Namens ist unklar, vielleicht persisch. Er ist ein Stern der Spektralklasse A 2, der als Stern 2,58ter Größe in einer Entfernung von 68 Lichtjahren leuchtet. Seine absolute Helligkeit beträgt 1,0 Größenklassen.

Im Sternbild Löwe führt der Messier-Katalog unter den Nummern M 65, 66, 95 und 96 hellere anagalaktische Nebel außerhalb unserer Galaxie an.

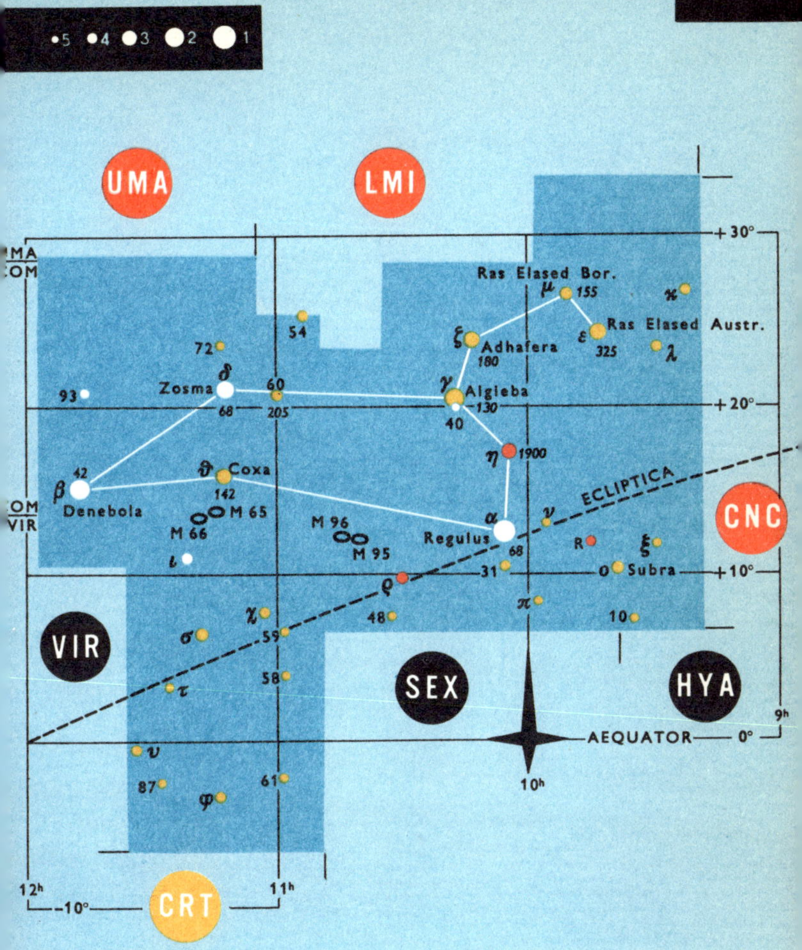
5 4 3 2 1
UMA
LMI
MA
COM
COM
VIR
+30°
+20°
+10°
0°
9h
10h
11h
12h
-10°
Ras Elased Bor.
μ 155
κ
Ras Elased Austr.
ε 325
λ
ζ Adhafera 180
72
54
93
Zosma δ 68
60 205
γ Algieba 130
40
η 1900
ECLIPTICA
CNC
42
β Denebola
ϑ Coxa 142
M 65
M 66
M 96
M 95
α Regulus 68
ν
R
ξ
ι
31
o Subra
ρ
48
π
10
χ
σ
59
VIR
58
SEX
HYA
τ
AEQUATOR
υ
87
61
φ
CRT

LEO

LEO MINOR

Leonis Minoris LMi Kleiner Löwe

Die Benennung eines amorphen Sternbildes, das zum ersten Mal im Buch „Prodromus Astronomiae 1690" von Hevelius erwähnt wurde. Es ist aus mehreren schwachen Sternen über dem Kopf des Großen Löwen zusammengesetzt. Um es aufzufinden, muß man sich zwischen dem Großen Bären und dem erwähnten Sternbild „Großer" Löwe orientieren. Der Kleine Löwe besteht aus folgenden Sternen:

β LEONIS MINORIS ist ein Riesenstern der Spektralklasse G 8 mit einer scheinbaren visuellen Helligkeit 4,41ter Größenklassen. Die absolute Helligkeit von 0,6 Größenklassen bedeutet, daß aus einer Entfernung von 10 Parsec Beta LMi wie der helle Stern Kapella im Sternbild Fuhrmann leuchten würde. Da der Stern jedoch 190 Lichtjahre entfernt ist, sieht man ihn mit der angegebenen scheinbaren Helligkeit.

21 LEONIS MINORIS ist ein Riese der Spektralklasse A 5, scheinbare Helligkeit 4,47 Größenklassen, absolute Helligkeit −1,6 Größenklassen. Er ist 120 Lichtjahre entfernt.

10 LEONIS MINORIS, ebenfalls ein gelber Riese, der am nächtlichen Himmel als Stern 4,62ter Größe in einer Entfernung von 172 Lichtjahren leuchtet.

46 *o* LEONIS MINORIS ist ein Zwergstern der Spektralklasse K 2 mit einer scheinbaren Helligkeit von 3,92 Größenklassen. Der Stern ist 102 Lichtjahre entfernt. Die absolute Helligkeit beträgt 1,4 Größenklassen.

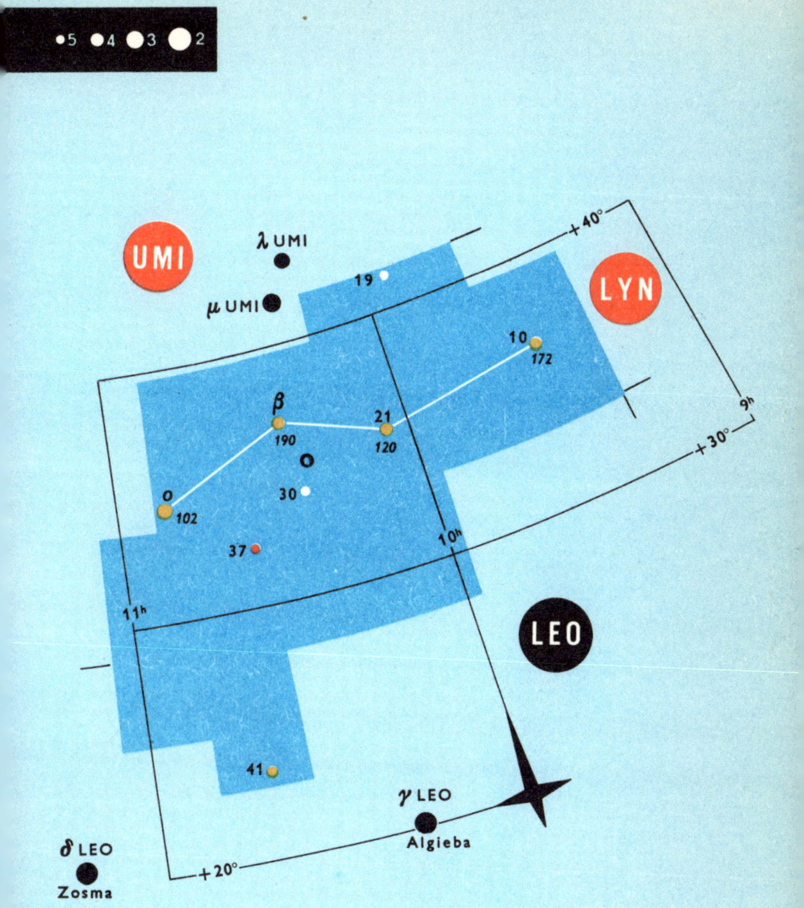
5 4 3 2
UMI
λ UMI
μ UMI
19
+40°
LYN
10
172
β
190
21
120
9h
+30°
o
102
30
37
10h
11h
LEO
41
γ LEO
Algieba
δ LEO
Zosma
+20°

LEO MINOR

LEPUS

Leporis Lep Hase

Es ist ein ziemlich eindrucksvolles Sternbild, das sich leicht finden läßt, da es sich unter den Sternen Saiph und Rigel im Orion befindet. Der Hase war das Symbol für Geschwindigkeit, die dem griechischen Gott des Handels, Hermes bzw. dem römischen Gott Merkur zugesprochen wurde. Die Hauptsterne dieses Sternbildes sind:

α LEPORIS – ARNEB, arabisch Hase, ist ein Überriese mit dem Spektrum F 0, der an unserem Himmel die Helligkeit von $2^m,69$ aufweist, obwohl er in einer Entfernung von 410 Lichtjahren steht. Sollte er sich auf eine Entfernung von 10 Parsec nähern, würde er heller leuchten als die Spica in der Jungfrau.

β LEPORIS – NIHAL ist ein gelber Riese der Spektralklasse G 2. Er leuchtet an unserem Himmel als Stern 2,96ter Größe in einer Ferne, aus der das Licht zu uns 180 Jahre läuft. In einer Entfernung von zehn Parsec würde er dem Stern Alpha Eridani — dem Achernar — gleich sein.

γ LEPORIS. 27 Lichtjahre weit entfernt leuchtet Gamma Leporis als Stern 3,80ter Größe. Er ist ein Zwergstern F 6, der in einer Entfernung von 10 Parsec nicht an Helligkeit gewinnen würde. Er ist aber auch ein Doppelstern mit Komponenten 3,8ter und 6,4ter Größe.

ε LEPORIS ist dagegen ein Riesenstern, der Spektralklasse K 5, der ungefähr mit dem gleichen Licht im Sternbild Hase leuchtet. Er ist 220 Lichtjahre entfernt und würde in einer Entfernung von 10 Parsec wie die Kapella im Sternbild Fuhrmann leuchten.

Im Sternbild Hase sind noch mehrere Doppelsterne, veränderliche Sterne und Sternhaufen, doch ist keiner von ihnen genügend hell, um in unser Buch eingereiht zu werden. Nur bei M 79 (NGC 1904) wollen wir eine Ausnahme machen.

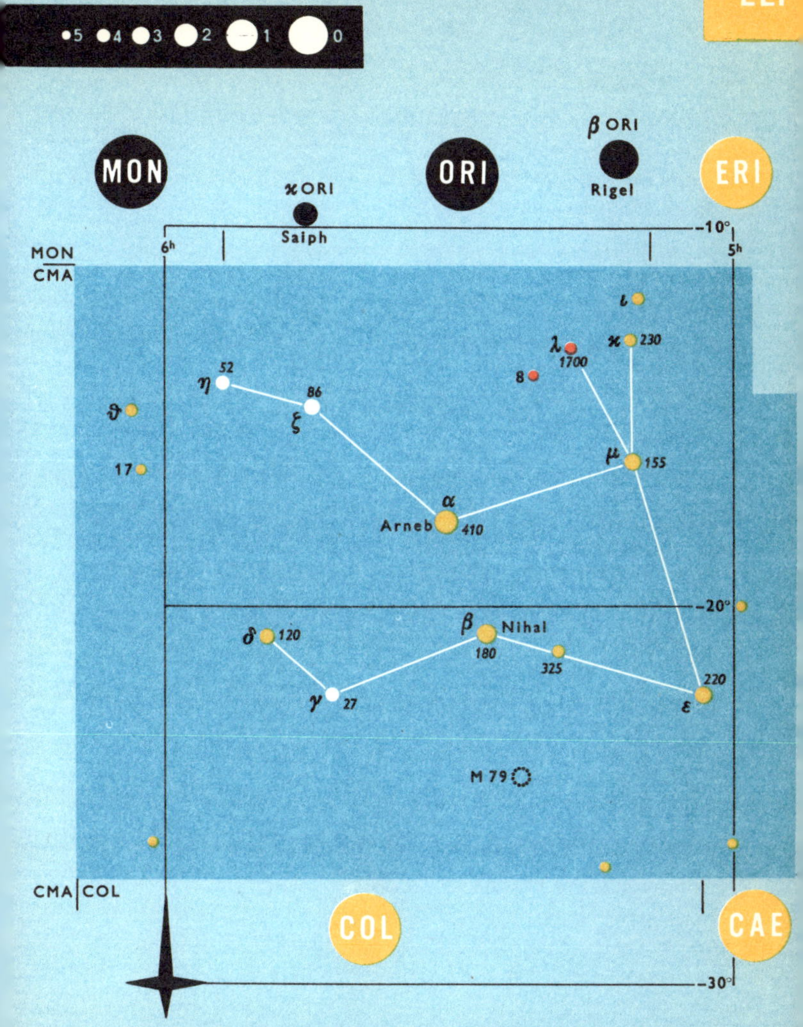
5 4 3 2 1 0
MON
ORI
β ORI
Rigel
ERI
ϰ ORI
Saiph
-10°
6h
5h
MON
CMA
ι
λ
1700
ϰ 230
8
η 52
86
ξ
ϑ
17
μ 155
α
Arneb
410
-20°
β
Nihal
δ 120
180
325
220
ε
γ 27
M 79
CMA
COL
CAE
-30°

LEPUS

LIBRA
Librae Lib Waage

Die Waage, das siebente Zeichen des Tierkreises, besteht nur aus einigen Sternen. In weiter Vergangenheit gehörten sie dem Zeichen des Skorpions an, und ihr ursprünglicher Name war Chelai – Schere des Skorpions. Die Waage wurde in die Reihe zur Verherrlichung des römischen Konsuls Julius Caesar eingeschoben wegen seiner Verdienste um die Reform des römischen Kalenders und wegen seiner sprichwörtlichen Gerechtigkeit.

α LIBRAE – ZUBEN ELGENUBI – südliche Kralle des Skorpions nannten ihn die Araber, die den neuen Namen für diesen Teil des Himmels nicht kannten. Die scheinbare Helligkeit des Sterns beträgt 2,90 Größenklassen. Der Stern in seiner Nähe unterscheidet sich von ihm durch das Spektrum. Der Hauptstern gehört zur Klasse A 3, der zweite Stern zur Spektralklasse F 4. Der Hauptstern ist von uns 62 Lichtjahre, der zweite Stern 78 Lichtjahre entfernt.

β LIBRAE – ZUBEN ELSCHEMALI, d. h. nördliche Kralle des Skorpions, leuchtet als Stern 2,74ter Größe in einer Entfernung von 148 Lichtjahren. Er gehört mit seinem Spektrum B 8 zur Klasse der sog. Helium-Sterne. Im Spektrum zeigte sich die Existenz eines unsichtbaren Begleiters, der den Hauptstern einmal in 80 Tagen umläuft.

γ LIBRAE – ZUBEN ELAKRAB ist ein Riesenstern in einer Entfernung von 109 Lichtjahren. Seine scheinbare Helligkeit beträgt 4,02 Größenklassen, die absolute Helligkeit –4,1 Größenklassen. Das Sternspektrum G 6 ist ähnlich dem unserer Sonne.

δ LIBRAE – ZUBEN ELAKRIBI ist ein in 2,33 Tagen veränderlicher Stern im Bereich von 4,8ter bis 5,9ter Größe. Das Sternspektrum gehört zur Klasse A 0. Entfernung 205 Lichtjahre.

In Messiers Katalog ist unter der Nummer M 5 ein Kugelsternhaufen angeführt, der in einem kleinen Fernrohr sichtbar ist.

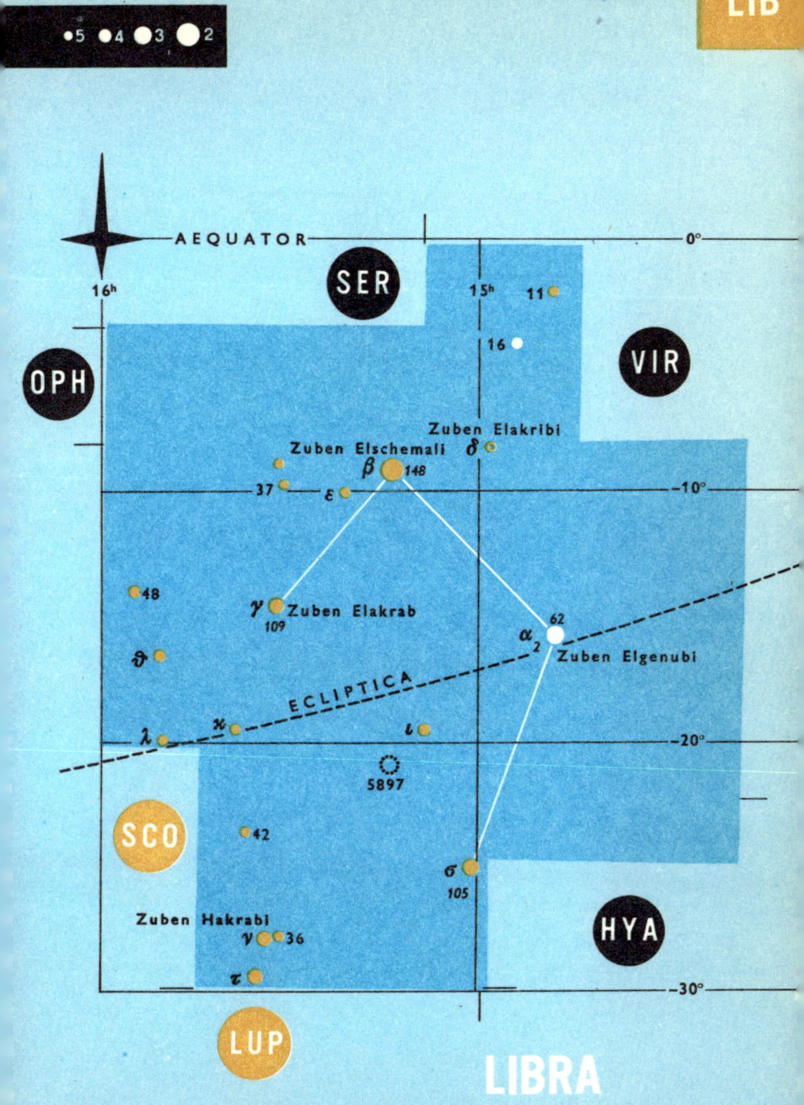
5 4 3 2
AEQUATOR
0°
16h
15h
SER
OPH
VIR
11
16
Zuben Elakribi
δ
Zuben Elschemali
β 148
37
ε
-10°
48
γ Zuben Elakrab
109
62
α2
Zuben Elgenubi
ϑ
ECLIPTICA
λ
κ
ι
-20°
5897
SCO
42
σ
105
Zuben Hakrabi
ν 36
HYA
τ
-30°
LUP

LIBRA

LUPUS

Lupi Lup Wolf

Die menschliche Phantasie erzählt über das Sternbild, daß in ihm der blutrünstige König Lykaon von Arkadien verwunschen sei. Die moderne Wissenschaft weiß von diesem Sternen folgendes zu berichten:

α LUPI ist ein Stern 2,89ter Größe, dessen Licht zu uns in 820 Jahren gelangt. Das Spektrum des Sternes gehört zum Typ B 2 der sog. Heliumsterne, die sich durch eine effektive Oberflächentemperatur um 20 000 °K auszeichnen. In einer Entfernung von 10 Parsec, d. h. 32,6 Lichtjahren, würde der Stern wie Alpha Crucis leuchten.

β LUPI gehört ebenfalls der Spektralklasse B 3 an. Er leuchtet aus einer Entfernung von 270 Lichtjahren als Stern 2,81ter Größe. Die absolute Helligkeit beträgt —1,8 Größenklassen.

γ LUPI hat das Spektrum B 3 und die scheinbare visuelle Helligkeit von 2,95 Größenklassen. Das Licht gelangt zu uns in 230 Jahren. Die absolute Helligkeit des Sterns wird auf —1,3 Größenklassen geschätzt.

δ LUPI ist ein Stern des sog. Helium-Typs, der an unserem Himmel als Stern 3,43ter Größe leuchtet. Er ist 270 Lichtjahre entfernt. Die absolute Helligkeit beträgt —1,2 Größenklassen.

ε LUPI Ein Lichtquant, das sich vor 540 Jahren in Bewegung setzte — zu einer Zeit, wo Nikolaus Kopernikus lebte — gelangt jetzt zu uns. Das, was wir heute als Stern sehen — er leuchtet als Stern 3,74ter Größe — gehört also der fernen Vergangenheit an. Sein Spektrum der Klasse B 3 ist ebenso wie das der meisten anderen Sterne des Wolfes vom Typ der sog. Heliumsterne mit einer Oberflächentemperatur um 20 000 °K. Wäre er 32,6 Lichtjahre entfernt, so würde er wie der Stern Alpha Crucis leuchten.

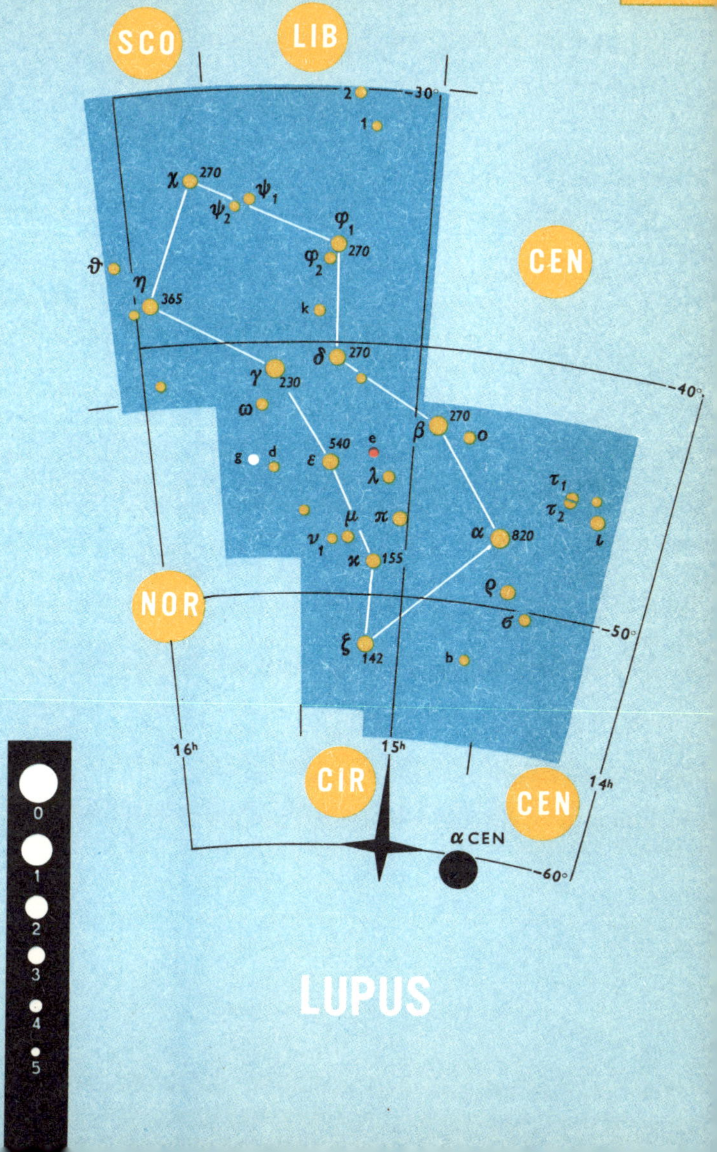
SCO
LIB
CEN
NOR
CIR
CEN
α CEN
-30°
-40°
-50°
-60°
16h
15h
14h
χ 270
ψ1
ψ2
φ1 270
φ2
ϑ
η 365
k
δ 270
γ 230
ω
β 270
o
e
g
d
ε 540
λ
μ
π
ν1
κ 155
α 820
τ1
τ2
ι
ϱ
σ
ξ 142
b
2
1
0
1
2
3
4
5

LUPUS

LYNX

Lyncis Lyn Luchs

Ein amorpher Ort am Himmel, den Johannes Hevelius, im Jahre 1690 auf den Namen Luchs taufte. Er wird von einer Gruppe wenig heller Sterne zwischen den Sternbildern Gemini und Großer Bär gebildet.

α LYNCIS ist der hellste Stern im Luchs, dessen Helligkeit 3,30 Größenklassen beträgt und der als roter Riese des Spektraltyps M 0 in einer Entfernung von 172 Lichtjahren leuchtet. In einer Entfernung von 10 Parsec würde er wie der Stern Rigel im Orion strahlen.

31 LYNCIS ist ein Riese mit dem Spektrum G 0 — A 3, dessen Zusammensetzung auf eine spektroskopische Komponente eines Doppelsternsystems hinweist. Er leuchtet als Stern 4,43ter Größe in einer Tiefe von 220 Lichtjahren. Absolute Helligkeit 0,3 Größenklassen.

38 LYNCIS ist ein Heliumsterntyp mit dem Spektrum B 9 und einer effektiven Temperatur um 20 000 °K. Er leuchtet in einer Entfernung von 109 Lichtjahren wie ein Stern 3,82ter Größe. Die absolute Helligkeit beträgt 1,2 Größenklassen.

15 LYNCIS. Dieser Stern 4,54ter Größe ist ein Gigant des Spektraltyps G 6 in einer Entfernung, wohin das Licht in 230 Jahren gelangt. Die absolute Helligkeit wäre so groß wie die des hellen Sterns Rigel im Sternbild Orion an unserem Himmel.

21 LYNCIS. In einer Entfernung, wohin der Lichtstrahl in 250 Jahren gelangt, leuchtet er als Stern 4,45ter Größe. Er gehört zur Gruppe der Wasserstoffsterne mit dem Spektrum A 0. Die Temperatur dieser Sterne beträgt meistens 10 000 °K absolute Helligkeit 0,0 Größenklassen.

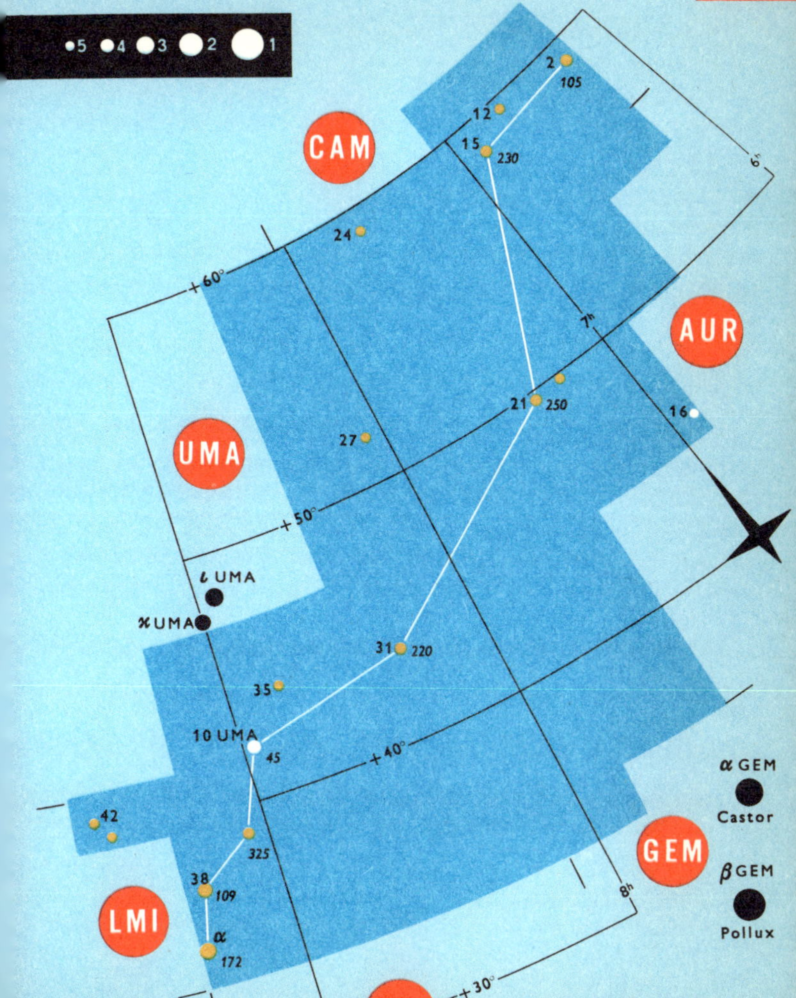
5
4
3
2
1
CAM
AUR
UMA
LMI
GEM
CNC
2
105
12
15
230
24
+60°
6h
7h
21
250
16
27
+50°
ι UMA
κ UMA
31
220
35
10 UMA
45
+40°
42
325
38
109
α
172
α GEM
Castor
β GEM
Pollux
8h
9h
+30°

LYNX

LYRA

Lyrae Lyr Leier

Ein kleines, aber markantes Sternbild des sommerlichen Himmels. Sein Hauptstern ist die Wega. Das Sternbild liegt außerhalb des Milchstraßen-Hauptstromes, jedoch in einem Gebiet, das noch reich an Sternen ist. Der griechische Name des Sternbildes war Chélys „Schildkrötenpanzer", aus dem Merkur ein Saiteninstrument verfertigte und es dem Sänger Orpheus schenkte. Nach seinem Tod setzte Zeus das Instrument unter die Sterne.

α LYRAE – VEGA — Saiteninstrument. Die Araber nannten den Stern „Fallender Adler". Die Wega ist neben Arkurt im Sternbild Bärenhüter der hellste Stern am nördlichen Himmel. Ihr Spektrum A 1 ist typisch für Wasserstoffsterne mit einer effektiven Temperatur um 10 000 °K. Ihre scheinbare Helligkeit beträgt 0,14 Größenklassen, die absolute Helligkeit −0,5 Größenklassen. Sie strahlt in einer Entfernung von 26 Lichtjahren.

$\beta^{1,2}$ LYRAE – SHELIAK, aus dem arabischen As Siliak, Bezeichnung eines Musikinstruments. Der Stern ist ein typischer veränderlicher Stern, dessen beide Komponenten wahrscheinlich oval sind. Ihre Helligkeit ändert sich dauernd und auch die Periodizität weist unregelmäßige Schwankungen auf. Gegenwärtig dauert sie $12^d\ 22^h\ 23^m$. Manche Beobachter vermuten die Existenz von pulsierenden Gashüllen bei beiden Sternen. Der Hauptstern ändert seine Helligkeit von 3,4ter auf 4,3te Größe. Beide Sterne gehören dem Spektrum nach zur Gruppe der Wasserstoffsterne. Sheliak ist 1100 Lichtjahre entfernt.

$\varepsilon^{1,1,2}$ LYRAE sind Sterne der Spektralklasse A, die ein Dreigestirn bilden. Alle befinden sich in einer Entfernung von 205 Lichtjahren.

M 57 – NGC 6720 ist die Bezeichnung des bekannten planetarischen Ringnebels, den im Jahre 1779 Darquier entdeckt hat.

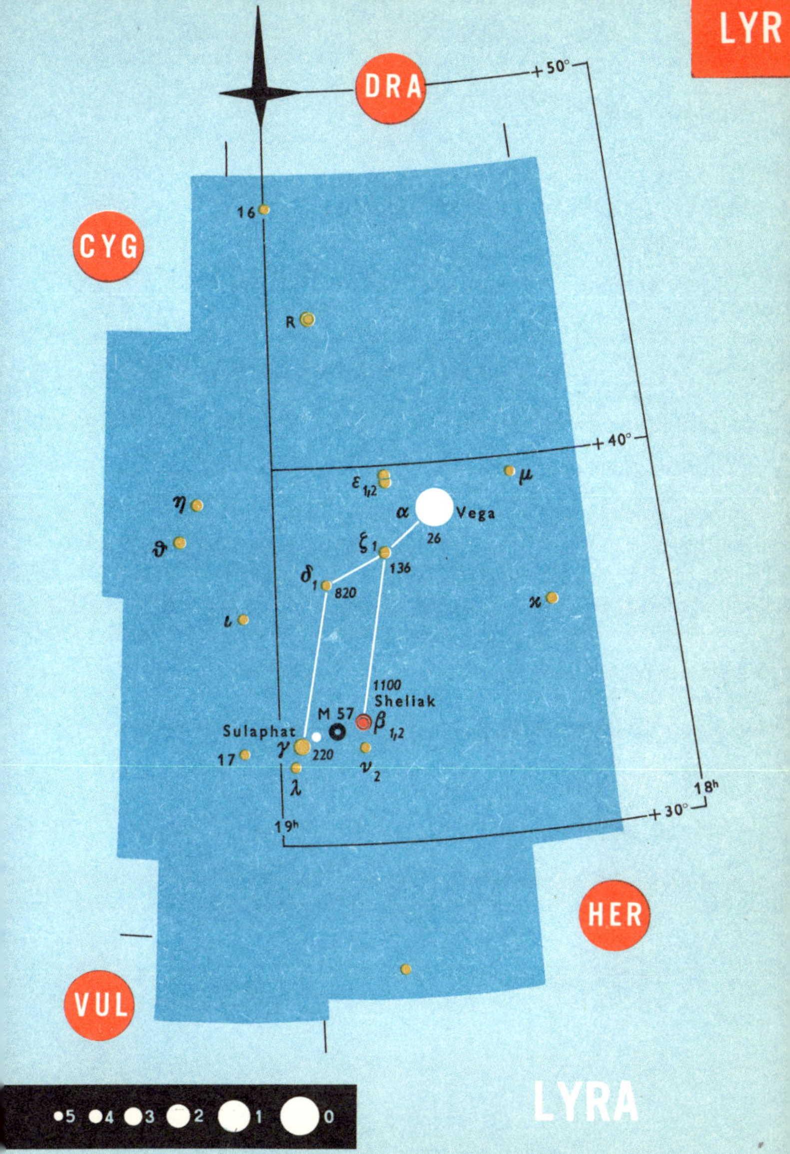
DRA
+50°
CYG
16
R
+40°
ε 1,2
μ
η
α
Vega
26
ϑ
ζ 1
136
δ 1
820
ϰ
ι
1100
Sheliak
M 57
Sulaphat
β 1,2
γ
220
17
ν 2
λ
18h
19h
+30°
HER
VUL
•5 •4 •3 •2 •1 •0

LYRA

MENSA

Mensae Men Tafelberg

Der ehemalige Abbé und Mathematikprofessor de la Caille verewigte im Werk ,,Coelum australe stelliferum" den Ort unter dem Tafelberg, von wo er den Himmel beobachtet hatte. Es ist kein an Sternen reiches Sternbild, aber la Caille wollte die relative Leere auf dem Himmel irgendwie ausfüllen. Das Sternbild setzt sich aus folgenden Sternen zusammen:

α MENSAE ist ein Stern an der Grenze der Sichtbarkeit mit bloßem Auge, denn seine Helligkeit beträgt 5,14 Größenklassen. Der Stern Alpha Mensae weist das Spektrum der Klasse G 6 auf und gehört zur Gruppe der sog. Zwerge, zu der auch bis zu einem gewissen Grad unsere Sonne gehört. Sein Licht gelangt in 28 Jahren zur Erde.

β MENSAE ist ein schwacher Stern 5,30ter Größe, den der schöne und größtenteils im Sternbild Dorado liegende Tarantelnebel überdeckt. Die Entfernung des Sternes von uns beträgt 136 Lichtjahre.

γ MENSAE leuchtet als kleiner Stern 5,06ter Größe in einer Entfernung von 220 Lichtjahren. Er weist das Spektrum K 4 und die absolute Helligkeit von 0,9 Größenklassen auf.

η MENSAE, der letzte Stern des ,,Tafelberges", ist 5,28ter Größe und leuchtet aus einer Entfernung von 190 Lichtjahren. Seine absolute Helligkeit beträgt 1,4 Größenklassen.

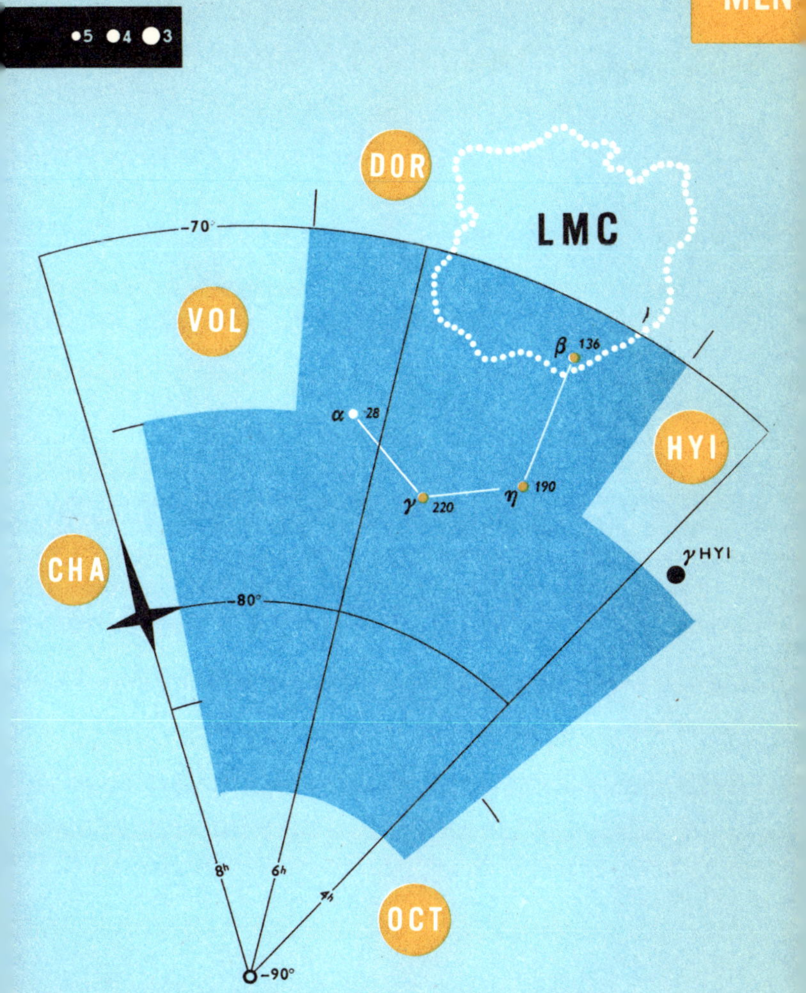
•5 •4 ●3
DOR
LMC
-70°
VOL
β 136
α 28
HYI
γ 220
η 190
γ HYI
CHA
-80°
8h
6h
4h
OCT
-90°

MENSA

MICROSCOPIUM

Microscopii Mic Mikroskop

Abbé Louis de la Caille hat in diesem Sternbild die Erfindung des Mikroskops verewigt, das zu einem umwälzenden Behelf der Naturforscher und Ärzte des 18. Jahrhunderts wurde. Leider ist es ein bescheidenes Denkmal, das nicht der Bedeutung des erwähnten Gerätes entspricht. Es wird von mehreren kleinen Sternen kaum fünfter Größe gebildet, die zwischen den Sternbildern Pfau und Fliegender Fisch leuchten.

α MICROSCOPII ist ein Stern, der eine scheinbare Helligkeit von 5,00 Größenklassen hat und zu den Sternen vom Sonnentyp der Spektralklasse G 6 mit etwas niedrigerer Temperatur als die Sonne gehört. Er leuchtet in einer Entfernung von 365 Lichtjahren. Befände sich der Stern in einer Entfernung von 32,6 Lichtjahren, d. h. im Abstand von 10 Parsec, so würde er auf dem Himmel wie der Hauptstern Arctur im Sternbild Bärenhüter leuchten.

γ MICROSCOPII ist der hellste Stern des Mikroskops, obwohl er nur eine scheinbare Helligkeit von 4,71 Größenklassen aufweist. Die absolute Helligkeit beträgt 0,4 Größenklassen. Das Spektrum dieses Sternes gehört genauso wie das des vorher erwähnten Sternes zur Klasse G 4. Der Stern ist von uns 230 Lichtjahre entfernt.

ε MICROSCOPII ist der letzte der drei Sterne, die das ausdruckslose Sternbild Mikroskop bilden. Seine scheinbare Helligkeit beträgt 4,79 Größenklassen, die Entfernung 112 Lichtjahre. Die absolute Helligkeit beträgt 2,1 Größenklassen. Er weist das typische Spektrum eines Wasserstoffsternes mit einer Oberflächentemperatur von 10 000 °K auf. Diese Sterne sind weiß und ihr Anteil beträgt 27 % an der Gesamtzahl der Sterne heller als $9^m 5$.

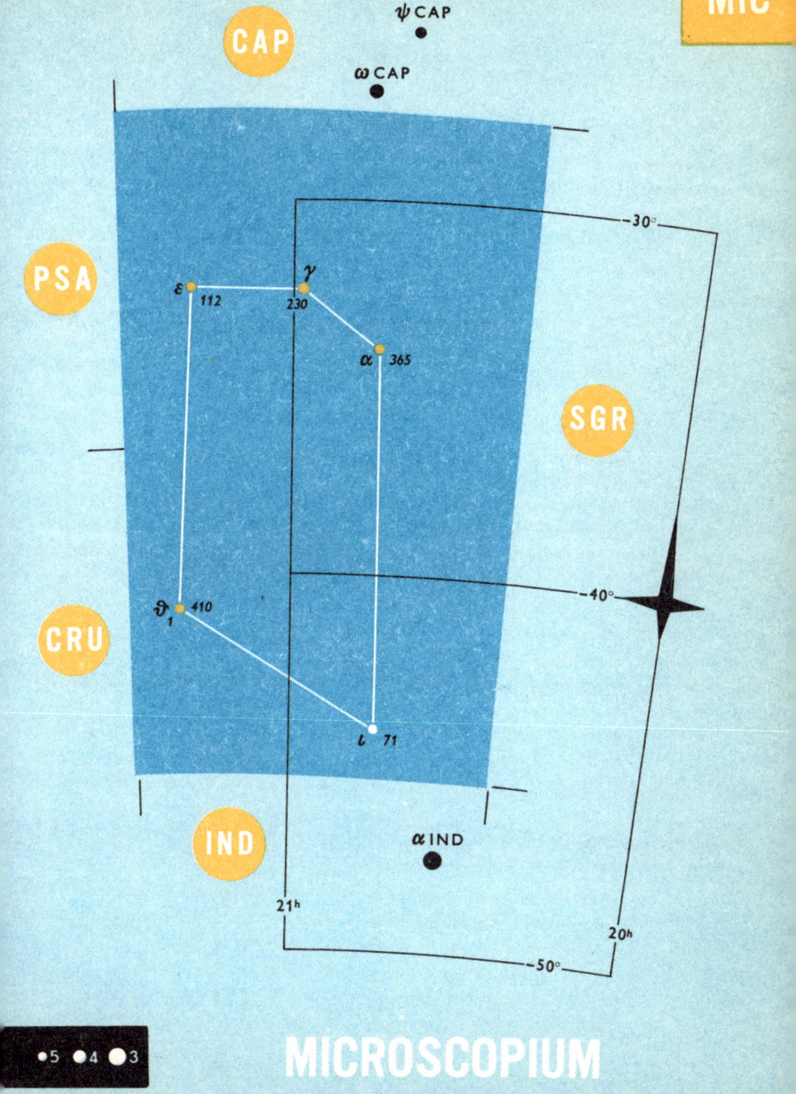

MICROSCOPIUM

MONOCEROS

Monocerotis Mon Einhorn

Ein Sternbild, das das Altertum nicht kannte und das Johannes Hevelius im Jahre 1690 in die Sternkarten einzeichnete.

α MONOCEROTIS ist ein Riesenstern mit dem Spektrum K 0, der visuellen Helligkeit 4,07 Größenklassen und der absoluten Helligkeit 0,3 Größenklassen. Das Licht durchläuft den Raum zur Erde in 180 Jahren.

β MONOCEROTIS ist ein Dreifachstern, von dem zwei Komponenten ungefähr gleich hell sind, u. zw. 4,74 und 4,64 Größenklassen aufweisen, das gleiche Spektrum B 3 haben und sich in gleicher Entfernung von 470 Lichtjahren befinden. Die dritte Komponente hat eine Helligkeit von 5,6 Größenklassen. Zur Trennung ist ein mittelgroßes Fernrohr notwendig.

γ MONOCEROTIS ist ein Stern 4,09ter Größe, der nach dem Spektrum zur Klasse der Riesen K 2 gehört. Das Licht läuft zu ihm 250 Jahre. Die absolute Helligkeit beträgt −0,3 Größenklassen.

δ MONOCEROTIS leuchtet als Stern 4,09ter Größe in einer Entfernung von 180 Lichtjahren; im Abstand von 10 Parsec würde er als ein heller Stern 0,4ter Größe leuchten.

S MONOCEROTIS ist ein veränderlicher Stern mit unregelmäßiger Periode zwischen 4,2ter bis 4,6ter Größe. Diesen Helligkeitsunterschied kann man mit bloßem Auge nicht mehr gut feststellen.

NGC 2264 ist ein ausreichend heller offener Sternhaufen (4,7), den man mit bloßem Auge zwar erkennt, der aber besser im Prismenglas zu sehen ist. Er nimmt einen so großen Raum ein wie der Vollmond.

NGC 2237-9 ist ein schöner Gasnebel, Rosettennebel genannt. Er ist aus feinen Filamenten gleichsam geflochten und wird durch die Anwesenheit sehr heißer Sterne zur Strahlung angeregt.

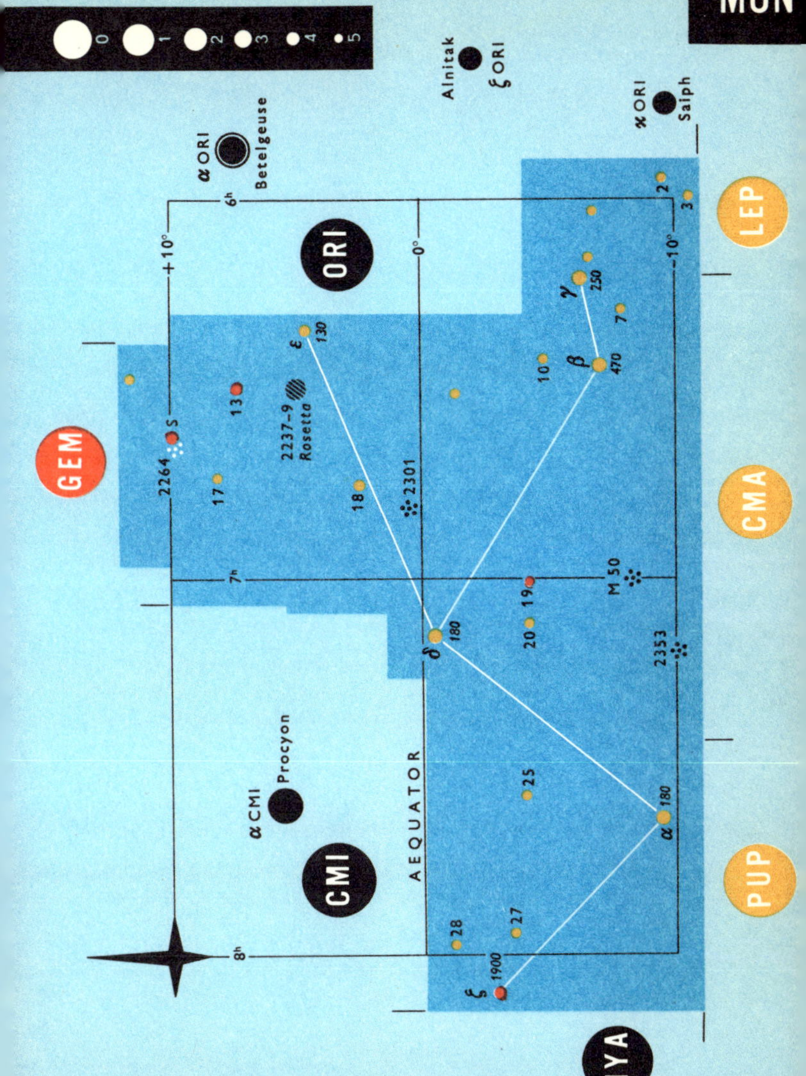
0 1 2 3 4 5
α ORI Betelgeuse
Alnitak
ξ ORI
κ ORI Saiph
GEM
ORI
LEP
CMA
CMI
PUP
HYA
6h
7h
8h
+10°
0°
-10°
AEQUATOR
2264
S
17
13
2237-9 Rosetta
18
2301
ε 130
10
β 470
γ 250
7
2
3
M 50
19
20
δ 180
2353
25
α 180
α CMI Procyon
28
27
ξ 1900

MONOCEROS

MUSCA

Muscae Mus Fliege

Jakob Bartsch hat das zweifelhafte Verdienst um den Namen eines kleinen Teiles des südlichen Sternhimmels – des Sternbildes Fliege. Wieder geschah dies auf Kosten eines Sternbildes der Antike, des Zentaur. Das Sternbild Fliege befindet sich zwischen den Sternbildern Kreuz des Südens und Chamäleon.

α MUSCAE ist ein ziemlich heller Stern 2,94ter Größe, der in einer Ferne strahlt, von wo das Licht 365 Jahre zu uns läuft. Versetzt in eine Entfernung von 32,6 Lichtjahren würde er wie der hellste Stern im Sternbild Adler, Atair, leuchten.

β MUSCAE leuchtet in einer Entfernung von 270 Lichtjahren als Stern 3,26ter Größe. Sein Spektrum gehört dem Typ von Heliumsternen B 3 an. Die absolute Helligkeit beträgt −1,3 Größenklassen.

γ MUSCAE gehört gleichfalls zum Spektraltyp B 5 und sein Licht braucht ebenfalls 270 Jahre, bis es zu uns gelangt. Absolute Helligkeit −0,6 Größenklassen.

δ MUSCAE ist ein Stern 3,63ter Größe. Spektral handelt es sich um einen Wasserstoffstern K 2 in einer Entfernung von 155 Lichtjahren. Die absolute Helligkeit beträgt 0,2 Größenklassen.

λ MUSCAE ist ein Stern 3,80ter Größe. Spektral gehört er zu den Wasserstoffsternen, deren Licht weiß ist.

μ MUSCAE. Ganz nahe bei dem vorher genannten Stern leuchtet ein roter Stern des Spektraltyps M 2. Seine Helligkeit in der Entfernung von 410 Lichtjahren beträgt 4,71 Größenklassen. Versetzt in eine Entfernung von 32,6 Lichtjahren würde er an unserem Himmel wie Beta Centauri strahlen.

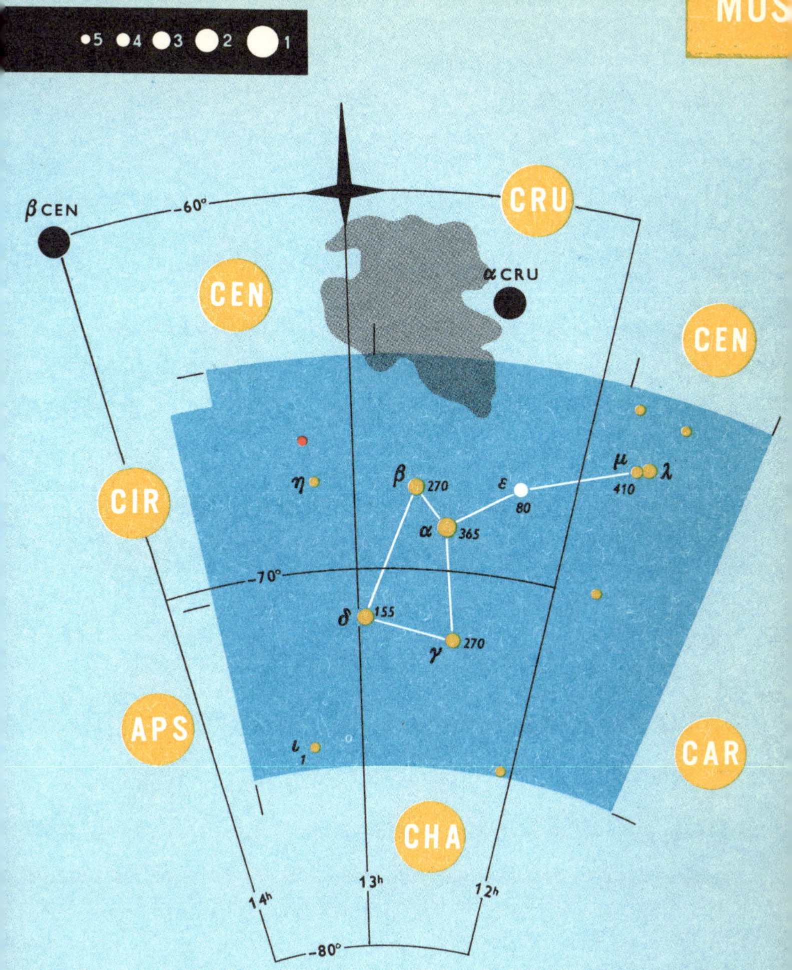
5 4 3 2 1
β CEN
-60°
CRU
α CRU
CEN
CEN
CIR
η
β 270
α 365
ε 80
μ 410
λ
-70°
δ 155
γ 270
APS
ι 1
CAR
CHA
14h
13h
12h
-80°

MUSCA

NORMA

Normae Nor Winkelmaß (Lineal)

Das Sternbild Winkelmaß ist ein Beispiel dafür, wie wenig dichterische Phantasie Abbé de la Caille besaß, als er einen Teil des Sternenhimmels in der Nähe des hellsten Sternes, des Zentaurs, mit einem so prosaischen Namen bedachte. Das Winkelmaß liegt sogar am Rand eines Keiles der Dunkelmaterie, die hier in den Milchstraßenstrom eindringt. Vier Sterne bilden hier das charakteristische Trapez des Sternbildes. Es sind:

γ^2 NORMAE, ein gelber Stern der Spektralklasse G 8, der in einer Entfernung von 82 Lichtjahren als Stern 4,14ter Größe leuchtet. Seine absolute Helligkeit beträgt 2,1 Größenklassen.

γ^1 NORMAE, ein gelber Überriese des Spektraltyps G 4. Er leuchtet als Stern fünfter Größe und befindet sich zufällig in der Nähe des oben erwähnten Sternes. Das verführt dazu, ihn als Doppelstern anzusehen.

δ NORMAE, ein Wasserstoffstern mit dem Spektrum A 3, der sich durch eine hohe Temperatur von 10 000 °K auszeichnet. Er befindet sich in der Tiefe des Raumes, wohin das Licht in 230 Jahren gelangt. Am Himmel leuchtet er als Stern 4,84ter Größe. Die absolute Helligkeit beträgt 0,6 Größenklassen.

ε NORMAE leuchtet in der Entfernung von 650 Lichtjahren als Stern 4,80ter Größe. Sein Spektrum gehört zur Type B 5. Die absolute Helligkeit beträgt $-1{,}7$ Größenklassen.

η NORMAE ist der Typ eines gelb leuchtenden Sternes der Spektralklasse G 4 in einer Entfernung, wohin das Licht in 190 Jahren gelangt. Seine scheinbare Helligkeit beträgt 4,74 Größenklassen, die in einer Entfernung von 32,6 Lichtjahren auf 0,9 Größenklassen ansteigen würde.

Die Umgebung des Winkelmaßes ist reich an Sternen, und zwar deshalb, weil es mit seinem südlichen Teil im Milchstraßenstrom liegt.

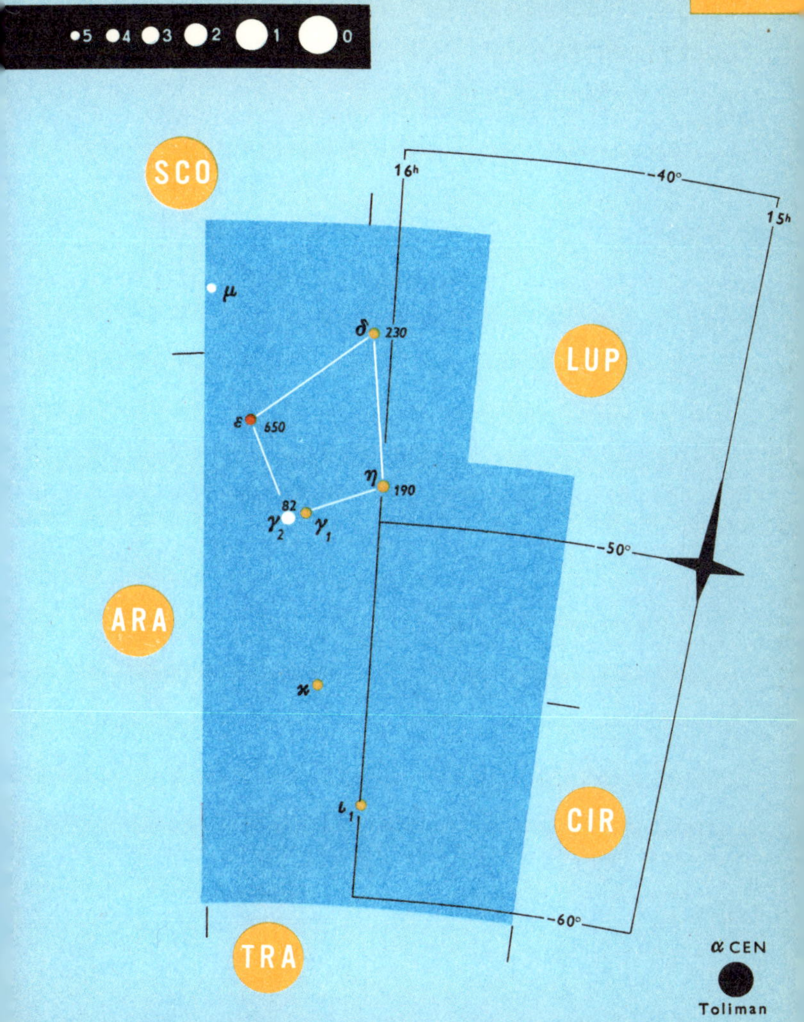
5
4
3
2
1
0
SCO
16h
-40°
15h
μ
δ 230
LUP
ε 650
η 190
82
γ2
γ1
-50°
ARA
ϰ
ι1
CIR
-60°
TRA
α CEN
Toliman

NORMA

OCTANS

Octantis Oct Oktant

Ein Sternbild, das wegen seiner Lage am Südpol für die Seefahrer die gleiche Rolle spielen könnte wie der Kleine Bär auf der nördlichen Himmelshälfte. Wegen der geringen Helligkeit seiner Sterne ist dies jedoch schon deswegen nicht der Fall, weil es hier an einem genügend hellen Stern, wie es der Polarstern ist, mangelt. Der dem Südpol nächstliegende Stern σ ist 5,5ter Größe und das ist für die Orientierung ein bißchen zu wenig. Wir werden an einer anderen Stelle erfahren, womit sich die Seefahrer in der Südsee begnügen müssen. Das Sternbild Oktant setzt sich aus folgenden Sternen zusammen:

α OCTANTIS ist eine Ausnahme der Regel. Obgleich er nicht der hellste Stern des Sternbildes ist, wird er mit α bezeichnet. Seine scheinbare visuelle Helligkeit beträgt 5,24 Größenklassen. Von ihm trennt uns ein Raum, den das Licht in 148 Jahren durchläuft. Er weist das Spektrum der Klasse F 4 auf.

β OCTANTIS ist ein Stern, von dem man nur weiß, daß seine scheinbare Helligkeit 4,34 Größenklassen beträgt und daß sein Spektrum zur Klasse F 1 gehört. Die absolute Helligkeit ist unbestimmt.

δ OCTANTIS in einer Entfernung von 205 Lichtjahren leuchtet als Stern 4,14ter Größe mit dem Spektrum K 2. Absolute Helligkeit 0,2.

ε OCTANTIS ist ein schwacher roter Stern der Spektralklasse M 6, der sich in der Nähe des Sterns Beta Octantis befindet.

ϑ OCTANTIS in einer Ferne, wohin das Licht in 250 Lichtjahren gelangt, erscheint uns als Stern 4,73ter Größe. Er weist das Spektrum K 5 der orangefarbenen Sterne auf. Aus einer Entfernung von 10 Parsec würde er als Stern 0,3ter Größe erscheinen.

ν OCTANTIS ist der hellste Stern. Er weist das Spektrum K 0 auf und leuchtet aus einer Entfernung von 84 Lichtjahren als Stern 3,74ter Größe. Seine absolute Helligkeit erreicht die 1,7 Größenklasse.

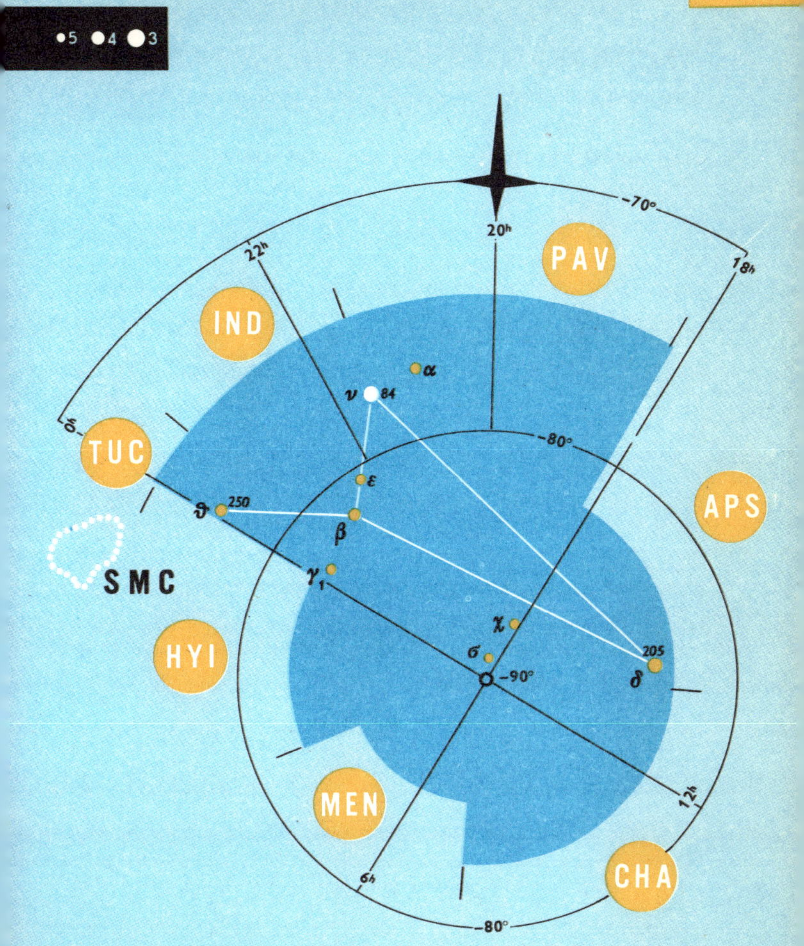
5 4 3
20h
-70°
22h
18h
PAV
IND
TUC
0h
APS
-80°
SMC
HYI
MEN
CHA
6h
12h
-80°
-90°
84
250
205
α
ν
ε
β
ϑ
γ1
χ
σ
δ

OCTANS

OPHIUCHUS

Ophiuchi Oph Schlangenträger

Der Schlangenträger — wohl der griechische Arzt Äskulap — ist ein Sternbild, das sich aus drei Teilen zusammensetzt. Der mittlere Teil ist der Körper des Schlangenträgers, westlich davon befindet sich der Schlangenkopf und im Osten ist der Schwanz der Schlange.

α OPHIUCHI – RAS ALHAGUE — der Hirt — ist ein heller weißer Stern mit scheinbarer Helligkeit von 2,04 Größenklassen, der in einer Entfernung von 60 Lichtjahren leuchtet. Er gehört in die Gruppe der Sterne mit hohem Wasserstoffgehalt mit effektiver Oberflächentemperatur von 10 000 °K. Eine interessante Erscheinung im Sternspektrum ist die Anwesenheit dunkler Linien von interstellarem Gas, das sich zwischen dem Stern und uns ausbreitet, bzw. zur extensiven Kalziumhülle des Sternes gehört.

β OPHIUCHI – KELB ALRAI — arabisch „Hund des Hirten" — ist in Wirklichkeit ein Riesenstern vom Spektraltyp K 1. Er leuchtet an unserem Himmel als Stern 2,94ter Größe aus einer Entfernung von 125 Lichtjahren. Die absolute Helligkeit beträgt 0,1 Größenklassen.

η OPHIUCHI – SABIK, der „Vorangehende", ist ein Doppelstern, von dem der eine 3,2ter Größe und der zweite 3,5ter Größe ist. Sie laufen um einen gemeinsamen Schwerpunkt einmal in 80 Jahren. Beide gehören mit ihrem Spektrum zur Klasse A 2. Dieser Doppelstern ist von uns 73 Lichtjahre entfernt.

ϱ OPHIUCHI ist ein System von vier Sternen 5,2ter bis 5,9ter Größe und 6,6ter bis 7,1ter Größe. Das System ist von uns 410 Lichtjahre entfernt.

Helle Kugelsternhaufen sind M 10, M 12 und M 19.

VELOX BARNARDI. Als Ausnahme führen wir in unserer Auswahl einen Stern 9ter Größe an. Der Stern weist die bisher größte bekannte Bewegung auf und verschiebt sich jährlich um 10,25″. Er ist von uns nur 6 Lichtjahre entfernt.

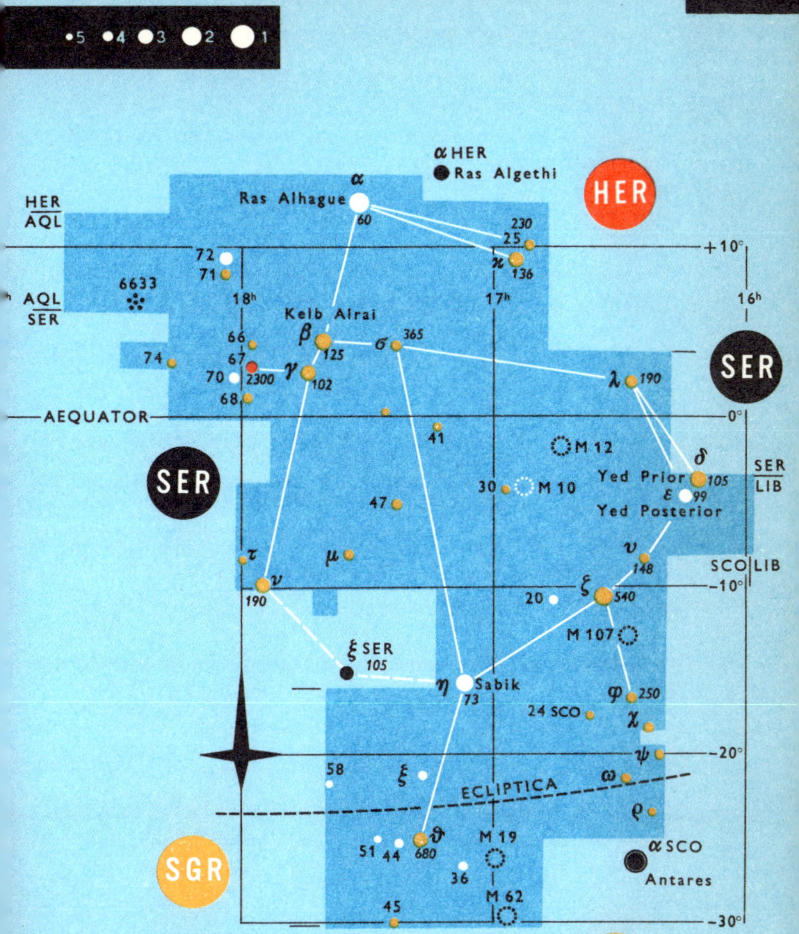
5 4 3 2 1
α HER
Ras Algethi
HER
α
Ras Alhague
60
HER
AQL
230
25
+10°
72
71
ϰ
136
6633
AQL
SER
18h
17h
16h
Kelb Alrai
66
β
σ
365
SER
74
67
125
70
γ
2300
102
λ
190
68
AEQUATOR
0°
41
M 12
δ
SER
Yed Prior
105
SER
LIB
30
M 10
ε
99
47
Yed Posterior
τ
μ
υ
148
SCO
LIB
ν
190
ξ
540
−10°
20
M 107
ξ SER
105
η
Sabik
73
φ
250
24 SCO
χ
ψ
−20°
58
ξ
ω
ECLIPTICA
ρ
M 19
ϑ
α SCO
51
44
680
Antares
SGR
36
M 62
45
−30°
SCO

OPHIUCHUS

ORION

Orionis Ori Orion

Homer spricht vom Orion im elften Gesang der Odyssee als vom Geliebten der rosenfingerigen Aurora.

α ORIONIS – BETELGEUSE – BETEIGEUZE ist ein Überriese unter den Sternen. Sein Durchmesser übertrifft 300 bis 400mal den der Sonne. M 2 hat ein rotes Licht. Die Oberflächentemperatur beträgt ca. 3000 °K. Er ist ein veränderlicher Stern. Die Entfernung von der Erde beträgt 470 Lichtjahre.

β ORIONIS – RIGEL ist in Wirklichkeit ein kompliziertes Fünffach-System. Die scheinbare visuelle Helligkeit beträgt 0,34 Größenklassen, die absolute Helligkeit −8,2 Größenklassen. Er ist 1300 Lichtjahre entfernt. Der Stern ist ein Überriese, und sein Spektrum gehört zur Spektralklasse B 8.

γ ORIONIS – BELLATRIX ist ein weiterer Überriese mit dem Spektrum B 2 im Sternbild Orion, der in einer Entfernung von 325 Lichtjahren leuchtet. Am Himmel erscheint er als Stern 1,70ter Größe, in eine Entfernung von 10 Parsec jedoch versetzt, würde er so hell wie Antares im Sternbild Skorpion strahlen.

δ ORIONIS – MINTAKA — der Gürtel des Riesen, ist ein Vielfachsternsystem. Insgesamt fünf Sterne umlaufen hier einen Schwerpunkt. Der Hauptstern weist das Spektrum sehr selten vorkommender Sterne auf, die Temperaturen bis 35.000 °K erreichen. Die absolute Helligkeit beträgt −6,0 Größenklassen. Die Entfernung ist der vieler weiterer Sterne des Orion gleich und beträgt 1300 Lichtjahre.

ε ORIONIS – ALNILAM ist der mittlere Stern im Oriongürtel. Er ist so hell wie ein Stern 1,75ter Größe mit dem Spektrum B 0. Absolute Helligkeit −7,0 Größenklassen, Entfernung 1300 Lichtjahre.

ζ ORIONIS – ALNITAK — aus dem Gürtel des Riesen leuchtet in einer Entfernung von 1300 Lichtjahren wie ein Stern 2,05ter Größe. Absolute Helligkeit −6,4 Größenklassen.

κ ORIONIS – SAIPH ist ein Überriese in einer Entfernung von 1300 Lichtjahren, der zur Spektralklasse der Helium-Sterne B 0 gehört. Visuelle Helligkeit 2,20 Größenklassen, absolute Helligkeit −6,7 Größenklassen.

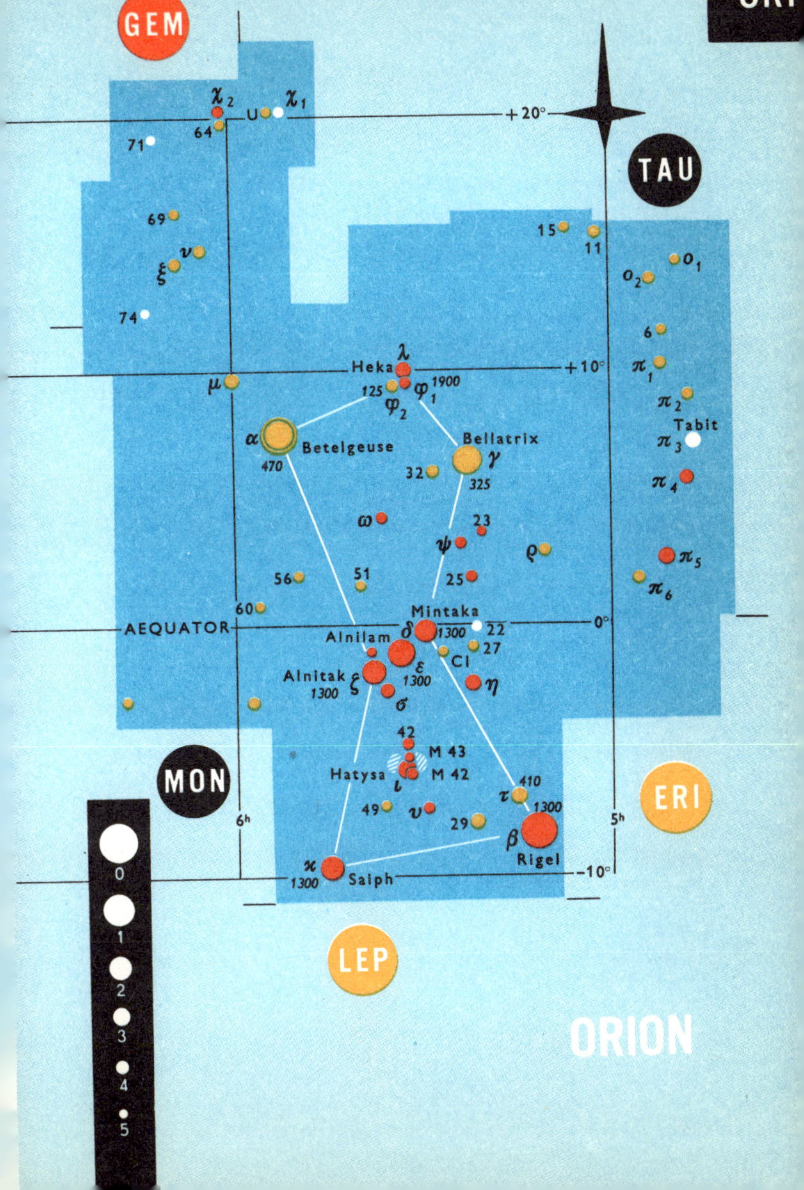
GEM
TAU
MON
ERI
LEP
+20°
+10°
0°
-10°
AEQUATOR
6h
5h
χ2
χ1
U
64
71
69
ν
ξ
74
15
11
o1
o2
6
π1
π2
Tabit
π3
π4
π5
π6
λ
Heka
φ1
1900
125
φ2
μ
α
Betelgeuse
470
Bellatrix
γ
325
32
ω
23
ψ
ρ
25
56
51
60
Mintaka
δ
1300
22
27
Alnilam
ε
1300
Cl
Alnitak
1300
ζ
η
σ
42
M 43
Hatysa
ι
M 42
410
τ
1300
49
υ
29
β
Rigel
κ
1300
Saiph
0
1
2
3
4
5

ORION

PAVO

Pavonis Pav Pfau

Das Sternbild zeichnete J. Bayer in seine „Uranometrie“ ein. Wahrscheinlich hat er es von einem Seefahrer des 16. Jahrhunderts übernommen.

α PAVONIS – PEACOCK; sein hellster Stern, liegt knapp an der Grenze des wenig klaren Sternbildes „Fernrohr“ und des Sternbildes „Inder“. Er strahlt als Stern 2,12ter Größe in einer Entfernung, wohin das Licht 230 Jahre läuft. Die absolute Helligkeit beträgt –2,3 Größenklassen.

β PAVONIS ist ein Stern 3,60ter Größe mit dem Spektrum der Wasserstoffsterne mit einer Temperatur von 10 000 °K. Er ist 112 Lichtjahre von der Erde entfernt. In einer Entfernung von 32,6 Lichtjahren würde er wie der Stern Achernar leuchten.

γ PAVONIS ist ein gelblicher Stern vom Typ der Sterne mit dem Spektrum F 8. Er weist die Helligkeit eines Sternes der 4,30ten Größe auf. Sein Licht braucht 29 Jahre, bis es bei uns eintrifft.

δ PAVONIS ist ein Zwergstern des Typs G 4 mit einer scheinbaren visuellen Helligkeit 3,64. Sein Licht erreicht die Erde in 19 Jahren.

ε PAVONIS leuchtet als Stern 4,10ter Größe aus einer Entfernung von 270 Lichtjahren. In seinem Spektrum A 0 sind schwache Metall- und Wasserstofflinien.

ζ PAVONIS, ein Stern 4,10ter Größe mit dem Spektrum der orangefarbenen Sterne K 0. Entfernung 109 Lichtjahre. Die absolute Helligkeit des Sterns beträgt 1,5 Größenklassen.

η PAVONIS gehört zum Spektraltyp K 1 mit einer effektiven Temperatur um 4500 °K. Er leuchtet an unserem Himmel als Stern 3,58ter Größe und würde, versetzt in eine Entfernung von 32,6 Lichtjahren, d. h. 10 Parsec, ungefähr wie Aldebaran im Sternbild Stier leuchten. Seine Entfernung beträgt 180 Lichtjahre.

Im Sternbild Pfau gibt es noch einige Sternhaufen, von denen der hellste der Kugelsternhaufen NGC 6752 ist.

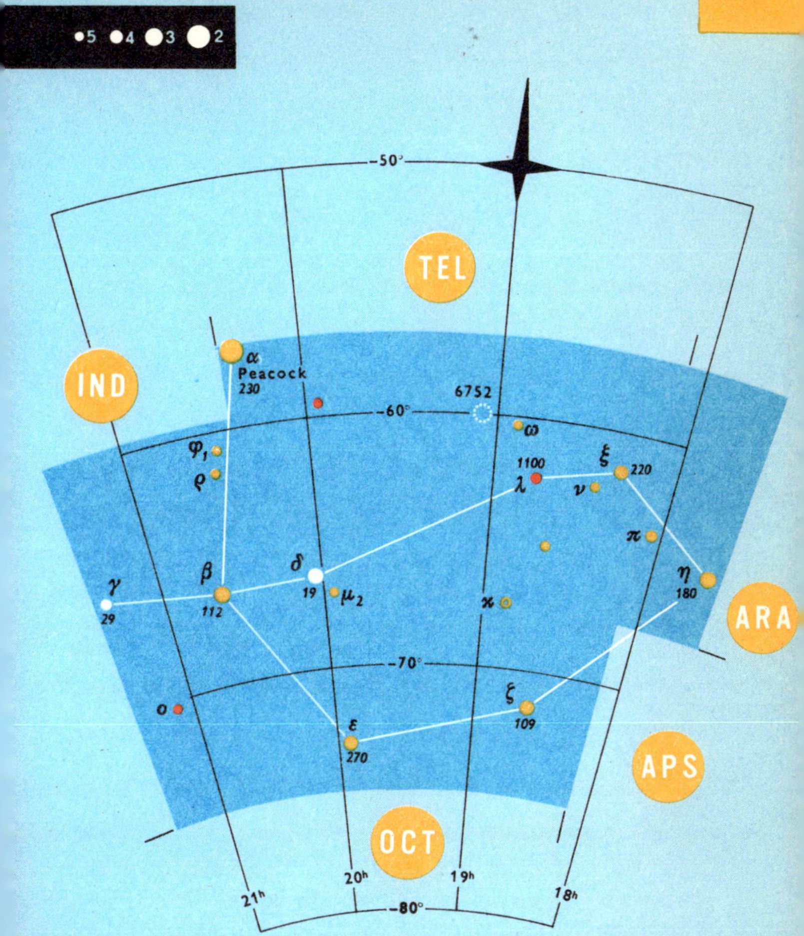
5 4 3 2
-50°
TEL
IND
α
Peacock
230
6752
-60°
ω
φ1
ρ
1100
ξ
220
λ
ν
π
δ
β
η
γ
19
μ2
180
29
112
ϰ
ARA
-70°
ξ
o
109
ε
270
APS
OCT
20h
19h
21h
18h
-80°

PAVO

PEGASUS

Pegasi Peg Pegasus

Die Griechen nannten das Sternbild einfach Hippos, die Araber El feres el a'dam — Großes Pferd, die Römer Pegasus.

α PEGASI – MARKAB ist ein Stern der Spektralklasse B 9, zu dem der Lichtstrahl in einem Zeitraum von 102 Jahren eilt. Er leuchtet als Stern 2,57ter Größe, die absolute Helligkeit beträgt 0,1 Größenklassen.

β PEGASI – SCHEAT — die Schulter — ist ein Riese mit dem späten Spektraltyp M 2, in dem die Absorptionsbänder der Moleküle und die Metallinien am markantesten sind. Er ist von uns 172 Lichtjahre entfernt und leuchtet als Stern 2,61ter Größe. Die absolute Helligkeit beträgt —0,1 Größenklassen. β Pegasi ist ein veränderlicher Stern mit $2{,}4^m$ bis $2{,}8^m$ Amplituden.

γ PEGASI – ALGENIB ist ein Stern, von dem das Licht 470 Jahre braucht, bis es unser Sonnensystem erreicht. Sein Spektrum gehört der Spektralklasse B 2 an, seine Helligkeit beträgt 2,87 Größenklassen. Aus einer Entfernung von 10 Parsec würde er als Stern —2,8ter Größe leuchten.

ε PEGASI – ENIF ist ein Überriese, ein Stern, der in einer Entfernung von 820 Lichtjahren leuchtet. Seine Helligkeit an unserem Himmel beträgt 2,54 Größenklassen, in der Entfernung von 10 Parsec wäre er jedoch einer der hellsten Sterne. Das Spektrum der Klasse K 2 zeigt eine lange Reihe von Metallinien. Die Sterntemperatur beträgt ca. 4500 °K.

ζ PEGASI – HOMAM erscheint in einer Entfernung von 180 Lichtjahren als Stern 3,61ter Größe. Die absolute Helligkeit beträgt —0,1 Größenklassen. Mit seinem Spektrum gehört er zur Klasse B 8 und in die Gruppe der sog. Heliumsterne mit der hohen Temperatur um 20 000 °K.

η PEGASI – MATAR ist ein gelber Riese G 2 in einer Entfernung von 230 Lichtjahren, der als Stern 3,10ter Größe leuchtet. Die absolute Helligkeit in einer Entfernung von 10 Parsec würde der eines Sterns von —0,2 Größenklassen gleich sein.

PEG

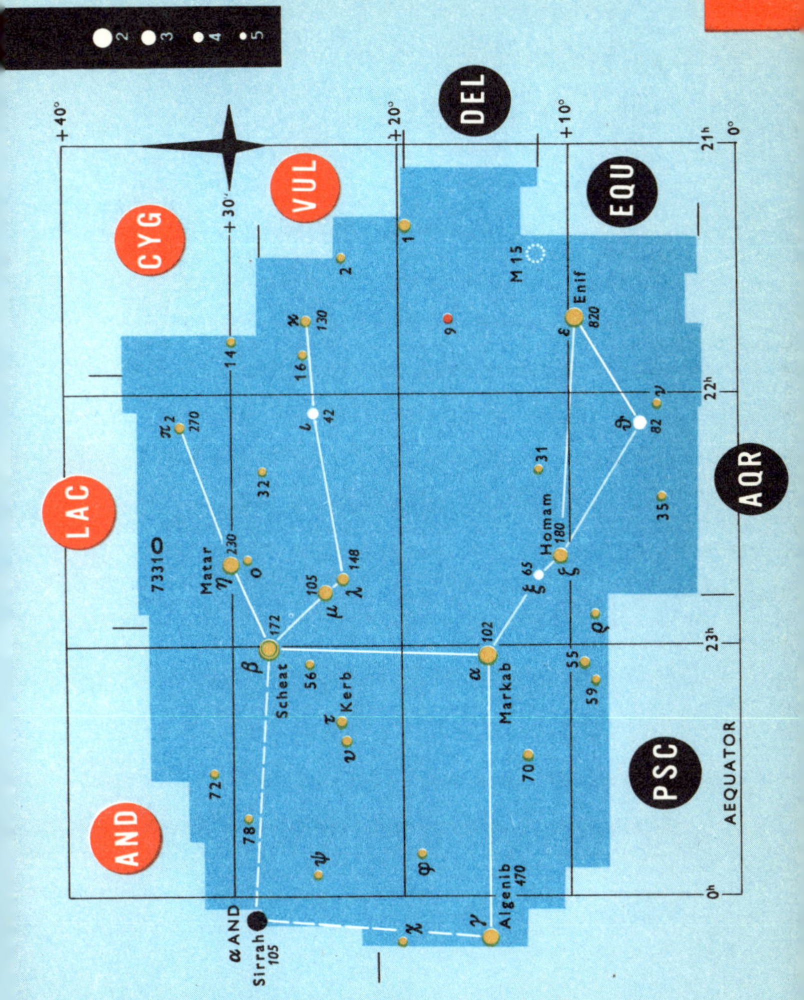

2 3 4 5
+40°
+30°
+20°
+10°
0°
21h
22h
23h
0h
AEQUATOR
AND
LAC
CYG
VUL
DEL
EQU
AQR
PSC
α AND
Sirrah
105
Scheat
172
β
Markab
102
α
Algenib
470
γ
Enif
820
ε
Matar
230
η
Homam
180
ζ
Kerb
τ
υ
7331
M 15
π2
270
ι
42
κ
130
μ
105
λ
148
θ
82
ν
ξ
65
ρ
χ
ψ
φ
ο
1
2
9
14
16
31
32
35
55
56
59
70
72
78

PEGASUS

PERSEUS

Persei Per Perseus

Nach Sophokles war Perseus der Sohn Jupiters und Danaes, Bezwinger der Medusa und Retter der Andromeda.

α PERSEI – ALGENIB auch MIRFAK, beides bedeutet Ellbogen oder Vorderarm. Er ist ein Überriese der Spektralklasse F 5 und leuchtet in der Entfernung von 470 Lichtjahren als Stern 1,90ter Größe. Aus der Entfernung von 32,6 Lichtjahren würde der Stern Algenib wie der Sirius strahlen.

β PERSEI – ALGOL — Dämon der Wüste — dessen Licht von 2,2 bis 3,5 Größenklassen schwankt. Seine (beiden) Komponenten bilden einen Bedeckungsveränderlichen. Die Hauptverfinsterung dauert 10 Stunden und die ganze Periode durchschnittlich 2,87 Tage. Algol ist von uns 82 Lichtjahre entfernt.

γ PERSEI ist ein Riese der Spektralklasse F 7 + A 3 mit einer Oberflächentemperatur um 7500 °K. Er leuchtet in einer Entfernung von 205 Lichtjahren als Stern 3,08ter Größe. Seine absolute Helligkeit beträgt —0,9 Größenklassen.

ε PERSEI leuchtet als Stern 2,96ter Größe in einer Entfernung von 1100 Lichtjahren. Spektral gehört er dem Typ B 1 an, d. h. in die Gruppe der sog. Heliumsterne. In einer Entfernung von 32,6 Lichtjahren würde er doppelt so stark wie der Sirius strahlen.

ζ PERSEI – MENKHIB ist ein Überriese der Spektralklasse B 1 mit der effektiven Oberflächentemperatur von 20 000 °K. Er leuchtet als Stern 2,91ter Größe in einer Entfernung von 820 Lichtjahren. Seine absolute Helligkeit beträgt —5,3 Größenklassen.

NGC 869 und NGC 884 sind zwei offene Sternhaufen, die in klaren Nächten mit bloßem Auge zu sehen sind. Sie werden auch chí und h Persei genannt.

M 34 (NGC 1039) ist ein offener Sternhaufen auf einem Gebiet eines scheinbaren Vollmonddurchmessers.

Unter den Sternen findet man den Gasnebel NGC 1490.

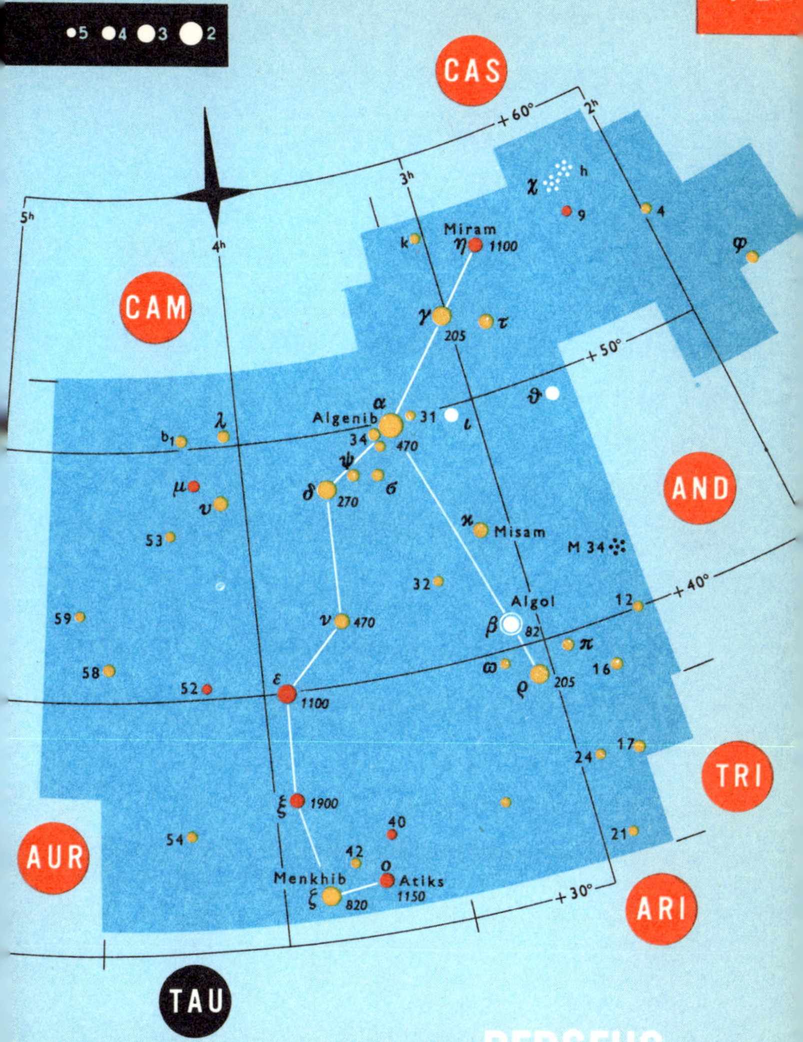
5 4 3 2
CAS
CAM
AND
TRI
ARI
AUR
TAU
+60°
+50°
+40°
+30°
2h
3h
4h
5h
Miram
1100
205
Algenib
470
270
470
Misam
M 34
Algol
82
205
1100
1900
40
42
Menkhib
820
Atiks
1150
31
34
32
12
16
17
24
21
53
59
58
52
54
9
4
h

PERSEUS

PHOENIX

Phoenicis Phe Phönix

Östlich vom sehr hellen Stern Achernar breitet sich ein Sternbild aus, das in die Karten als Phönix eingetragen wurde. Es tat dies Johann Bayer in seiner Uranometrie im Jahr 1603.

α PHOENICIS ist ein ziemlich heller Stern 2,44ter Größe, der physikalisch in die unserer Sonne nahe Spektralklasse G 5 gehört. Das Licht wandert zu uns etwas länger als ein Menschenleben — 76 Jahre. Aus einer Entfernung von 32,6 Lichtjahren würde seine Helligkeit 0,6 Größenklassen betragen.

β PHOENICIS, seine Helligkeit ist etwas geringer als 3,35 Größenklassen, der Stern gehört jedoch ebenfalls zur Spektralklasse G 4 der gelben Riesen. Den Raum zwischen ihm und uns durchläuft das Licht in 180 Jahren. Absolute Helligkeit —0,4 Größenklassen.

γ PHOENICIS ist ein roter Stern des Spektraltyps M 1 in einer Raumtiefe, die das Licht zu uns 1400 Jahre durchläuft. Bei uns leuchtet er als Stern 3,40ter Größe, seine absolute Helligkeit beträgt —5,0 Größenklassen.

δ PHOENICIS — scheinbare Helligkeit 3,96 Größenklassen — ist ein gelber Stern vom Typ G 4 in einer Entfernung von 120 Lichtjahren. Die absolute Helligkeit beträgt 1,1 Größenklassen.

κ PHOENICIS, ein Stern vom Typ der Wasserstoffsterne 3,90ter Größe, Spektralklasse A 3, Entfernung 49 Lichtjahre. Seine absolute Helligkeit beträgt 3,0 Größenklassen.

Im Sternbild Phönix befinden sich keine anderen hellen Objekte als Galaxien und Sternhaufen. Das Sternbild liegt außerhalb der Milchstraße.

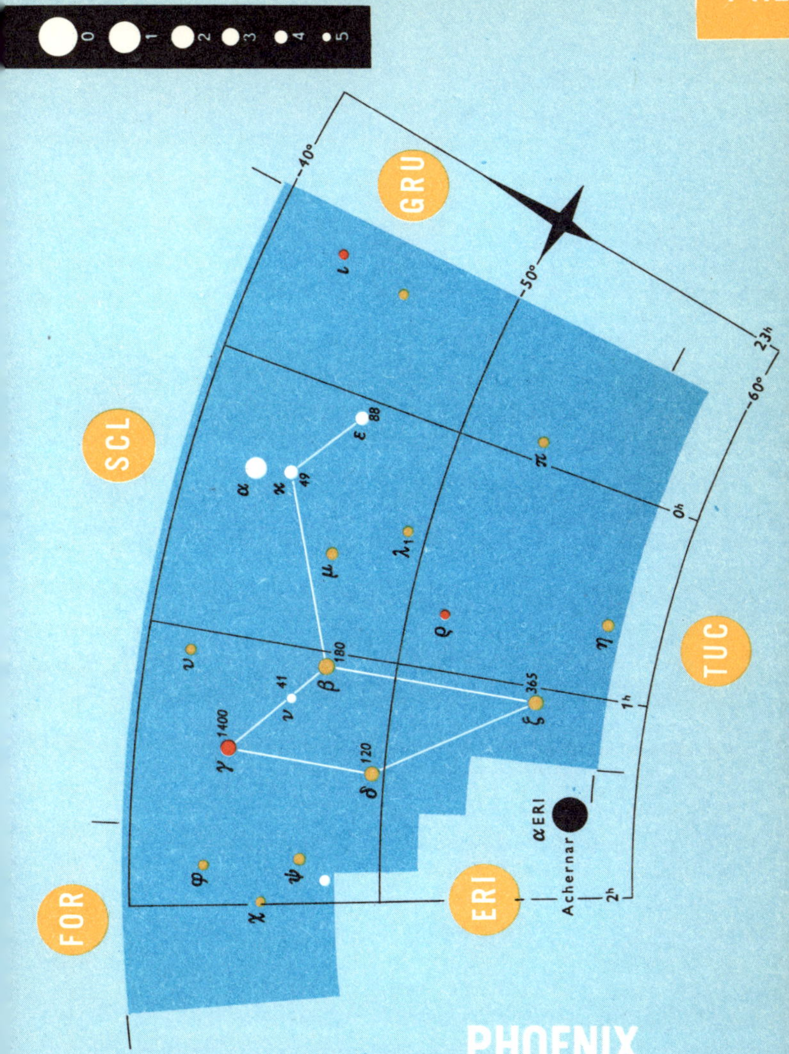
0 1 2 3 4 5
GRU
SCL
TUC
ERI
FOR
40°
50°
60°
23h
0h
1h
2h
α ERI
Achernar
ι
ε 88
α
κ 49
μ
λ1
π
ρ
η
υ
β 180
ν 41
γ 1400
δ 120
ζ 365
φ
ψ
χ

PHOENIX

PICTOR

Pictoris Pic Maler

Abbé de la Caille hätte wohl kaum einen noch nichtssagenderen Namen für das Sternbild finden können als „Equus pictoris" – „Malerstaffelei". Die Internationale Astronomische Union übernahm nur den ersten Teil des Namens Pictor – Maler, was jedenfalls annehmbarer ist. Es nimmt einen Teil des Himmels östlich vom schönen Sternbild Carina mit seinem hellen Stern Canopus ein. Praktisch setzt es sich aus folgenden drei Sternen zusammen:

α PICTORIS – von ihm ist bekannt, daß er ein Wasserstoffstern ist. Die Farbe dieses Sterns ist weiß und seine effektive Temperatur liegt um 10 000 °K.

β PICTORIS gehört der gleichen Spektralklasse an und leuchtet in einer Entfernung, in die das Licht 56 Jahre wandert. Seine scheinbare Helligkeit beträgt 3,94 Größenklassen.

γ PICTORIS ist ein orangefarbener Stern der Spektralklasse K 1. Er leuchtet in einer Entfernung von 220 Lichtjahren als Stern 4,38ter Größe.

Das Sternbild Maler ist nicht sehr reich an genügend hellen Einzelheiten. Wie überall am Himmel sieht man durch ein Fernrohr eine Menge schwach leuchtender Sterne und Galaxien. Noch besser ist es, die Fotografie zu Hilfe zu nehmen, die selbst die schwächsten strahlenden Punkte festzuhalten vermag. Und dort, wo diese Methode versagt, treten die Radioteleskope an. Auch im Sternbild Maler befindet sich eine solche Weltraumstrahlungsquelle.

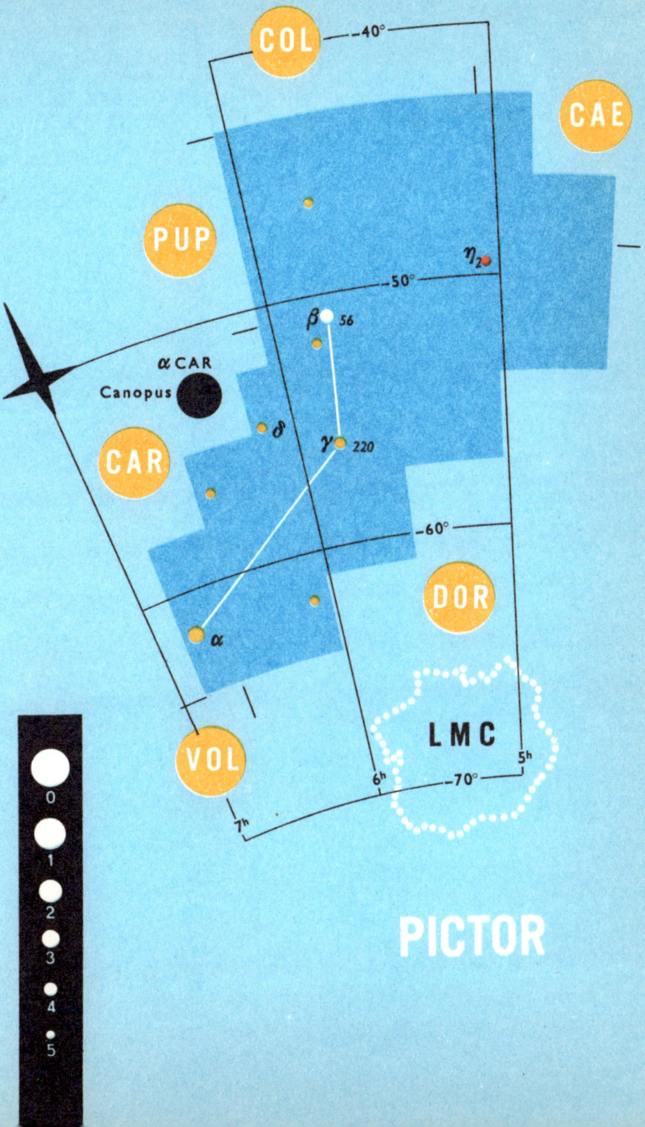
COL
-40°
CAE
PUP
η_2
-50°
β 56
α CAR
Canopus
δ
γ 220
CAR
-60°
DOR
α
LMC
VOL
5h
6h
-70°
7h
0
1
2
3
4
5

PICTOR

PISCES

Piscium Psc Fische

Einer der Fische befindet sich in der Nähe des Sternes Mirach im Sternbild Andromeda, der zweite ist unter dem Viereck des Pegasus. Über dieses Sternbild gibt es verschiedene Mythen. Ovid selbst erinnert daran.

α PISCIUM – ALRISHA – EL RESHA — ein Knoten aus Bändern — ist ein Doppelstern mit sehr eng benachbarten Komponenten. Beide Sterne umlaufen einen gemeinsamen Schwerpunkt einmal in 720 Jahren, und beide Sterne weisen das gleiche Spektrum A 2 auf, das Wasserstoffsterne charakterisiert. Die hellere Komponente ist 4,33ter Größe, die zweite 5,23ter Größe. Es dauert 130 Jahre, bis das Licht die Entfernung zwischen dem Stern und uns durchläuft. Die absolute Helligkeit des Doppelsterns beträgt 1,3 Größenklassen.

β PISCIUM leuchtet als Stern 4,52ter Größe in einer Entfernung von 325 Lichtjahren. Sein Spektrum B 5 reiht ihn zu den Heliumsternen mit einer Oberflächentemperatur von 20 000 °K. In einer Entfernung von 10 Parsec würde er als Stern −0,4ter Größe leuchten.

γ PISCIUM ist ein gelber Riese der Spektralklasse G 5, der in einer Entfernung von 125 Lichtjahren als Stern 3,85ter Größe erscheint. In einer Entfernung von 32,6 Lichtjahren würde er mit seiner Helligkeit dem Schein des Sternes Achernar im Sternbild Eridanus gleichen.

ι PISCIUM ist ein Zwergstern mit dem Spektrum F 5, der als Stern 4,28ter Größe in einer Entfernung von 48 Lichtjahren leuchtet. Sein Spektrum gehört der Klasse F 0 an. In der Entfernung 32,6 Lichtjahre würde er nur wenig heller als ein Stern 3,4ter Größe leuchten.

TV PISCIUM ein halbregelmäßiger veränderlicher Stern mit einer Amplitude 4,6ter bis 5,2ter Größe. Die Periode dauert 49 Tage. Die Entfernung beträgt 325 Lichtjahre.

30 PISCIUM ist ein Unterriese der Spektralklasse der roten Sterne M 3. Aus einer Entfernung von 235 Lichtjahren sieht man ihn auf dem Himmel als Stern 4,66ter Größe.

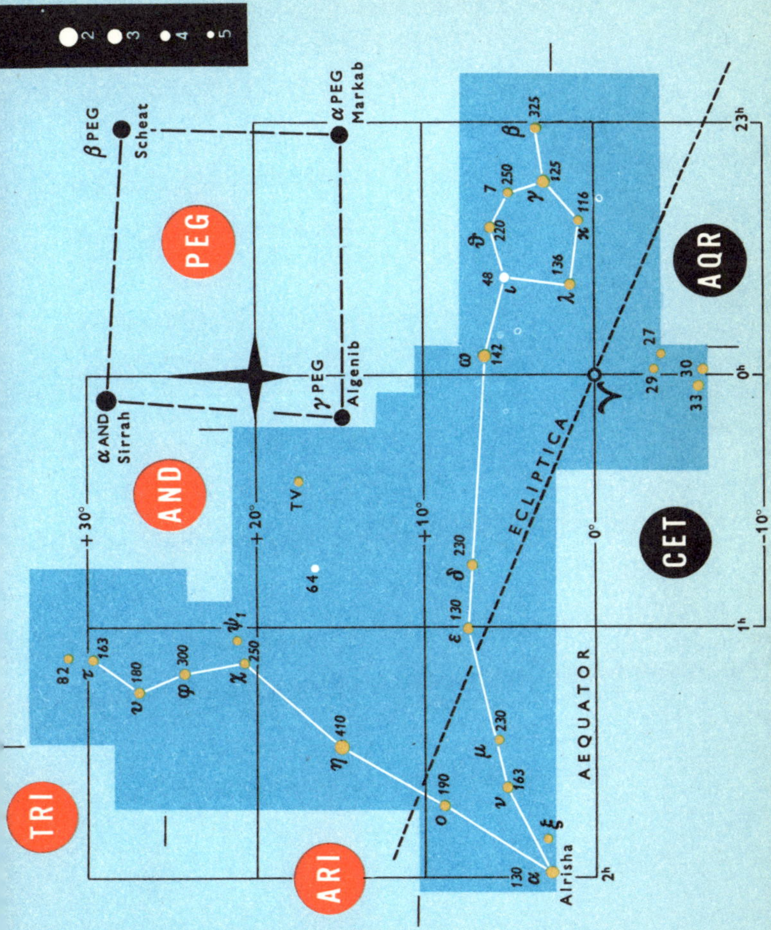
2 3 4 5
β PEG
Scheat
α PEG
Markab
PEG
α AND
Sirrah
γ PEG
Algenib
AND
TRI
ARI
AQR
CET
TV
64
ECLIPTICA
AEQUATOR
Alrisha
+30°
+20°
+10°
0°
-10°
23h
0h
1h
2h

PISCES

PISCIS AUSTRINUS

Piscis Austrini PsA Südlicher Fisch

Gegen Ende August um Mitternacht oder im Oktober in den Abendstunden kann man in Europa am südlichen Horizont den hellen Stern Fomalhaut beobachten. Er gehört einem Sternbild an, das den Namen Südlicher Fisch, und zwar bereits seit den Zeiten trägt, da sich in Griechenland und später in Rom der Kult der ägyptischen Göttin Isis verbreitete. Der Name hängt mit der Sage zusammen, nach der die Göttin durch einen Fisch gerettet wurde.

α PISCIS AUSTRINI – FOMALHAUT, aus dem arabischen Famol-Hoot el Ganoubi — Südliches Fischmaul —, ist ein Stern, dessen Oberflächentemperatur etwa 9000 °K beträgt. Physikalisch gehört er der Spektralklasse A 2 an. Er leuchtet als Stern 1,29ter Größe in einer Entfernung von 23 Lichtjahren.

β PISCIS AUSTRINI, ebenfalls eine Sonne vom Typ eines Wasserstoffsterns mit dem Spektrum A 0 in einer Entfernung von 220 Lichtjahren. Er erscheint von hier als Stern 4,36ter Größe. Die absolute Helligkeit beträgt 0,2 Größenklassen.

γ PISCIS AUSTRINI ist ein roter Riesenstern der Spektralklasse A 0, der 180 Lichtjahre von uns entfernt ist. Er leuchtet als Stern 4,52ter Größe. Seine absolute Helligkeit beträgt 0,8 Größenklassen.

ε PISCIS AUSTRINI. In der Tiefe von 250 Lichtjahren leuchtet im Weltall ein Stern, dessen Helligkeit an unserem Himmel 4,22 Größenklassen beträgt. Seine absolute Helligkeit erreicht —0,2 Größenklassen und sein Spektrum gehört der Gruppe der Heliumsterne mit einer effektiven Oberflächentemperatur um 20 000 °K an.

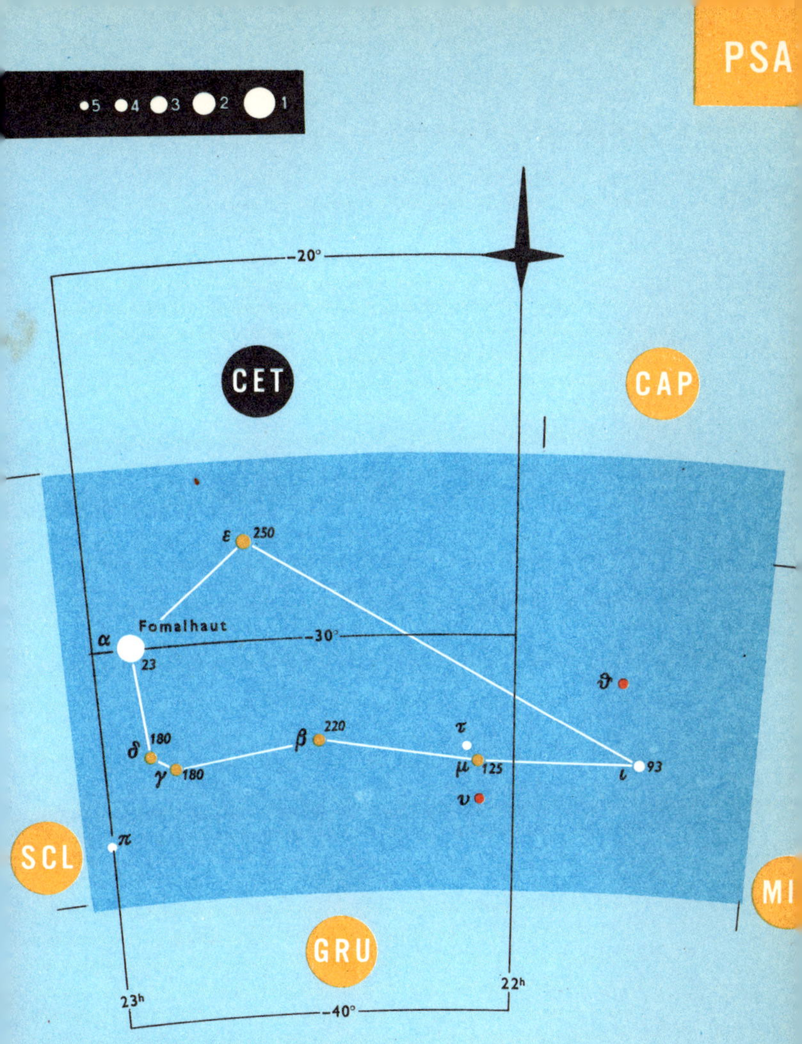

PISCIS AUSTRINUS

PUPPIS

Puppis Pup Achterschiff

Das Achterschiff ist ein Teil des früheren Sternbildes Argo Navis.

α PUPPIS ist ein Stern gelblicher Farbe 3,76ter Größe, der mit seinem Spektrum unserer Sonne ähnelt. Er leuchtet in der Entfernung von 142 Lichtjahren. Seine absolute Helligkeit beträgt 0,6 Größenklassen.

ζ PUPPIS – NAOS (die Bedeutung ist unbekannt) von uns 1100 Lichtjahre entfernt, leuchtet als Stern 2,27ter Größe. Zeta Puppis ist in bezug auf seine physikalischen Eigenschaften ein sehr heißer Stern mit einer effektiven Temperatur von 35 000 °K. Sein Spektrum O 5 weist intensive Absorptionslinien von ionisiertem Helium auf. Diese Sternart kommt sehr selten vor.

L^2L^1 PUPPIS ist ein scheinbarer Doppelstern. Der hellere Stern ist 5,04ter Größe und 540 Lichtjahre entfernt, der zweite unweit stehende Stern ist ein Veränderlicher mit einer Amplitude 3,4ter bis 6,2ter Größe und einer Periode von 140,5 Tagen. Der erste Stern weist das Spektrum A 0 und der zweite M 5 auf. Die Entfernung von L^2 beträgt 180 Lichtjahre.

υ PUPPIS ist 3,18ter Größe, Spektrum B 0, Entfernung 142 Lichtjahre.

ξ PUPPIS – AZMIDISKE (Bedeutung nicht feststellbar). In der Tiefe des Weltraums, von wo der Lichtstrahl 1100 Jahre zu uns wandert, ist ein Stern, den man als leuchtenden Punkt 3,47ter Größe sieht. Er ist ein gelber Überriese, und dadurch kann teilweise erklärt werden, daß er, versetzt in eine Entfernung von 32,6 Lichtjahren, wie der Planet Venus strahlen würde.

π PUPPIS ist 230 Lichtjahre entfernt, von wo er als Stern 2,74ter Größe leuchtet. Seinem Spektrum K 5 nach gehört er zu den Sternen mit einer weniger heißen Oberfläche als die der Sonne. Seine absolute Helligkeit beträgt −1,5 Größenklassen.

τ PUPPIS ist 130 Lichtjahre entfernt und leuchtet als Stern 2,83ter Größe.

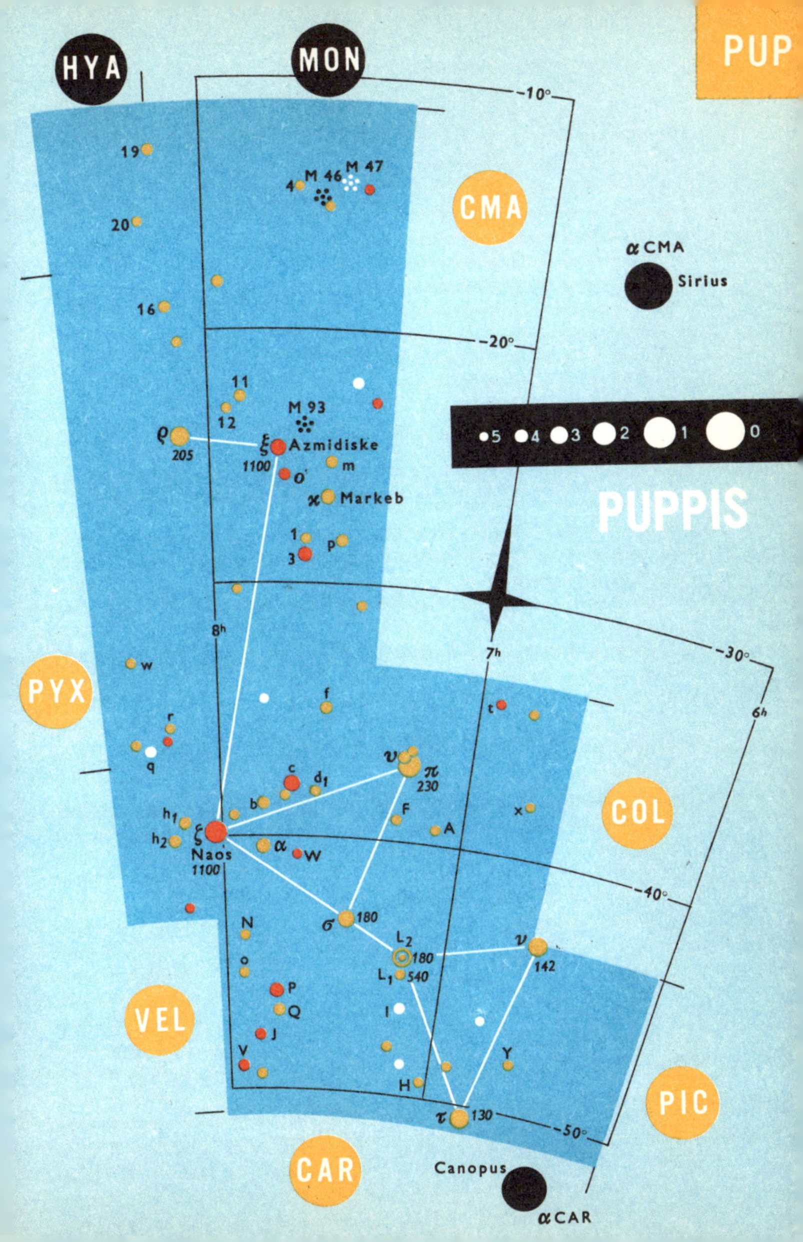
PUP
HYA
MON
CMA
α CMA
Sirius
-10°
-20°
-30°
-40°
-50°
19
20
16
4
M 46
M 47
11
12
M 93
ρ
205
ξ Azmidiske
1100
m
o
κ Markeb
1
3
p
5 4 3 2 1 0
PUPPIS
8h
7h
6h
w
PYX
f
t
r
q
υ
π
230
c
d1
b
F
A
x
h1
h2
ζ
Naos
1100
α
W
COL
N
σ
180
L2
180
L1
540
ν
142
o
P
Q
VEL
I
J
V
Y
H
τ
130
PIC
CAR
Canopus
α CAR

PYXIS

Pyxidis Pyx Schiffskompaß

Wie der Namen andeutet, haben wir es auch hier mit dem Argonautenschiff zu tun, das in der neuen Nomenklatur in mehrere Teile geteilt wurde. Die Wichtigkeit der magnetischen Kompaßnadel ist für die Seefahrt unstreitig. Pyxis ist der lateinische Ausdruck für Dose oder Kompaßgehäuse. Zur Repräsentation eines so wichtigen Gerätes sind am Himmel nur mehr einige schwache Sterne übriggeblieben.

α PYXIDIS hat das Spektrum der Heliumsterne mit hoher Temperatur um 20 000 °K. Aus einer Entfernung von 470 Jahren erscheint uns Alpha Pyxidis als Stern 2,01ter Größe. Versetzt in eine Entfernung von 32,6 Lichtjahren würde er heller leuchten als Fomalhaut im Sternbild Südlicher Fisch.

β PYXIDIS ist ein Stern vom Sonnentyp mit einer scheinbaren Helligkeit von 4,04 Größenklassen in einer Entfernung von 230 Lichtjahren. Seine absolute Helligkeit beträgt −0,2 Größenklassen.

γ PYXIDIS weist des Spektrum der Klasse K 4 auf, in dem am stärksten die Metallinien vertreten sind und sich die Absorptionsbänder der Moleküle zu zeigen beginnen. Am Himmel leuchtet er als Stern 4,19ter Größe in einer Entfernung von 190 Lichtjahren. Aus einer Entfernung von 10 Parsec würde seine Helligkeit ungefähr der eines Sternes erster Größe gleichkommen.

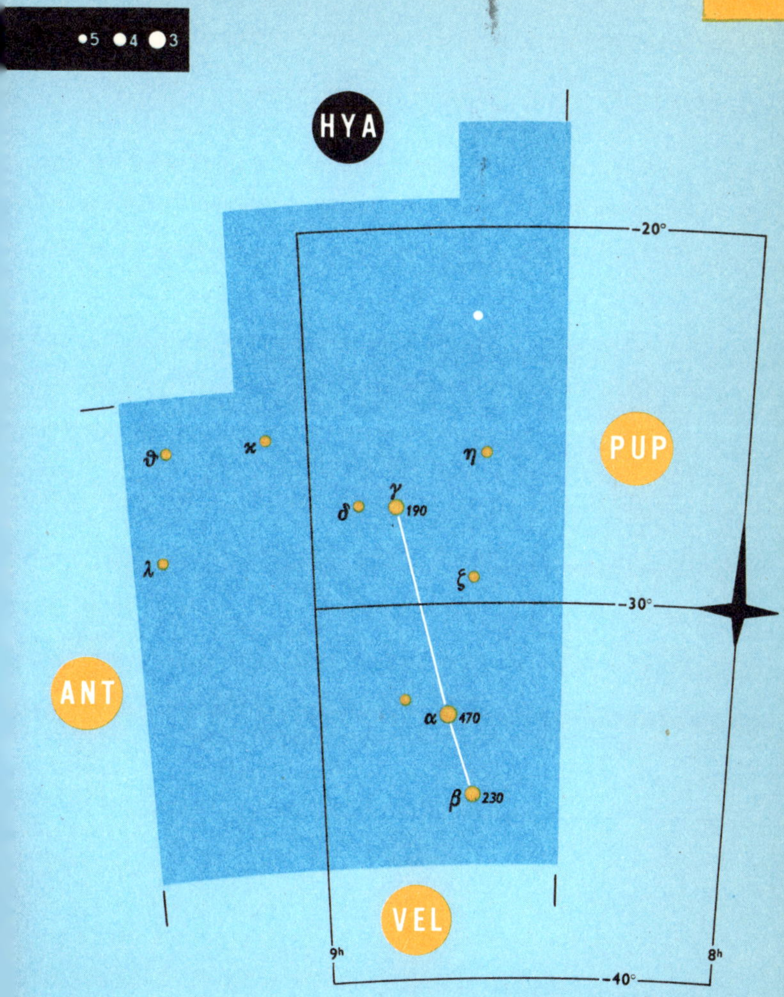

PYXIS

RETICULUM

Reticuli Ret Netz

Abbé de la Caille wollte auf diese Art einen wichtigen Behelf der Astronomie hervorheben, der sich mit der Vermessung der Sternörter befaßt, u. zw. das Netz im Fernrohr. Das Sternbild Netz wird von einer Gruppe wenig heller Sterne gebildet, die mit ihren Örtern an das kleine Sternbild Delphin am nördlichen Himmel erinnern. Es ist leicht zu finden, denn es liegt ziemlich nahe bei der Großen Magellanschen Wolke.

α RETICULI ist ein Stern 3,36ter Größe der Spektralklasse G 5 mit einer etwas niedrigeren effektiven Temperatur als die der Sonne. Das Licht braucht ungefähr 365 Jahre, um vom Stern Alpha Reticuli zu uns zu gelangen.

β RETICULI. Von diesem Stern weiß man, daß er rot ist und der Spektralklasse G 9 angehört. Sterne dieser Klasse haben eine Oberflächentemperatur von rund 6500 °K. Der Stern ist 76 Lichtjahre entfernt.

γ RETICULI gehört zu den Sternen mit dem Spektrum M 5. Solche Sterne gibt es nicht viele in unserem Sichtbereich, man rechnet mit 7 % von der Gesamtzahl. Er leuchtet als Stern 4,46ter Größe.

ε RETICULI. Dieser Stern 4,42ter Größe leuchtet in einer Entfernung, wohin das Licht 80 Jahre läuft. Er ist ein Unterriese der Spektralklasse K 5 mit weniger heißen Sternen als die Sonne. Die absolute Helligkeit wurde auf 2,5 Größenklassen abgeschätzt.

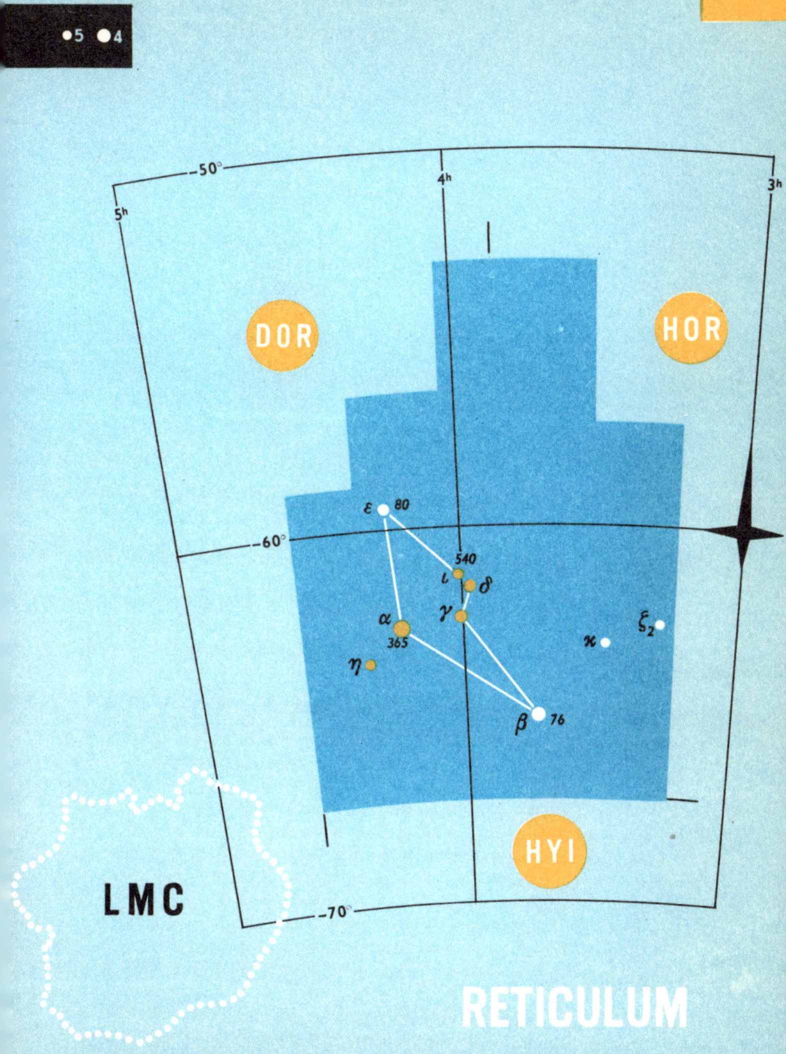

RETICULUM

SAGITTA

Sagittae Sge Pfeil

Im vollen Strom der Milchstraße über dem Stern Atair im Adler liegt ein kleines Sternbild, der Pfeil, das die Griechen unter dem Namen Tóxon oder Oistos kannten, die Römer latinisierten es auf Sagitta und die Araber sprachen von El Sham. Eine Sage erzählt, daß das Sternbild Schütze eine Erinnerung an den Kampf des Herkules mit dem Adler sei.

α SAGITTAE – SHAM. Obgleich er nur als kleiner Stern 4,37ter Größe leuchtet, ist er in Wirklichkeit ein Überriese. Er gehört zur Spektralklasse F 8 mit einem Spektrumtyp, in dem die Wasserstofflinien schwächer werden, die Zahl der Kalzium- und der Metallinien dagegen anwächst. Die Temperatur dieser Sterne bewegt sich um 7500 °K. Seine Entfernung wird auf 540 Lichtjahre geschätzt und seine absolute Helligkeit beträgt −1,7 Größenklassen.

β SAGITTAE weist das Spektrum der Klasse G 7 auf, das ziemlich ähnlich dem unserer Sonne ist (G 2). Die Temperatur ist 6000 °K. Sterne dieser Gruppe leuchten mit gelbem Licht und bilden eine zahlreiche Gruppe von ca. 16 % aller Sterne. β SAGITTAE leuchtet als Stern 4,45ter Größe, die absolute Helligkeit beträgt 0,0 Größenklassen. Die Reise des Lichtes zur Erde dauert 250 Jahre.

γ SAGITTAE ist ein Gigant mit einem Spektrum vom Typ M 0; er gehört deshalb zu den Sternen mit der relativ niedrigen Temperatur von ca. 3500 °K. Die Farbe dieser Sterne ist infolgedessen rot. Wir sehen ihn als Stern 3,71ter Größe in einer Entfernung von 190 Lichtjahren. Die absolute Helligkeit beträgt −0,1 Größenklassen.

δ SAGITTAE ist ein Riese mit kompliziertem Spektrum M 2 und A 0, der in einer Entfernung von 410 Lichtjahren als Stern 3,78ter Größe leuchtet. Seine absolute Helligkeit beträgt −1,7 Größenklassen.

Im Sternbild Pfeil befindet sich nur ein einziger hellerer offener Sternhaufen NGC 6838 in der Nähe des Sterns ζ. Es ist ein Dreifachstern außerhalb unseres Limits. Das Sternbild Pfeil läßt sich am besten im Gebirge in mondlosen Nächten mit klarer Atmosphäre beobachten.

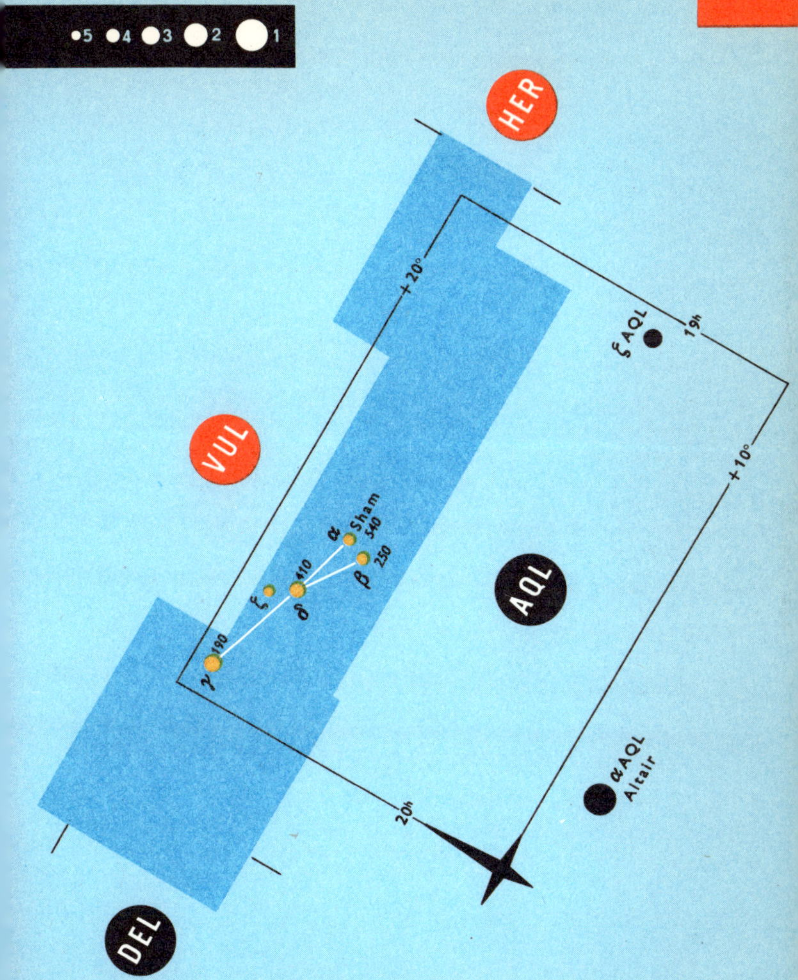
5 4 3 2 1
HER
VUL
AQL
DEL
+20°
+10°
19h
20h
ξ AQL
α AQL
Altair
α Sham
540
β 250
δ 410
ζ
γ 190

SAGITTA

SAGITTARIUS

Sagittarii Sgr Schütze

Das neunte Zeichen des Tierkreises ist das Sternbild Schütze. In alten Atlanten wird es halb Pferd und halb Mensch mit gespanntem Bogen dargestellt.

α SAGITTARII – ALRAMI bedeutet arabisch der Schütze. Er ist ein Stern 4,11ter Größe, und nur durch einen Irrtum trägt er die Bezeichnung Alpha. Er leuchtet in einer Entfernung von 250 Lichtjahren.

δ SAGITTARII – KAUS MEDIUS bedeutet: die Mitte des Bogens. Seine scheinbare Helligkeit beträgt 2,84 Größenklassen. Er leuchtet in einer Entfernung von 112 Lichtjahren. Sein Spektrum gehört zur Gruppe der Riesen K 2. Seine absolute Helligkeit beträgt 0,1 Größenklassen.

ε SAGITTARII – KAUS AUSTRALIS — der südliche Teil des Bogens ist ein Unterriese der Spektralklasse B 9. Er hat eine scheinbare visuelle Helligkeit von 1,95 Größenklassen und leuchtet in einer Entfernung von 136 Lichtjahren. Die absolute Helligkeit beträgt —1,3 Größenklassen.

λ SAGITTARII – KAUS BOREALIS — der nördliche Teil des Bogens hat eine scheinbare Helligkeit von 2,94 Größenklassen. In Wirklichkeit ist er ein Riese der Spektralklasse K 1. Er wird von uns durch einen Raum getrennt, den das Licht in 84 Jahren durchläuft. Die absolute Helligkeit beträgt 0,9 Größenklassen.

σ SAGITTARII – NUNKI (arabisch Strauße) ist ein Stern mit dem Spektrum B 3, der von uns 180 Lichtjahre entfernt ist. Er leuchtet als Stern 2,14ter Größe mit einer absoluten Helligkeit von —1,6 Größenklassen.

X SAGITTARII ist ein Veränderlicher mit der Periode 7,01 von 5,0ter bis 6,1ter Größe.

Von den offenen Sternhaufen nennen wir nur die bekanntesten unter den Nummern des Messier-Katalogs: NR. 23, 24 UND 25 sowie den Gasnebel M 55.

In der Nähe der Galaxie-Mitte befinden sich mehrere sehr bekannte Gasnebel, deren Photographien man oft in der astronomischen Literatur begegnet: M 20 – NGC 6514, (Trifid), M 8 – NGC 6523 (Lagoon), M 17 – NGC 6618 (Omega)

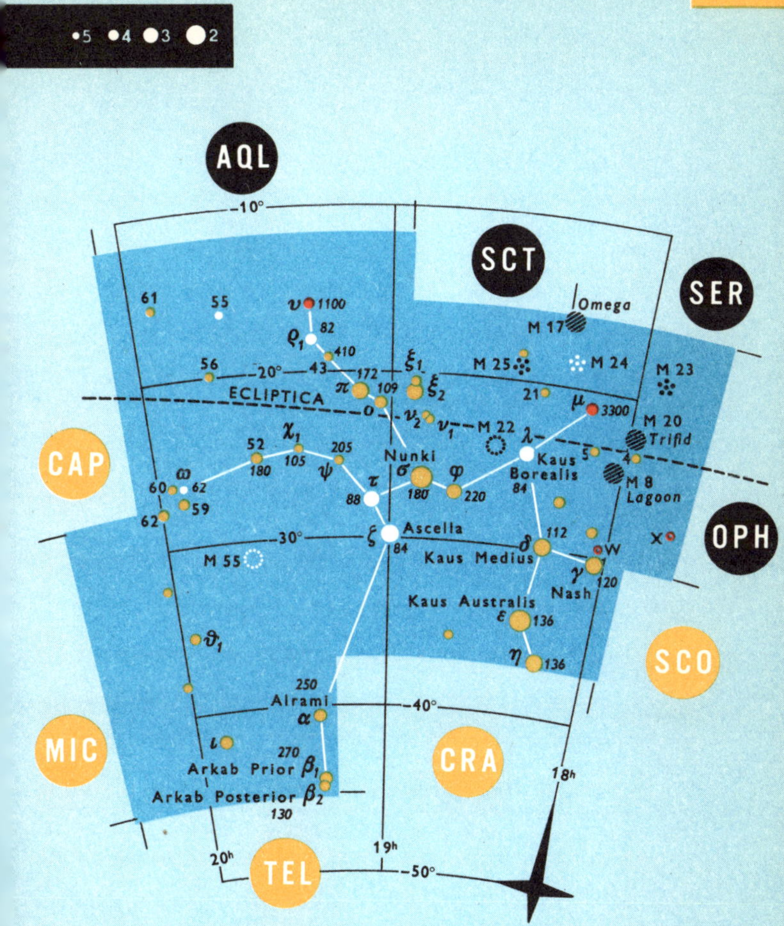

SAGITTARIUS

SCORPIUS

Scorpii Sco Skorpion

α SCORPII – ANTARES ist ein roter Überriese mit einem 300mal größeren Durchmesser als der der Sonne. Er gehört zur Spektralklasse M 1 und weist die relativ niedrige Temperatur von etwa 3500 °K auf. Den Antares umläuft ein doppelt so großer Stern wie die Sonne, jedoch mit weit höherer Temperatur. Nach Dr. W. Campbell bewegt sich der Stern in der Wasserstoffatmosphäre des Hauptsterns. Antares von uns 365 Lichtjahre entfernt. Absolute Helligkeit ist −5,0.

$\beta^{1,2}$ SCORPII – ACRAB ist die Bezeichnung für den vorderen Teil des Skorpions. El Acrab sind zwei heiße Sonnen. Der hellere hat einen eigenen Begleiter, der durch den Spektrographen festgestellt wurde. Das System ist 540 Lichtjahre von uns entfernt. Von der Erde leuchtet El Acrab als Stern 2,90ter Größe mit einer absoluten Helligkeit von −3,4 Größenklassen.

δ SCORPII – DSCHUBBA (DZUBA) ist ein Unterriese der Spektralklasse B 0 und leuchtet in einer Entfernung von 990 Lichtjahren.

λ SCORPII – SHAULA aus dem ursprünglichen arabischen Namen Ash Shawlah (Skorpionschwanz). Aus einer Entfernung von 10 Parsec (32,6 Lichtjahren) würde er als Stern −3,0ter Größe leuchten, da er jedoch 270 Lichtjahre entfernt ist, sehen wir ihn als Stern mit einer scheinbaren Helligkeit von 1,71 Größenklassen. Im Spektrum B 2 des Sternes wurde festgestellt, daß ihn ein kleinerer Stern in der Zeit von 5,6 Tagen umläuft.

σ SCORPII ist ein veränderlicher Stern vom Typ Beta Canis Majoris, dessen Amplitude 3,0 bis 3,8 Größenklassen in einer Periode beträgt, die 0,247 Tage dauert. Das Spektrum B 1 ist das der Heliumsterne. Entfernung 630 Lichtjahre.

Zu den hellsten Objekten gehören M 6 (NGC 6405), M 7 (NGC 6475), beide offene Sternhaufen, die in einem kleinen Fernrohr sichtbar sind. Ein ähnliches Bild bietet der Kugelsternhaufen M 4 (6121), M 80 (NGC 6093) und der offene Sternhaufen NGC 6322 in der Nähe des Antares.

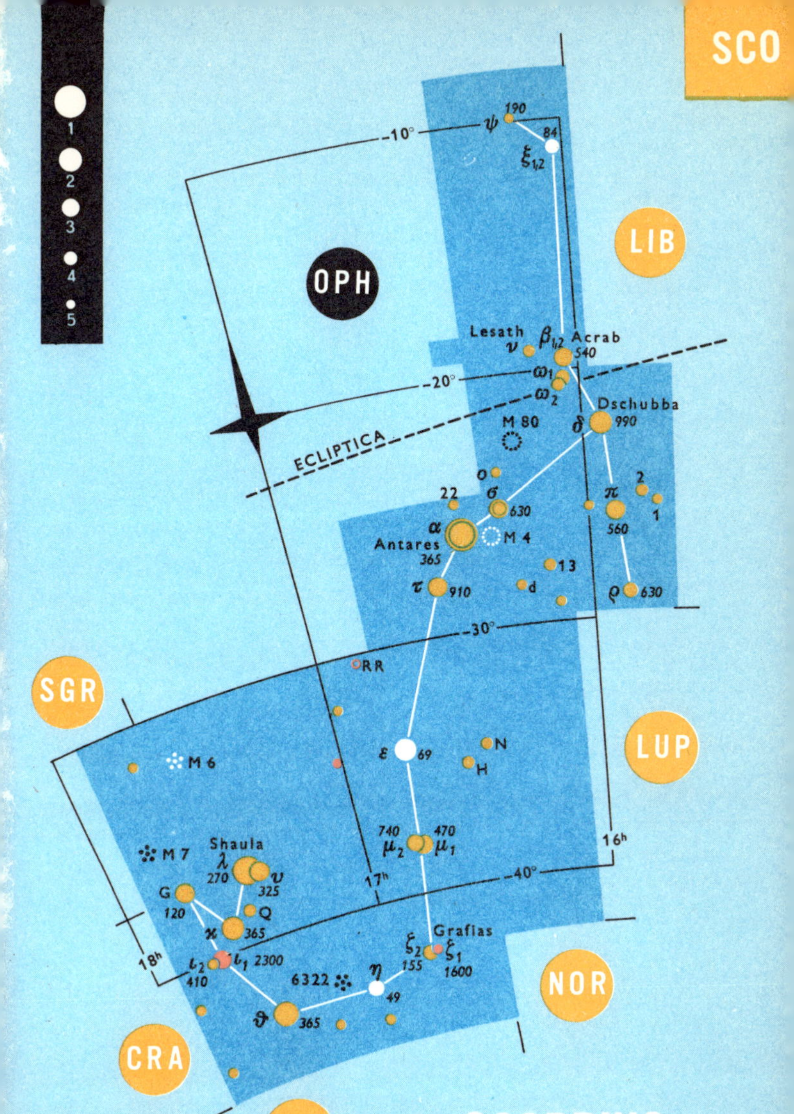
SCO
1
2
3
4
5
OPH
LIB
LUP
SGR
NOR
CRA
ARA
ECLIPTICA
-10°
-20°
-30°
-40°
16h
17h
18h
ψ 190
84
ξ1,2
Lesath
ν
β1,2 Acrab 540
ω1
ω2
Dschubba
δ 990
M 80
o
σ 630
22
π 560
2
1
α
Antares
365
M 4
13
d
ρ 630
τ 910
RR
ε 69
N
H
M 6
M 7
740
470
μ2
μ1
Shaula
λ 270
υ 325
G 120
Q
κ 365
ι1 2300
ι2 410
Graffias
ξ2 155
ξ1 1600
6322
η 49
ϑ 365

SCORPIUS

SCULPTOR

Sculptoris Scl Bildhauer(werkstatt)

Der Bildhauer ist ein Sternbild, das nach dem ursprünglichen Vorschlag des Abbé de la Caille „Bildhauerwerkstatt" hieß. Die Internationale Astronomische Union hat jedoch den Namen gekürzt. Das Sternbild findet man westlich vom Fomalhaut, einem hellen Stern im Sternbild Südlicher Fisch.

α SCULPTORIS ist ein Stern mit einer scheinbaren visuellen Helligkeit von 4,39 Größenklassen in einer Entfernung von 270 Lichtjahren. Aus einer Entfernung von 32,6 Lichtjahren würde er wie Arktur im Sternbild Bärenhüter strahlen. Man findet ihn zwischen den Sternbildern Phönix und Walfisch. Physikalisch gehört er zu den Heliumsternen des Typs B 5.

β SCULPTORIS liegt etwas näher als Alpha – „nur" 250 Lichtjahre entfernt, von wo er uns als Stern 4,46ter Größe erscheint. Die absolute Helligkeit beträgt 0,0 Größenklassen. Das Spektrum ist das der Type B 9 mit effektiver Temperatur um 15 000 °K.

γ SCULPTORIS ist ein gelber Unterriese vom Typ G 8, ähnelt also mit seinen physikalischen Eigenschaften der Sonne. Er steht in einer Entfernung von 155 Lichtjahren und erscheint uns als Stern 4,51ter Größe. Die absolute Helligkeit beträgt 1,1 Größenklassen.

δ SCULPTORIS. In der Tiefe des Raumes, woher das Licht in 163 Jahren eilt, leuchtet uns Delta Scl als Stern 4,64ter Größe. Das Spektrum ist vom Typ A 0, also das Spektrum der Sterne mit hohem Wasserstoffgehalt. Die absolute Größe ist 1,0.

NGC 253 ist ein außergalaktischer Nebel, mit einer Gesamthelligkeit wie ein Stern 7ter Größe. Deshalb kann man ihn mit einem Opernglas sehen.

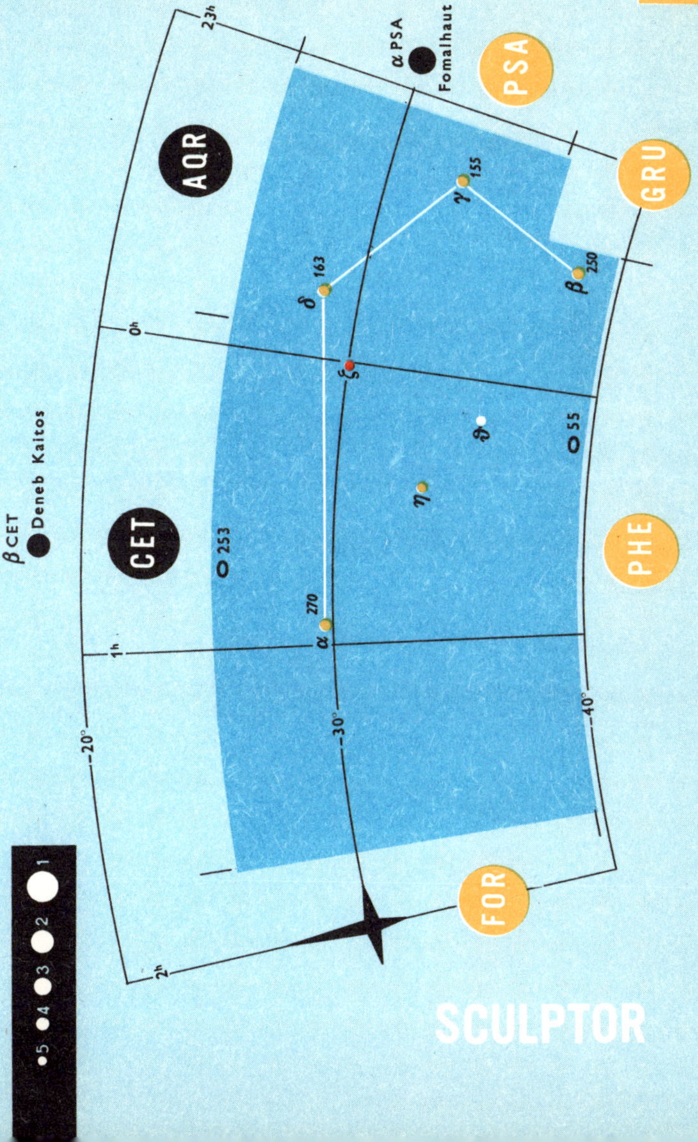
AQR
CET
PSA
GRU
PHE
FOR
α PSA
Fomalhaut
β CET
Deneb Kaitos
23h
0h
1h
2h
-20°
-30°
-40°
163
155
250
270
253
55
5
4
3
2
1

SCULPTOR

SCUTUM

Scuti Sct Schild

Das Schild ist ein kleines ausdrucksloses Sternbild. Ursprünglich benannte Johannes Hevelius diesen Ort in seinem Werk „Firmamentum Sobiescii" aus dem Jahre 1690 „Sobieski-Schild". Er tat dies zu Ehren des polnischen Fürsten, der Hevelius stark unterstützte, als diesem die Sternwarte in Danzig bis auf die Grundmauer abbrannte.

α SCUTI ist ein Gigant der Spektralklasse K 5, dessen Oberflächentemperatur wesentlich niedriger ist als die der Sonne. Er leuchtet in einer Entfernung von 205 Lichtjahren als Stern 4,06ter Größe.

β SCUTI ist ein gelber Riese mit dem Spektrum G 7, der an unserem Himmel als Stern 4,47ter Größe leuchtet. Würde er im Weltraum nur 10 Parsec von uns entfernt sein, dann wäre er heller als Antares im Skorpion. Scuti ist von uns 1300 Lichtjahre entfernt.

γ SCUTI ist ein typischer blauer Stern mit dem Spektrum A 3 in einer Entfernung von 148 Lichtjahren. Scheinbare visuelle Helligkeit 4,73 Größenklassen, absolute Helligkeit 1,4 Größenklassen.

δ SCUTI befindet sich in einer Entfernung, aus der das Licht 190 Jahre zu uns braucht. Er gehört zur Spektralklasse F 4 mit einer Oberflächentemperatur von 7500 °K. Außerdem ist er ein Veränderlicher mit einer Lichtamplitude zwischen 4,9 und 5,2 Größenklassen in einer Periode von 0,194 Tagen.

ζ SCUTI ist ein orangefarbener Riesenstern der Spektralklasse K 0, zu dem das Licht unserer Sonne 230 Jahre läuft.

Im Sternbild Schild sind mehrere interessante Sternhaufen und unter ihnen:

M 11 – ein offener Sternhaufen, den man mit einem kleinen Opernglas sehen kann. Seine Sterne sind in einem Raum verteilt, der ungefähr einem Drittel des Vollmondes entspricht.

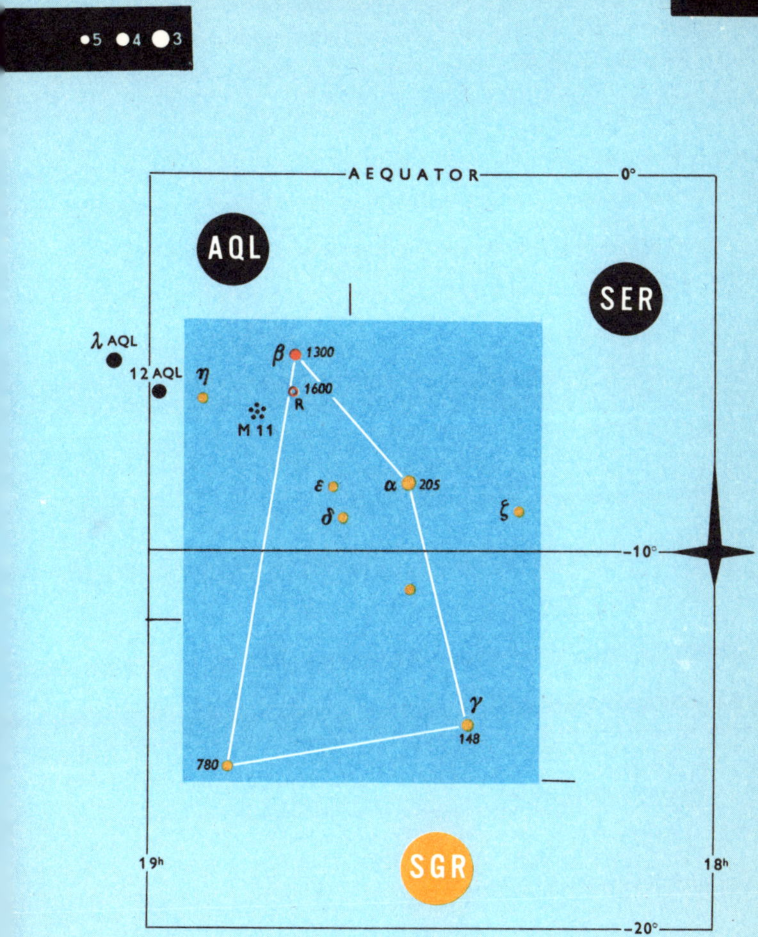
5 4 3
AEQUATOR
0°
AQL
SER
λ AQL
12 AQL
η
β 1300
1600
R
M 11
ε
α 205
δ
ξ
−10°
γ
148
780
19h
SGR
18h
−20°

SCUTUM

SERPENS

Caput et Cauda Serpentis Ser Schlange

Das Sternbild wird durch den Schlangenträger in zwei Teile geteilt: in Caput und in Cauda.

CAPUT:

α SERPENTIS ist der hellste Stern des Serpens Caput und trägt den Namen UNUK ELHAIA – Hals der Schlange. Er ist ein Stern 2,75ter Größe, der aus einer Entfernung von 82 Lichtjahren leuchtet, mit niedrigerer Oberflächentemperatur als die der Sonne. Die absolute Helligkeit beträgt 0,8 Größenklassen.

β SERPENTIS ist ein Stern 3,74ter Größe in einer Entfernung von 120 Lichtjahren. Spektral gehört er zu den Wasserstoffsternen mit etwas höherer Temperatur als die der Sonne. Seine absolute Helligkeit beträgt 0,9 Größenklassen.

γ SERPENTIS ist ein Zwergstern der Spektralklasse F 5 in einer Entfernung, von wo das Licht bei einer Fortpflanzungsgeschwindigkeit von 299 790 km/s volle 41 Jahre braucht, um zu uns zu gelangen. Seine absolute Helligkeit erreicht 3,3 Größenklassen.

$\delta^1\delta^2$ SERPENTIS ist ein Doppelstern mit einer Hauptkomponente 4,50 und einer zweiten von 5,37 Größenklassen mit dem Spektrum der Zwergsterne A 9 und A 7. Der Doppelstern ist von uns 172 Lichtjahre entfernt.

ε SERPENTIS ist ein Zwerg der Spektralklasse A 6 in einer Entfernung von 86 Lichtjahren. Die absolute Helligkeit aus einer Entfernung von 10 Parsec beträgt 1,6 Größenklassen.

M 5 – NGC 5904 ist einer der hellsten Kugelsternhaufen.

CAUDA:

η SERPENTIS ist ein Unterriese der Spektralklasse G 8 in einer Entfernung, wohin das Licht während eines durchschnittlichen Menschenalters – 68 Jahre – gelangt.

ξ SERPENTIS – ALYA in einer Entfernung von 105 Lichtjahren leuchtet als Stern 3,64ter Größe. Spektrum der Wasserstoffsterne A 5. Absolute Helligkeit 1,1 Größenklassen.

NGC 4756 ist ein typischer zerstreuter Sternhaufen.

NGC 6611 – M 16 ist ein von einem Nebel umhüllter Sternhaufen.

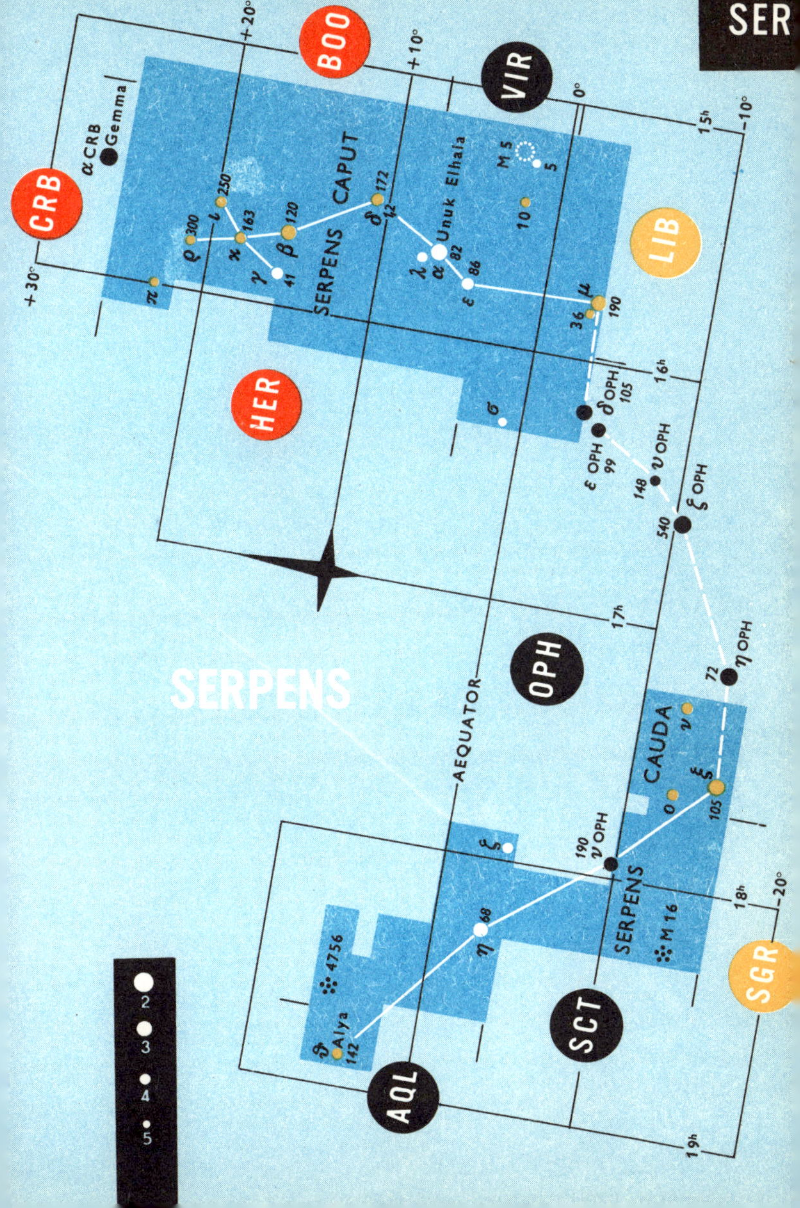
SERPENS
SERPENS CAPUT
SERPENS CAUDA
CRB
BOO
VIR
LIB
HER
OPH
SGR
SCT
AQL
α CRB Gemma
Unuk Elhaia
M 5
M 16
4756
Alya
AEQUATOR
+30°
+20°
+10°
0°
-10°
-20°
15h
16h
17h
18h
19h
δ OPH
ε OPH
υ OPH
ζ OPH
η OPH
ν OPH
2
3
4
5

SEXTANS

Sextantis Sex Sextant

Der Bürgermeister von Danzig Jan Hevelcke, (latinisiert Hevelius) führte in seinem Buch „Prodromus astronomiae" einige neue Benennungen für jene Örter am Himmel ein, wo sich wenige Sterne befinden. Das geschah im Jahre 1690. Dieses Bestreben läßt sich dadurch erklären, daß es keine international anerkannten Grenzen der Sternbildsysteme gab, wodurch viel Verwirrung entstand. Deshalb war man bestrebt, alle diese leeren Örter mit weiteren kleinen Sternbildern auszufüllen. Auf diese Weise gelangte das Symbol des Sextanten, den Hevelius selbst anzufertigen wußte, an den Himmel und in die modernen Sternkataloge und -karten.

α SEXTANTIS ist ein Stern der Spektralklasse A 0 mit einer scheinbaren Helligkeit von 4,50 Größenklassen. Die Entfernung ist mit der Parallaxe 0,012″ ausgedrückt und gleicht 270 Lichtjahren. Die absolute Helligkeit beträgt −0,1 Größenklassen.

β SEXTANTIS in einer Entfernung von 365 Lichtjahren gehört der Spektralklasse B 5 an und leuchtet an unserem Himmel als kleiner Stern 4,95ter Größe, der aus einer Entfernung von 10 Parsec heller strahlen würde als der hellste Stern im Sternbild Bärenhüter, Arktur.

γ SEXTANTIS ist ein blauer Stern mit einer scheinbaren visuellen Helligkeit von 5,16 Größenklassen, der zur Spektralklasse A 0 gehört, und bis zu dem das Licht unserer Sonne 230 Jahre braucht. Seine absolute Helligkeit beträgt 0,9 Größenklassen.

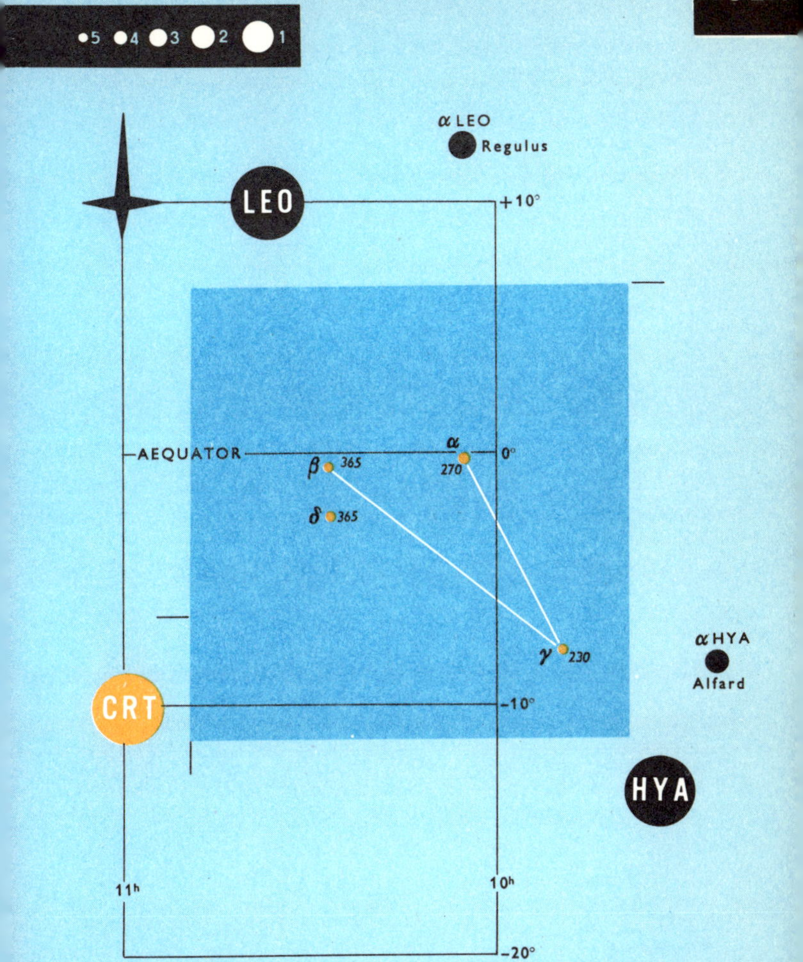
5 4 3 2 1
α LEO
Regulus
LEO
+10°
AEQUATOR
α
270
β 365
δ 365
0°
γ 230
α HYA
Alfard
CRT
-10°
HYA
11h
10h
-20°

SEXTANS

TAURUS

Tauri Tau Stier

Ein Sternbild, das an die ehelichen Seitensprünge des Göttervaters Zeus erinnert, der in einen Stier verwandelt, die Nymphe Europa entführte. Der Stier ist das zweite Zeichen des Tierkreises.

α TAURI – ALDEBARAN, der Name stammt aus dem arabischen Al Dabaran — Begleiter; es ist ein roter Riesenstern, dessen Durchmesser 36mal größer ist als der unserer Sonne. Er leuchtet in einer Entfernung von 64 Lichtjahren und gehört zur Spektralklasse K 5 mit einer Oberflächen temperatur von ca. 3000 °K. Absolute Helligkeit −0,6.

β TAURI – NATH ist ein Riese in einer Entfernung von 142 Lichtjahren. Seine visuelle Helligkeit beträgt 1,78 Größenklassen, seine absolute −1,5 Größenklassen. Auf alten Karten ist mit ihm das eine Horn des Stieres bezeichnet, zu dem er gehört. Der Stern wird auch als Ergänzung des Sternbildes Fuhrmann benützt.

M 45 – DIE PLEJADEN sind ein sehr populärer Sternhaufen, deren winzige Sterne in Wagenform gruppiert sind. Die sieben Sterne der Plejaden sind auf einer Fläche von der scheinbaren Größe des Vollmondes verteilt. Die ganze Sterngruppe ist in einem Staubgasnebelschleier eingebettet, der jedoch nicht überall gleich dicht ist. Besonders auffallend ist ein Nebel in der Nähe von Merope, der die Strahlungen dieses Sterns reflektiert. Der hellste Stern der Plejaden ist ALCYONE, ein weißer Unterriese der Spektralklasse B. Die Entfernung des ganzen Sternhaufens wird auf 500 Lichtjahre geschätzt.

Die HYADEN sind ein Sternhaufen, dessen Mitglieder sich ungefähr in der gleichen Richtung zu einem gemeinsamen Punkt mit einer Geschwindigkeit von 40 km/s bewegen. Unter ihnen befinden sich mehrere Riesen, und zum Unterschied von den Plejaden findet man in ihnen nicht so viele helle und heiße Sterne. Allgemein rechnet man, daß zur Gruppe der Hyaden insgesamt 132 Sterne am Himmel gehören.

TAURUS

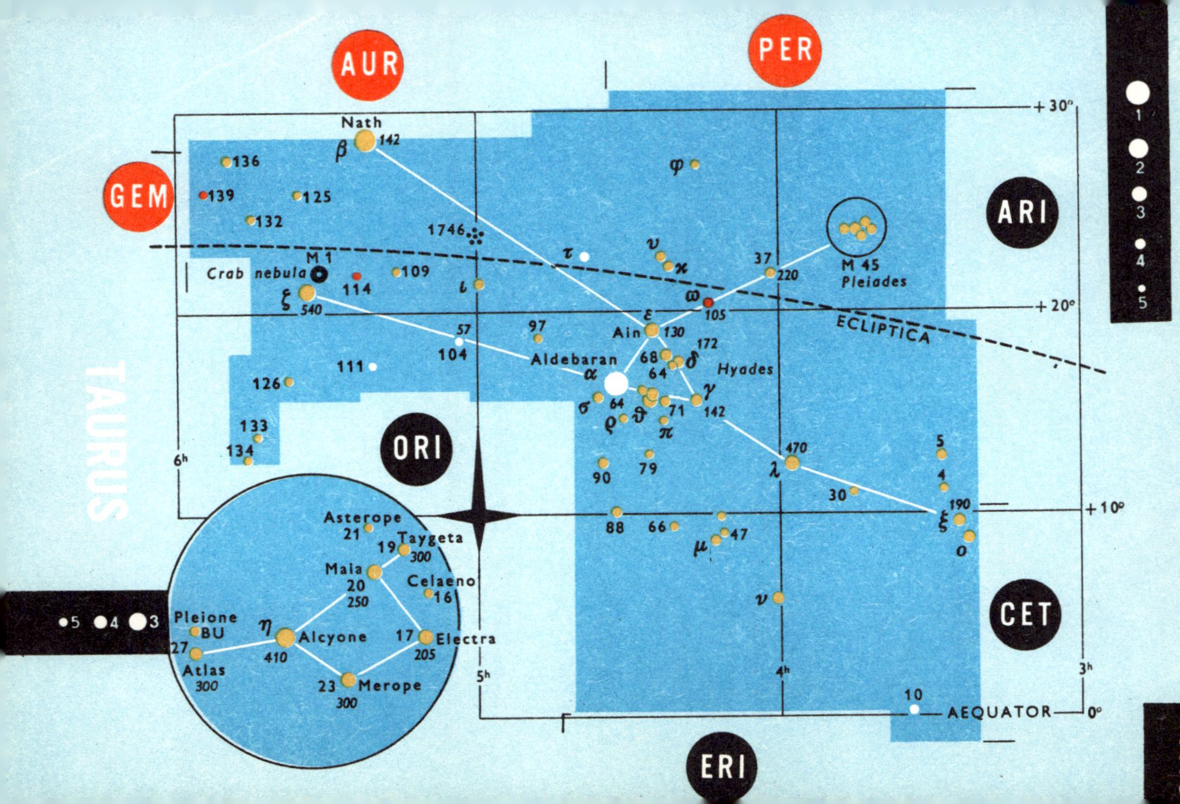
AUR
PER
GEM
ARI
ORI
CET
ERI
Nath
β 142
136
139
125
132
1746
M 1
Crab nebula
114
109
ξ 540
ι
τ
υ
κ
φ
ω 105
37 220
M 45
Pleiades
+ 30°
+ 20°
+ 10°
0°
ECLIPTICA
ε
Ain 130
172
68
δ
64
Hyades
57
104
97
Aldebaran
α
111
126
γ 142
σ 64
ρ
ϑ
71
π
133
134
6h
5h
4h
3h
470
λ
90
79
5
4
30
190
ξ
ο
88
66
47
μ
ν
10
AEQUATOR
Asterope 21
19 Taygeta 300
Maia 20 250
Celaeno 16
Pleione BU
η Alcyone 410
17 Electra 205
27 Atlas 300
23 Merope 300
1
2
3
4
5

TELESCOPIUM

Telescopii Tel Teleskop

Den Namen Fernrohr erfand der Abbé de la Caille zur Erinnerung an die Erfindung, die für die Astronomie eine umwälzende Bedeutung hatte. Im Sternatlas „Uranometria sive astrorum descriptio", den Johann Ehlert Bode zu Beginn des abgelaufenen Jahrhunderts zeichnete und herausgab, ist das Sternbild Fernrohr realistisch eingezeichnet.

α TELESCOPII ist der hellste Stern 3,76ter Größe. Er leuchtet in der Entfernung von 650 Lichtjahren und hat das Spektrum B 6 der sog. Heliumsterne mit einer effektiven Oberflächentemperatur von rund 20 000 °K. Die absolute Helligkeit beträgt −2,8 Größenklassen.

δ^1 TELESCOPII ist ein winziger Stern 5ter Größe und ebenso weit im Weltraum entfernt wie der vorher erwähnte Stern. Er hat ein ähnliches Spektrum und darüber hinaus einen unsichtbaren Begleiter, der jedoch aus der Bewegung der Spektrallinien bekannt ist. Wie die kleine Ziffer beim Buchstaben anzeigt, sieht man bei diesem Stern noch einen weiteren Stern, den man als zweite Komponente des Doppelsterns betrachten kann. Es handelt sich jedoch nur um einen optischen Doppelstern. Der erste befindet sich in einer Entfernung von 650 Lichtjahren, während der zweite, schwächere, viel weiter – 1088 Lichtjahre – im Raum steht.

ε TELESCOPII ist ein gelber Stern mit dem Spektrum der Klasse G 5, das dem Sonnenspektrum ähnelt. Seine Entfernung beträgt 300 Lichtjahre und seine absolute Helligkeit −0,2 Größenklassen, doch ist er aus der erwähnten Entfernung als Stern 4,60ter Größe sichtbar.

ξ TELESCOPII leuchtet in einer Entfernung von 365 Lichtjahren als Stern 4,14ter Größe mit dem Spektrum der kühleren orangefarbenen Sterne K 0. Seine absolute Helligkeit beträgt 0,8 Größenklassen.

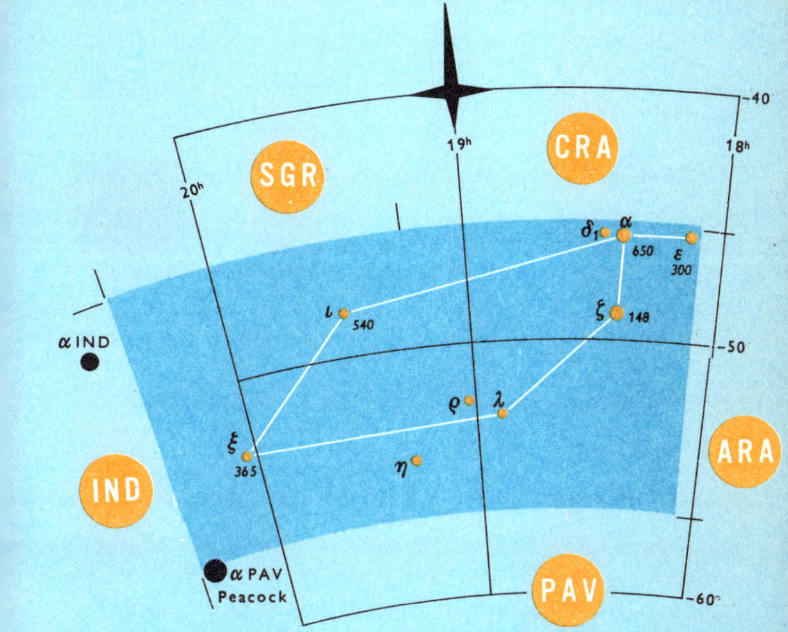

TELESCOPIUM

TRIANGULUM

Trianguli Tri Dreieck

Neben dem Sternbild Perseus und über dem Kopf des Widders leuchten drei schwache Sterne, die das ganze Sternbild repräsentieren. Sie bilden ein langgezogenes Dreieck. Die Griechen nannten es Deltoton, die Römer Triangulum und die Araber El Muthalleth, was ebenfalls Dreieck bedeutet. Aratos aus Soli beschreibt diesen Ort folgendermaßen: „In der Nähe der Andromeda ist die Insel Sizilien, die einem Dreieck ähnelt, dessen kürzerer Teil durch nahe aneinanderliegende Sternchen geschmückt ist.“ Uns interessieren aber nur die drei helleren Sterne des Dreiecks:

α TRIANGULI – METALLAH ist ein Zwergstern mit dem Spektrum F 2, in dem die Wasserstofflinien bereits schwächer werden und sich die Metallinien markanter zeigen. Die effektive Temperatur des Sternes beträgt ca. 7500 °K. Am Himmel sieht man ihn als Stern 3,58ter Größe. Er ist von uns 64 Lichtjahre entfernt. Die absolute Helligkeit wird mit 2,1 Größenklassen angegeben.

β TRIANGULI ist gleichfalls ein sog. Zwerg, aber mit dem Spektrum A 5, also ein Stern mit viel höherer Temperatur um 10 000 °K. Er ist von uns 230 Lichtjahre entfernt und leuchtet an unserem Himmel als Stern 3,08ter Größe. Die absolute Helligkeit beträgt −0,6 Größenklassen.

γ TRIANGULI, ein Stern mit höherer Temperatur als die unserer Sonne, jedoch in einer Entfernung von 109 Lichtjahren, von wo wir ihn als winzigen Stern 4,07ter Größe sehen. Die absolute Helligkeit ist mit 1,5 Größenklassen errechnet worden.

Was dem Dreieck an Zahl und Helligkeit der Sterne fehlt, ersetzt ein einziges Objekt, und zwar der große Spiralnebel M 33 (NGC 598). Er ist die zweitgrößte Galaxie nach dem großen Andromedanebel, den man in einer klaren Nacht mit bloßem Auge sehen kann. Besser erkennt man ihn mit einem Feldstecher. Der Schätzung nach ist der Triangulumnebel 1 750 000 Lichtjahre entfernt.

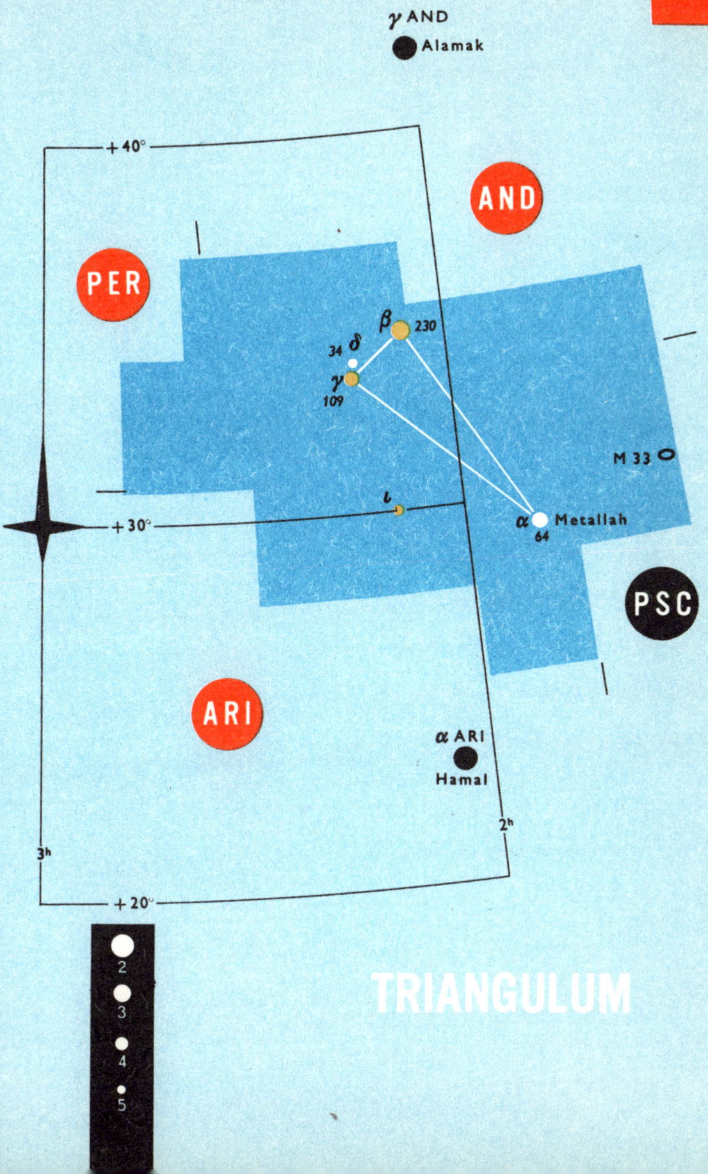
γ AND
Alamak
+40°
AND
PER
β
230
34 δ
γ
109
M 33
ι
+30°
α
Metallah
64
PSC
ARI
α ARI
Hamal
2h
3h
+20°
2
3
4
5

TRIANGULUM

TRIANGULUM AUSTRALE

Trianguli Australis TrA Südliches Dreieck

In Bayers „Uranometrie" ist das Sternbild des Südlichen Dreiecks als Gegenstück zum Dreieck am Nordhimmel eingezeichnet. Während in dem letztgenannten eine schöne Spiral-Galaxie späten Typs ist, wird auf dem südlichen Himmel das Dreieck von drei helleren Sternen repräsentiert.

α TRIANGULI AUSTRALIS ist von ihnen der hellste Stern, denn er leuchtet als Stern 1,88ter Größe mit dem Spektrum K 5. Sein orangefarbenes Licht steht in direktem Zusammenhang mit der effektiven Temperatur der Sternoberfläche von 4500 °K. Es braucht zu uns 99 Jahre. Die absolute Helligkeit beträgt — 0,5 Größenklassen.

β TRIANGULI AUSTRALIS. In einer Entfernung von 38 Lichtjahren leuchtet Beta TrA als Stern 3,04ter Größe. Die Temperatur, die der Spektralklasse F 0 entspricht, beträgt ungefähr 7500 °K. Die absolute Helligkeit ist nur um weniges größer und wird auf 2,7 Größenklassen geschätzt.

γ TRIANGULI AUSTRALIS. Von diesem Stern wissen wir nur, daß er in die Gruppe der Wasserstoffsterne gehört. Seine Oberflächentemperatur erreicht ungefähr 10 000 °K.

δ TRIANGULI AUSTRALIS ist eine Art Ergänzung — ein etwas schwächeres Mitglied — der drei Sterne des Dreiecks. Er leuchtet als Stern 4,03ter Größe, und sein Spektrum G 0 ist dem der Sonne ähnlich. Aus einer Entfernung von 32,6 Lichtjahren würde er als Stern erster Größe leuchten. Seine wirkliche Entfernung beträgt 131 Lichtjahre.

Im Sternbild sind mehrere veränderliche Sterne des Delta Cephei-Typs, doch ist ihre Helligkeit im Maximum um eine ganze Klasse niedriger als man sie mit dem bloßen Auge beobachten könnte.

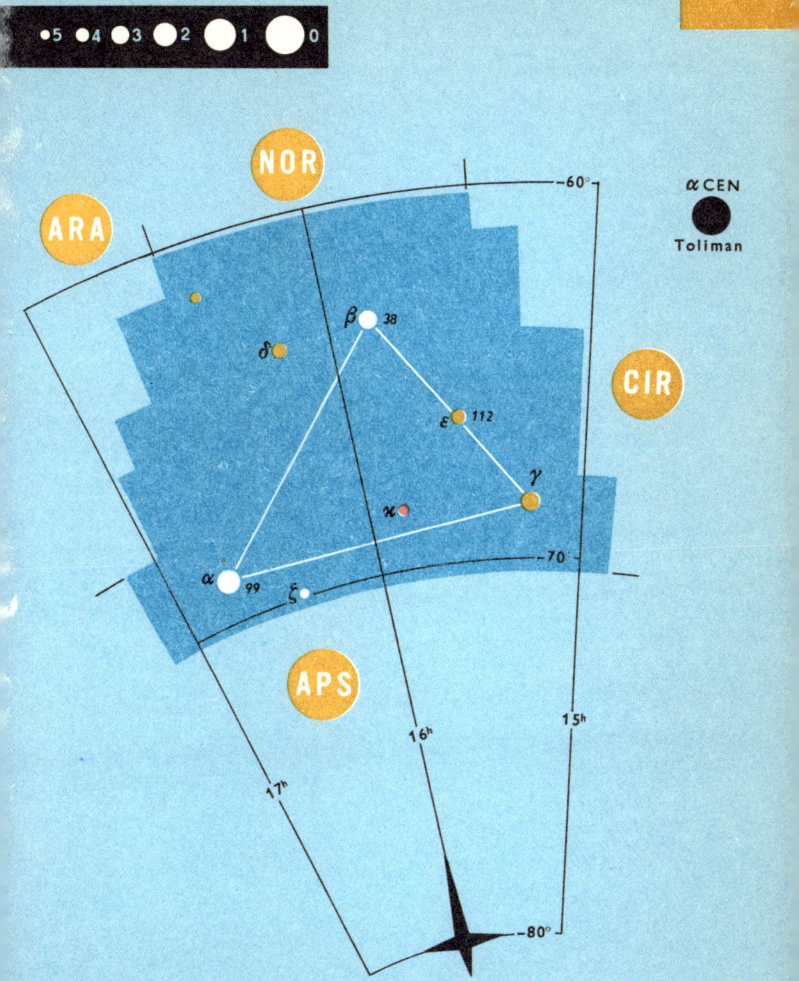

TRIANGULUM AUSTRALE

TUCANA

Tucanae   Tuc   Tukan

Daß der Tukan, wie wir ihn heute gut aus den zoologischen Gärten kennen, an den Himmel unter die Sterne kam, ist das Verdienst Johann Bayers. Man findet ihn zwischen dem Sternbild Kranich und der ebenfalls zu diesem Sternbild gehörenden Kleinen Magellanschen Wolke, die südlich von den Hauptsternen des Tukans liegt.

α TUCANAE ist ein Stern 2,91ter Größe in einer Entfernung von 142 Lichtjahren. Die absolute Helligkeit beträgt −0,3 Größenklassen. Mit seinem Spektrum K 5 gehört er zu den etwas kühleren Sternen, wenn man einen Stern, dessen Oberflächentemperatur 4500 °K beträgt, so nennen darf.

$\beta^{1,2}$ TUCANAE ist ein Doppelstern, dessen Komponenten ungefähr gleich hell – 4,52 und 4,48 Größenklassen – sind. Sie haben das gleiche Spektrum des Typs B 9 mit einer effektiven Temperatur um 20 000 °K. Beide Komponenten sind, wie es nicht anders sein kann, 148 Lichtjahre von uns entfernt.

δ TUCANAE leuchtet an unserem Himmel als Stern 4,80ter Größe in einer Entfernung von 220 Lichtjahren. Das Spektrum ist vom Typ B 9 der sog. Heliumsterne. Seine absolute Helligkeit beträgt 0,7 Größenklassen.

47 TUCANAE NGC 104 ist ein schöner Kugelsternhaufen 3ter Größe, der einer Fläche von 23′ einnimmt. Zusammen mit dem weniger effektvollen Kugelsternhaufen NGC 362 liegt er im Gebiet der Kleinen Magellanschen Wolke.

Die KLEINE MAGELLANSCHE WOLKE (SMC) ist eine unregelmäßige Galaxie, die viele Astronomen als Begleiter unserer Galaxie betrachten. Beide Wolken ersetzen den Seefahrern den Polarstern, denn sie befinden sich unweit des Himmelssüdpols.

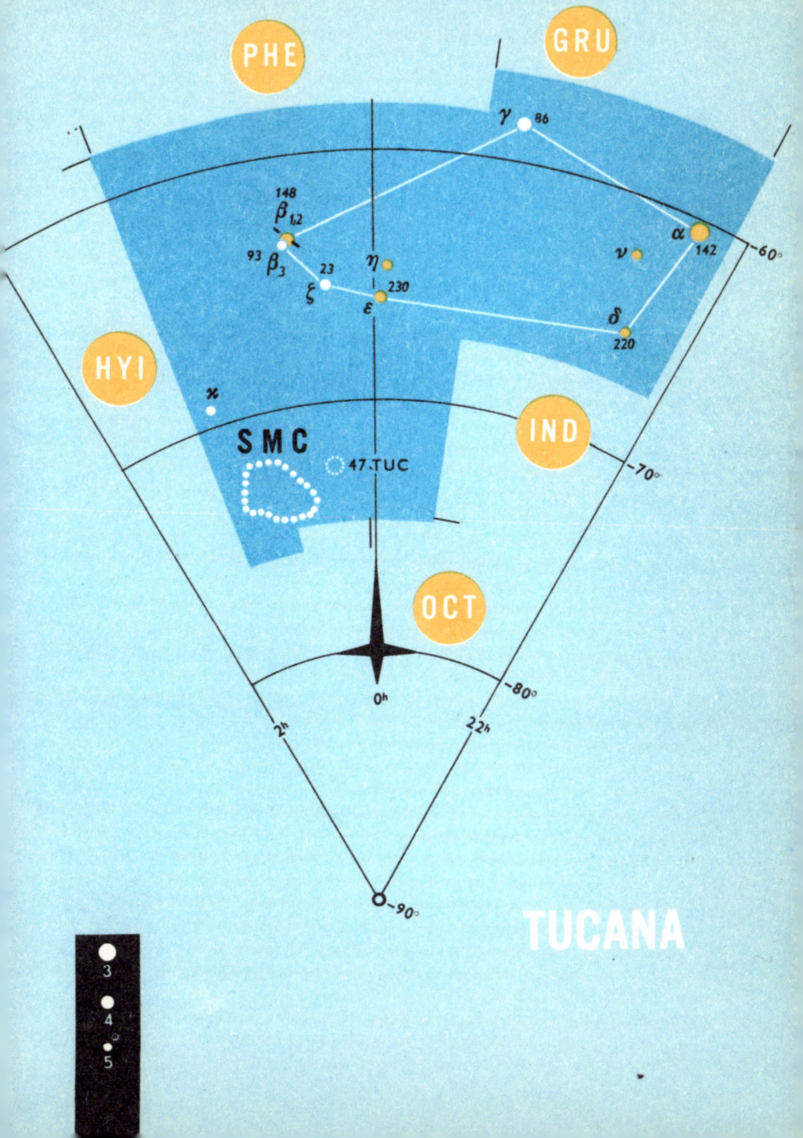
PHE
GRU
γ
86
148
β1,2
93
β3
23
ξ
η
230
ε
α
142
ν
δ
220
-60°
HYI
κ
SMC
47 TUC
IND
-70°
OCT
0h
-80°
2h
22h
-90°
3
4
5

TUCANA

URSA MAIOR

Ursae Maioris UMa Großer Bär

Im Laufe der menschlichen Zivilisation wechselte dieses Sternbild mehrmals den Namen.

α URSAE MAIORIS – DUBHE, der hellste Stern des UMa, ist ein Riese der Spektralklasse K 0. 142 Lichtjahre entfernt, leuchtet er als Stern 1,95ter Größe. Er ist ein Doppelstern, dessen Komponenten sich einmal in 44 Jahren um einen gemeinsamen Schwerpunkt drehen.

β URSAE MAIORIS – MERAK ist ein Riesenstern der Spektralklasse A 1, der aus einer Entfernung von 76 Lichtjahren als Stern 2,44ter Größe leuchtet. In einer Entfernung von 10 Parsec wäre er so hell wie der Stern Kapella. Die Sterne Merak, Phekda, Dubhe und Megrez befinden sich im Rücken des Großen Bären.

γ URSAE MAIORIS – PHEKDA - Tatzen - leuchtet wie ein Stern 2,54ter Größe aus einer Entfernung von 80 Lichtjahren. Seine absolute Helligkeit beträgt 0,6 Größenklassen. Spektrum A0.

δ URSAE MAIORIS – MEGREZ - Keule - ist der schwächste Stern im Wagenkasten mit einer scheinbaren Helligkeit von 3,44 Größenklassen. Absolute Helligkeit 1,6 Größenklassen. Entfernung 76 Lichtjahre.

ε URSAE MAIORIS – ALIOTH - Schwanz - ist ein spektroskopischer Doppelstern vom Typ A 0. Die visuelle Helligkeit beträgt 1,68 Größenklassen, die absolute 0,2 Größenklassen. Entfernung 78 Lichtjahre.

η URSAE MAIORIS – BENETNASH ist der Schlußstern im Schwanz des Bären. Das Licht gelangt zu uns in 163 Jahren, er hat das Spektrum B 3 und leuchtet als Stern 1,91ter Größe. Absolute Helligkeit —1,6 Größenklassen.

ζ URSAE MAIORIS – MIZAR ist das komplizierteste System im UMa. Im Jahre 1889 wurde in seinem Spektrum A 2 die Bewegung zweier weiteren Komponente gleichen Spektrums festgestellt. Die Entfernung des ganzen Systems 78—80 Lichtjahre.

80 URSAE MAIORIS – ALCOR - Reiterlein - bildet mit dem oben genannten Stern einen mit bloßem Auge leicht sichtbaren Doppelstern.

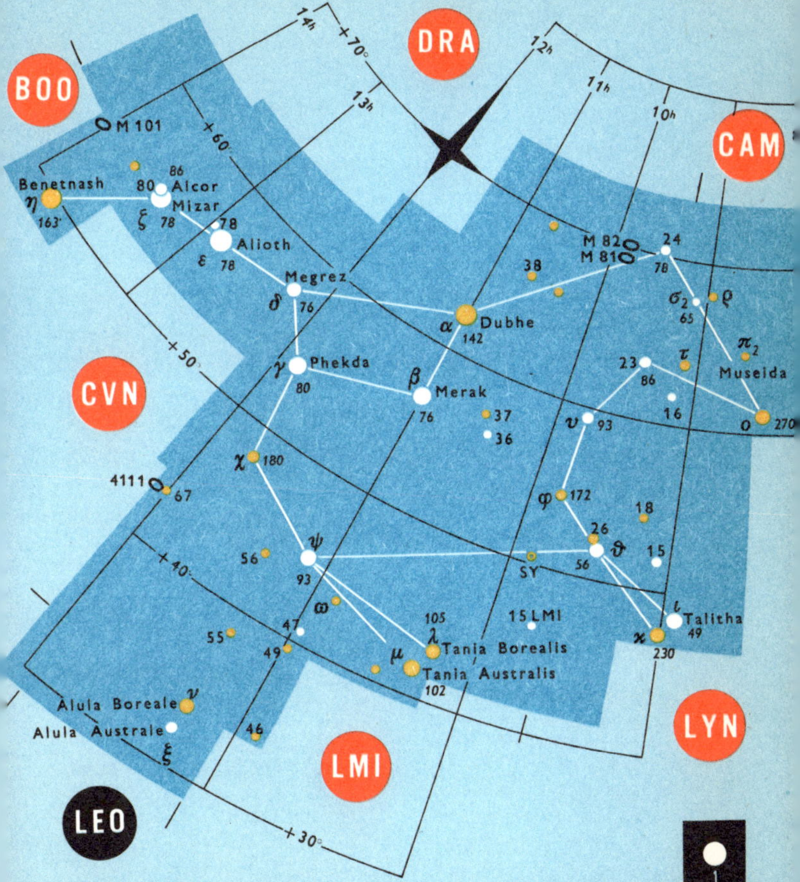
DRA
BOO
CAM
CVN
LYN
LMI
LEO
14h
13h
12h
11h
10h
+70°
+60°
+50°
+40°
+30°
M 101
Benetnash
η
163
86
80
Alcor
Mizar
ζ
78
78
Alioth
ε
78
Megrez
δ
76
Dubhe
α
142
38
M 82
M 81
24
78
σ2
65
ρ
π2
Museida
τ
23
86
16
o
270
Phekda
γ
80
β
Merak
76
37
36
υ
93
χ
180
4111
67
φ
172
18
26
ϑ
56
15
SY
ψ
93
56
ω
15 LMI
ι
Talitha
49
ϰ
230
105
λ
Tania Borealis
μ
Tania Australis
102
55
47
49
Alula Boreale
ν
Alula Australe
ξ
46

1
2
3
4
5

URSA MAIOR

URSA MINOR

Ursae Minoris UMi Kleiner Bär

α URSAE MINORIS – POLARIS – CYNOSURA ist ein Riese der Spektralklasse F 8 in einer Entfernung von 470 Lichtjahren. Die Geographen nannten ihn „Stella polaris" – Polarstern. Er war für sie der Ort, auf den die gedachte Erdachse hinzielt.

Der Polarstern ist ein Veränderlicher, der binnen 31,97 Tage sein Licht von 2,1ter auf 2,2te Größe ändert.

β URSAE MINORIS – KOCHAB ist ein Gigant der Spektralklasse K 4, zu dem das Licht von unserer Sonne 105 Jahre braucht. Der Stern weist an unserem Himmel eine Helligkeit von 2,24 Größenklassen auf. Aus der Entfernung von 10 Parsec würde er wie Arktur im Sternbild Bärenhüter strahlen.

γ URSAE MINORIS – PHERKAD. Zu uns wandert das Licht 180 Jahre. Wir sehen ihn als Stern 3,14ter Größe, seine absolute Helligkeit würde jedoch dem Licht des hellen Sterns Kapelle im Sternbild Fuhrmann gleich sein. Physikalisch gehört er in die Spektralklasse A 2.

ε URSAE MINORIS ist ein gelber Riese mit dem Spektrum G 1. Er gehört zum Typ der Bedeckungsveränderlichen mit einer Periode von 39,5 Tagen. Mit bloßem Auge kann man den kleinen Unterschied in der Helligkeit nicht wahrnehmen, denn er beträgt nur ein Zehntel der Sterngröße. Der Stern ist 300 Lichtjahre von uns entfernt.

ζ URSAE MINORIS ist ein Stern mit dem Sternspektrum A 2 mit hoher Oberflächentemperatur, dessen scheinbare Helligkeit aus einer Entfernung von 220 Lichtjahren 4,34 Größenklassen beträgt. Der absoluten Helligkeit nach würde er wie der helle Stern Arktur im Sternbild Bärenhüter leuchten.

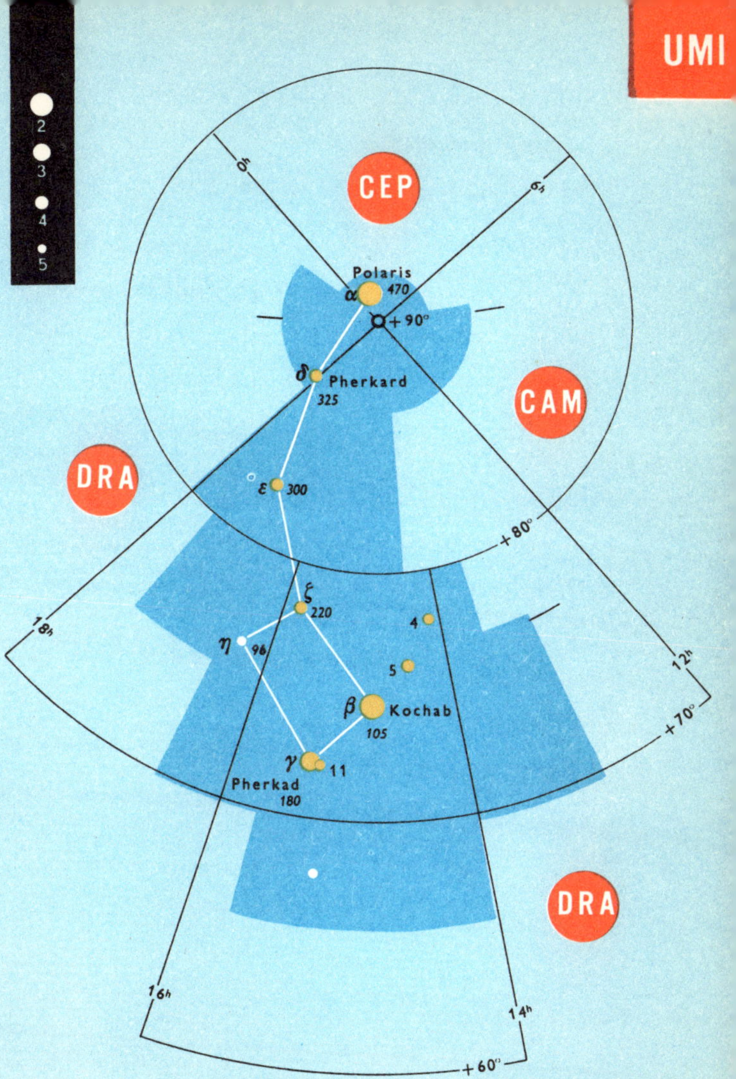
2
3
4
5
CEP
CAM
DRA
DRA
Polaris
470
+90°
Pherkard
325
300
220
96
4
5
Kochab
105
11
Pherkad
180
0h
6h
12h
14h
16h
18h
+80°
+70°
+60°

URSA MINOR

VELA

Velorum Vel Segel des Schiffes

Das Sternbild Segel ist ein Rest des parzellierten Argonauten-Schiffes.

$\gamma^{1,2}$ VELORUM. In einer Entfernung von 650 Lichtjahren bewegt sich eine Gruppe von Sternen durch den Weltraum, von denen zwei von der Erde selbst mit dem schwächsten Fernrohr als Doppelstern zu sehen ist. Die Sterne sind voneinander scheinbar 41″ entfernt und fast gleich hell. Sie gleichen Sternen 2,2 Größe, und gehören ihrem Spektrum nach in die Gruppe B 3 mit einer Oberflächentemperatur von ca. 20 000 °K. Zu diesem System gehören noch zwei weitere Sterne, ein sehr heißer mit einer Oberflächentemperatur von 50 000 °K und ein sog. Heliumstern mit einer Oberflächentemperatur von ca. 20 000 °K.

δ VELORUM. Aus der Entfernung von 63 Lichtjahren leuchtet er als Stern 2,01ter Größe. Spektrum A 0 der Wasserstoffsterne. Absolute Helligkeit 0,4 Größenklassen.

λ VELORUM – ALSUHAIL. Er ist ein roter Riese der Spektralklasse K 4. Scheinbare Helligkeit 2,22 aus der Entfernung von 820 Lichtjahren. Absolute Helligkeit −5,0 Größenklassen.

μ VELORUM ist so weit entfernt, daß das Licht zu uns 105 Jahre läuft. Scheinbare Helligkeit 2,84 Größenklassen, absolute Helligkeit 0,3 Größenklassen. Spektrum vom Sonnentyp G 5 (Sonne G 2) mit effektiver Temperatur um 6000 °K.

$\varkappa$ VELORUM ist ein Stern mit dem Spektrum B 3 der sog. Heliumsterne mit einer Temperatur von 20 000 °K. Er ist von uns 190 Lichtjahre entfernt, und wir sehen ihn als Stern 2,63ter Größe. Die absolute Helligkeit beträgt −1,2 Größenklassen.

φ VELORUM ist ein Doppelstern 3,64ter und 4,2ter Größe; die Sterne umlaufen einen gemeinsamen Schwerpunkt einmal in 50 Jahren. Im Periastron befanden sie sich im Jahre 1969. Das Spektrum der beiden Komponenten gehört zum Typ der Zwergsterne der Klasse A 7. Die Entfernung beträgt 50 Lichtjahre.

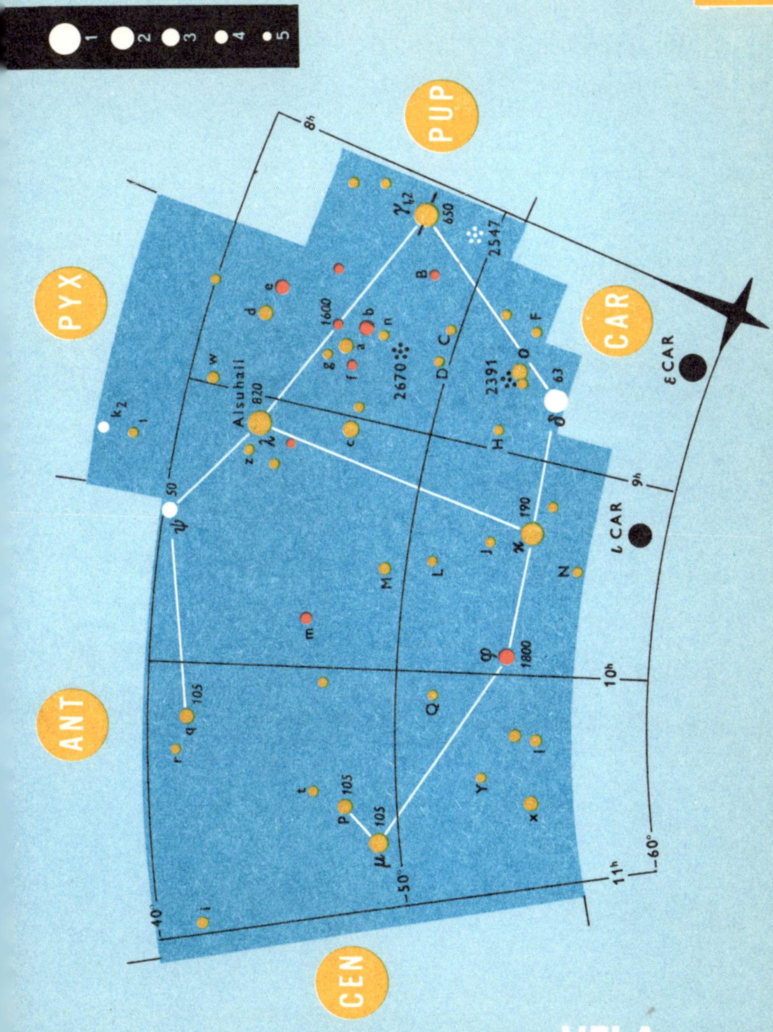
1
2
3
4
5
PUP
PYX
CAR
ANT
CEN
ε CAR
ι CAR
Alsuhail
820
2670
2391
2547
1600
1800
190
650
63
50
105
8h
9h
10h
11h
-40°
-50
-60°

VELA

VIRGO

Virginis Vir Jungfrau

In das sechste Zeichen des Tierkreises steigt die Sonne in der Zeit der Wintersonnenwende. Nach dem Mythus ist das Zeichen der Jungfrau ein Andenken an die Göttin der Gerechtigkeit, Astraei, die in der goldenen Zeit der Antike verehrt wurde.

α VIRGINIS – SPICA, lateinisch Ähre - ist der hellste Stern, der aus der Entfernung von 220 Lichtjahren als Stern 1,21ter Größe leuchtet. Würde er sich auf die Entfernung von 32,6 Lichtjahren nähern, dann wäre er viel heller als der Sirius. Spica ist wahrscheinlich ein Bedeckungsveränderlicher. Beide unsichtbaren Komponenten verrät die Linienverschiebung im Sternspektrum. Die Umlaufperiode dauert 4 Tage.

β VIRGINIS – ZAVIJAH – ALARAPH bezeichnete nach arabischen Sterndeutern den Ort, wo der Mond am stärksten das Glück jener Menschen beeinflußte, die im Haus der Jungfrau geboren wurden. In Wirklichkeit handelt es sich um eine Zwergsonne der Spektralklasse F 8. Ein interessanter Stern ist er auch deshalb, weil seine scheinbare und absolute Helligkeit die eines Sternes 3,8ter Größe ist. Das bedeutet, daß der Stern ungefähr 10 Parsec von uns entfernt ist.

γ VIRGINIS – PORRIMA – ARICH, zwei Zwergsonnen der Spektralklasse F 0, die einen gemeinsamen Schwerpunkt einmal in 172 Jahren umlaufen. Beide sind 3,6ter Größe und gleich hell. Gegenwärtig beträgt ihr Abstand 5,2″. Ihr Licht braucht nur 35 Jahre, um zu uns zu gelangen.

ε VIRGINIS – VINDEMIATRIX, die weibliche Form von Vindemiator, der lateinische Ausdruck für Weinbauer. Der morgendliche Aufgang war das Zeichen für den Beginn der Weinlese. Vindemiatrix ist ein gelber Riese der Klasse G 6. Entfernung 93 Lichtjahre.

Im Sternbild Jungfrau gibt es eine große Zahl entfernter Galaxien. Es sind hier rund 3000 Mitglieder angehäuft, von denen 30 durch ein mittelgroßes Fernrohr sichtbar sind.

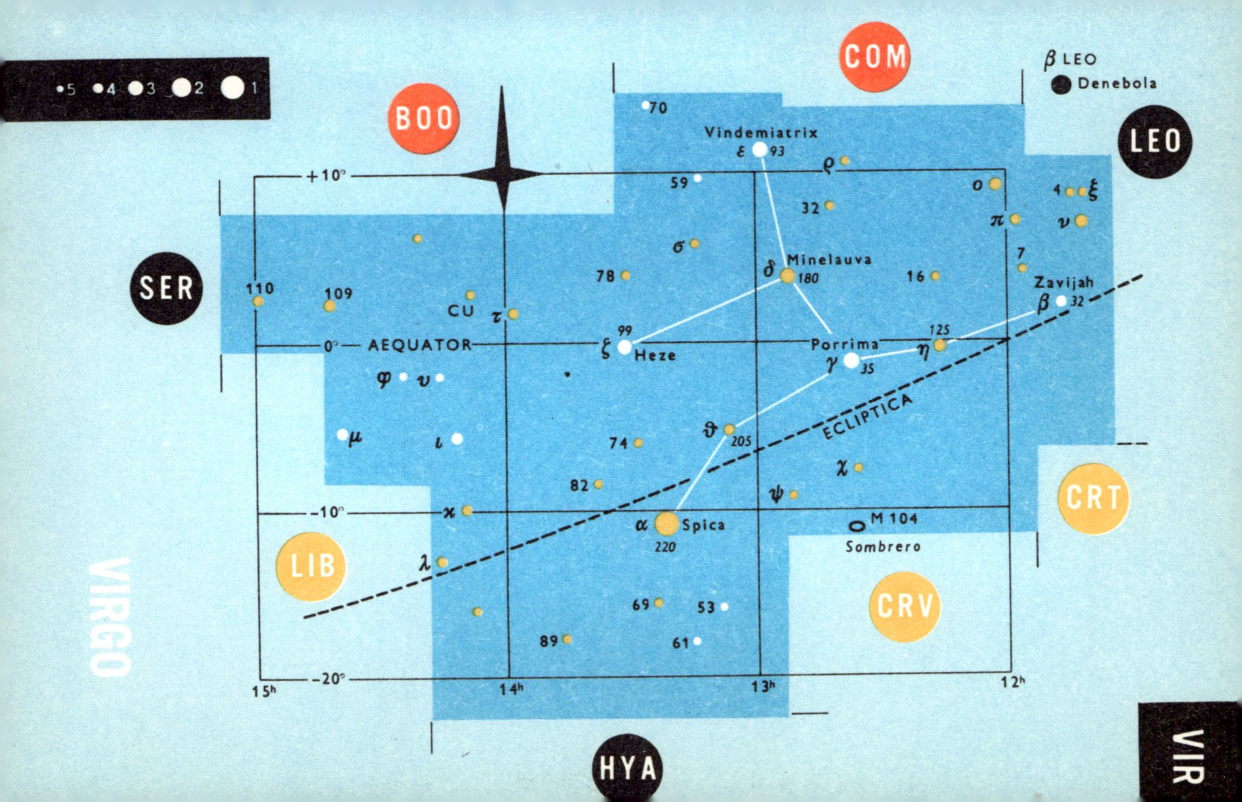
5
4
3
2
1
BOO
COM
β LEO
Denebola
LEO
SER
Vindemiatrix
ε 93
70
ρ
59
32
o
4
ξ
π
ν
σ
δ
Minelauva
180
7
16
Zavijah
β
32
78
110
109
CU
τ
99
ζ
Heze
Porrima
γ
35
125
η
+10°
0°
AEQUATOR
φ
υ
μ
ι
ϑ
205
ECLIPTICA
74
χ
82
ψ
-10°
κ
α
Spica
220
M 104
Sombrero
λ
LIB
69
53
CRV
CRT
89
61
-20°
15h
14h
13h
12h
HYA
VIRGO
VIR

VOLANS

Volantis Vol Fliegender Fisch

In Bayers „Uranometrie" ist wahrscheinlich zum ersten Mal das Sternbild Fliegender Fisch eingezeichnet.

α VOLANTIS ist 69 Lichtjahre von unserer Sonne entfernt, und seine scheinbare Helligkeit beträgt 4,18 Größenklassen. Aus einer Entfernung von 32,6 Lichtjahren würde er wie Alpha Centauri strahlen. Seinem Spektrum nach gehört er zu den weißen Sternen A 5 mit einer Temperatur um 10 000 °K.

β VOLANTIS ist heller als der obengenannte Alpha des gleichen Sternbildes, denn er leuchtet als Stern 3,65ter Größe. Er gehört zu den Sternen mit dem Spektrum K 1, die eine niedrigere Temperatur als die Sonne aufweisen. Von ihm trennen uns 112 Lichtjahre.

γ^1 VOLANTIS hat eine Helligkeit von 5,81 Größenklassen. Entfernung 130 Lichtjahre. Spektral gehört er zum Typ G 0. Seine absolute Helligkeit beträgt 2,8 Größenklassen. Mit dem folgenden Stern γ^2 Volantis bildet er einen leicht erkennbaren Doppelstern.

γ^2 VOLANTIS ist eine Komponente des Doppelsternes. Er hat eine scheinbare Helligkeit von 3,87 Größenklassen, das Spektrum F 5 und eine absolute Helligkeit von 0,9 Größenklassen und leuchtet aus der Entfernung von 130 Lichtjahren.

δ VOLANTIS. Tief oder besser gesagt tiefer im galaktischen Raum, wohin das Licht in 1100 Jahren gelangt, leuchtet er als Stern 4,02ter Größe. Sein Spektrum gehört zum Typ F 5, in dem die Metallinien am stärksten sind und sich gleichzeitig auch Absorptionsbänder der Moleküle zu zeigen beginnen. Versetzt in eine Entfernung von 32,6 Lichtjahren würde Delta Volantis wie der Planet Venus leuchten.

ζ VOLANTIS. In einer Ferne von 116 Lichtjahren leuchtet er als Stern 3,89ter Größe. Seinem Spektrum nach gehört er zur Klasse K 0 der Sterne mit niedrigerer Oberflächentemperatur als die der Sonne. Die absolute Helligkeit beträgt 1,1 Größenklassen.

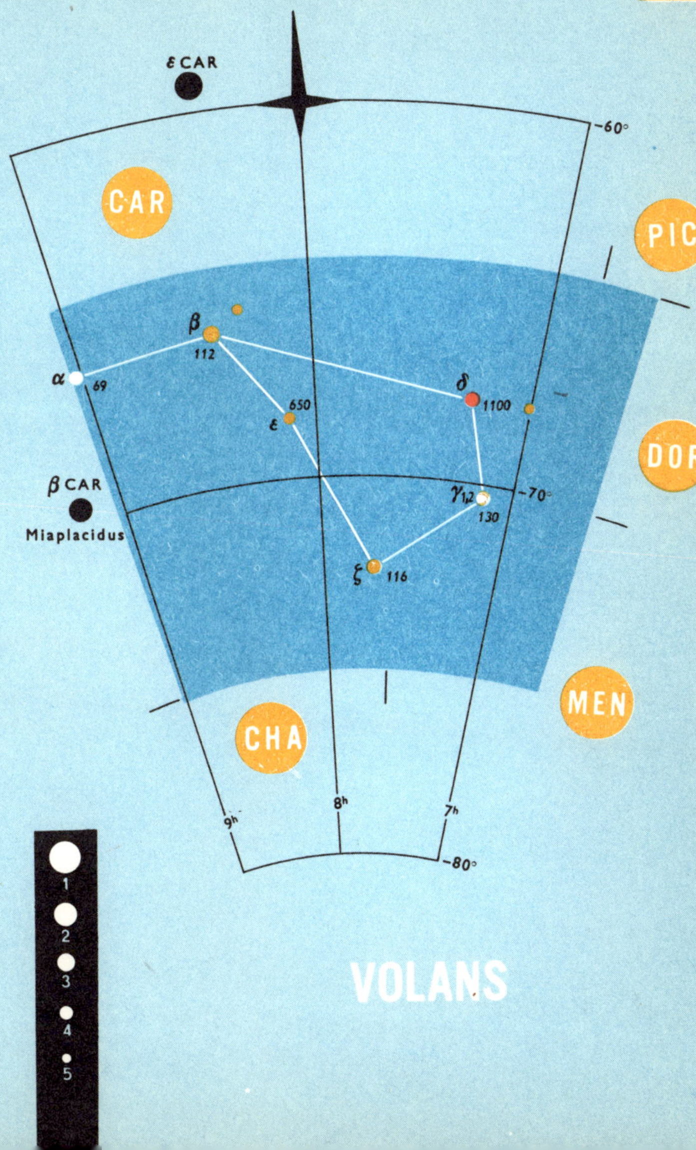
ε CAR
-60°
CAR
PIC
β
112
α
69
δ
1100
650
ε
DOR
β CAR
Miaplacidus
$\gamma_{1,2}$
-70°
130
ζ
116
MEN
CHA
9h
8h
7h
-80°
1
2
3
4
5

VOLANS

VULPECULA

Vulpeculae   Vul   Fuchs

Johannes Hevelius war nicht nur ein sehr guter Beobachter des Himmels, sondern er konstruierte und baute auch Meßgeräte. Außerdem war er ein ausgezeichneter Graphiker. Was ihm jedoch völlig fehlte, war Phantasie, als er einen Ort am Himmel, der seit jeher zum Schwan gehört, als Sternbild „Vulpecula cum ansere“ oder Fuchs mit Gans benannte. Die moderne Zeit befreite sich zwar von der Gans, aber das Sternbild Fuchs wurde laut Beschluß der Internationalen Astronomischen Union am Himmel belassen. Stellar ist es ein wenig bedeutendes Sternbild, und unser Interesse beschränkt sich auf nur einen einzigen Stern:

α VULPECULAE. Er leuchtet an unserem Himmel als Stern 4,63ter Größe. Das Licht braucht zu uns 270 Jahre. Der Stern ist ein roter Riese der Spektralklasse M 1 mit einer Temperatur von rund 3500 °K. Absolute Helligkeit 0,0.

Ein weit bedeutenderes Objekt im Sternbild Fuchs ist der große planetarische Nebel M 27 (NGC 6853). Dieser Nebel wird Dumbbell genannt (eine Art englische Hantel) und weist die scheinbare Größe 480″ zu 240″ auf. Seine Helligkeit beträgt 7,6 Größenklassen. Der Nebel befindet sich in der Entfernung von 150 Parsec. Will man etwas von seiner Form wahrnehmen, so muß man ein mittelgroßes Fernrohr benützen.

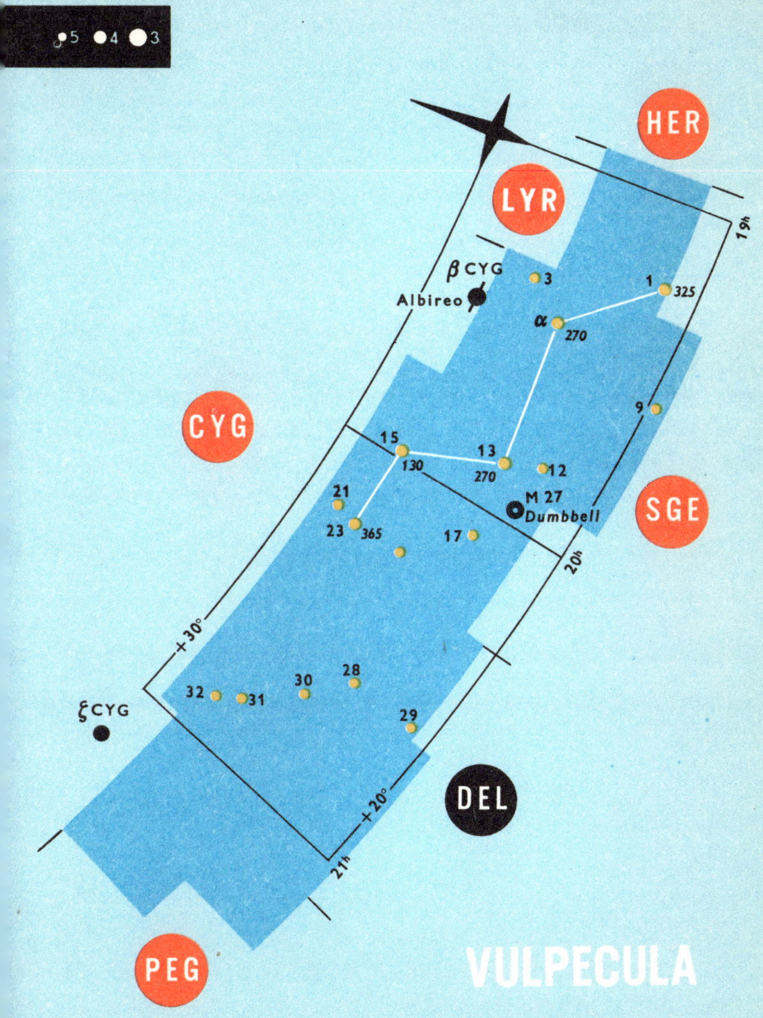

5 4 3
HER
LYR
19h
β CYG
Albireo
3
1
325
α
270
CYG
9
15
130
13
270
12
M 27
Dumbbell
SGE
21
23
365
17
20h
+30°
32
31
30
28
29
ξ CYG
DEL
+20°
21h
PEG

VULPECULA

ERKLÄRUNGEN

ABSOLUTE HELLIGKEIT (Sterngröße)
ist die Helligkeit (magnitudo), die der Stern hätte, wenn man ihn in eine Entfernung von 10 Parsec versetzen würde. Die absolute Helligkeit bedeutet also nicht den Sterndurchmesser, sondern sie beschreibt seine Leuchtkraft. Bezeichnet man die absolute Helligkeit mit M, dann gilt $M = m + 5 - 5 \log d$, wobei m = scheinbare Helligkeit und d = die Entfernung des Sternes in Parsec ist.

ABSORPTIONSSPEKTRUM
dunkle Linien und Banden auf hellem Hintergrund. Es entsteht dadurch, daß sich zwischen der glühenden Quelle und dem Beobachter ein kühlerer oder kalter Stoff befindet. Die in ihm enthaltenen Elemente senden Licht von geringerer Intensität aus, und deshalb erscheinen die von ihnen stammenden Linien dunkel.

ALIGNEMENT
Verbindungslinie gewöhnlich sehr heller Sterne, die zu einem Sternbild vereinigt sind.

ALMUKANTARAT
eine Reihe von Punkten, die die gleiche Höhe über dem Horizont aufweisen (Azimutalkreis).

ANGEREGTES ATOM
ein Atom, bei dem durch äußere Energie (Strahlung, Stoß u. ä.) der Übergang eines Elektrons auf ein höheres Niveau angeregt wurde. Die Rückkehr auf das ursprüngliche Niveau führte zur Ausstrahlung eines Photons.

ÄQUINOKTIALKOLUR
der Stundenkreis, der durch den Frühlingspunkt geht.

ASTRONOMISCHER LÄNGENKREIS, MERIDIAN
Schnittlinie der örtlichen Längenkreisebene mit der Himmelssphäre. Eine der Grundkoordinatenlinien des Horizontalsystems und des Äquatorialsystems zweiter Ordnung. Siehe Koordinatensysteme.

ASTROPHYSIK
ein Zweig der Astronomie. Sie befaßt sich mit der Untersu-

chung der physikalischen Eigenschaften der Körper im Weltraum und der physikalischen Phänomene, die in ihm verlaufen.

AZIMUT
der Winkel (mit der Spitze im Zenit), den der Vertikalkreis eines Gestirns mit dem astronomischen Meridian einschließt. Es wird in Graden von 0 bis 360° von Süden über Westen, Norden und Osten gemessen und ist eine der Koordinaten des Horizontalsystems.

BANDENSPEKTRUM
senkrechte Banden, die bei eingehenderer Untersuchung aus dicht gedrängten Linien zusammengesetzt sind. Sie werden von Gasmolekülen gebildet.

BEZEICHNUNG DER STERNE
helle Sterne sind in Karten entweder mit ihren Namen (meist von alter Herkunft) oder mit Buchstaben des griechischen Alphabets (eingeführt von J. Bayer), oder aber mit fortlaufenden Nummern aus dem Flamsteed-Katalog eingezeichnet. Die Flamsteed-Nummern sind auch in unseren Karten angewendet worden und sind mit unterschiedlichen Lettern gedruckt als die Angaben über die Entfernungen der Sterne.

CHARAKTERISTIK DES STERNES
Größenwert, der eine bestimmte Eigenschaft des Sternes angibt. Es sind: Ort, Entfernung, scheinbare und absolute Helligkeit, Temperatur (Farbe), Masse, Durchmesser.

CHROMOSPHÄRE
Übergangsschicht in der Sonnen-(Stern)atmosphäre zwischen der Photosphäre und der Korona.

DEKLINATION
Winkelabstand eines Gestirns vom Himmelsäquator, d. h. Winkel, den die Verbindungslinie Beobachter – Stern mit der Ebene des Himmelsäquators einschließt. Sie wird in Graden gemessen, und zwar in Richtung zum Nordpol positiv, in Richtung zum Südpol negativ. Die Deklination ist eine der Koordinaten des Äquatorialsystems erster und zweiter Ordnung. Sie wird mit dem griechischen Kleinbuchstaben Delta (δ) bezeichnet.

EKLIPTIK
1. Die Bahn, auf der die Erde die Sonne umläuft.
2. Hauptkreis am Himmel, auf dem die Sonne scheinbar

während des Jahres umläuft. Sie geht durch folgende Gestirne: Widder, Stier, Zwillinge, Krebs, Löwe, Jungfrau, Waage, Skorpion, Schütze, Steinbock, Wassermann, Fische.

ELEKTRON
Elementarteilchen der Ladung. Es hat eine 1840mal kleinere Masse als das Proton, d. h. $9{,}1 \cdot 10^{-28}$ Gramm. Die negative elektrische Ladung ist $-1{,}6 \cdot 10^{-19}$ sC. Das Elektron ist an ein bestimmtes energetisches Niveau in der Atomhülle gebunden; durch Lieferung von äußerer Energie weicht das Elektron in eine Bahn, die dem Kern entlegen ist. Im Gegenteil beim Elektronenübergang in eine nähere Bahn zum Kern wird Energie ausgelöst, die entweder in Form von Lichtquantum ausgestrahlt wird oder einem anderen Teil im Gas übergeben wird.

EMISSIONSSPEKTRUM
helle Linien auf dunklem Hintergrund. Entsteht durch Zerlegung des Lichtes eines glühenden Gases.

EPHEMERIDE
Voraussage der Stellung und der Bewegung der Himmelskörper. In der Regel werden die Ephemeriden im vorhinein für das Kalenderjahr veröffentlicht.

ERDÄQUATOR
Schnittlinie der Erdoberfläche mit einer durch den Erdmittelpunkt senkrecht auf die Erdachse gelegten Ebene.

ERDPOLE (GEOGRAPHISCHE)
Schnittpunkte der Erdachse mit der Erdoberfläche.

FRÜHLINGSPUNKT
einer der Schnittpunkte der Ekliptik mit dem Himmelsäquator. Die Sonne befindet sich im Frühlingspunkt im Augenblick der Tagundnachtgleiche (Äquinoktium — um den 21. März).

GALAXIE
ein Sternsystem in Form einer Scheibe, das 100 bis 150 000 000 000 Sterne, Nebel und Sternhaufen enthält. Die Sonne ist ein Stern einer solchen Galaxie. Der Durchmesser unserer Galaxie, auch das Milchstraßensystem genannt, beträgt 100 000 Lichtjahre. Im Weltraum gibt es eine Menge weiterer Galaxien. Sie werden in der Literatur auch Spiralnebel oder extragalaktische Nebel genannt. Nähere Erklärung siehe Seite 32.

GEOGRAPHISCHE BREITE
Winkel, den die Verbindungslinie Erdmittelpunkt – Ort auf der Erde mit der Ebene des Erdäquators einschließt. Sie wird in Graden vom Erdäquator gemessen, und zwar positiv (+) in Richtung zum jeweiligen Nordpol und negativ (–) in Richtung zum jeweiligen Südpol.

GEOGRAPHISCHE LÄNGE
Winkel mit dem Scheitel am Erdmittelpunkt, den der Ortsmeridian mit dem Nullmeridian (Greenwich) einschließt. Sie wird in Graden, u. zw. nach Osten und Westen von Greenwich, gemessen.

GRIECHISCHES ALPHABET

α	A	Alpha	ι	I	Jota	ϱ	P	Rho
β	B	Beta	ϰ	K	Kappa	σ	Σ	Sigma
γ	Γ	Gamma	λ	Λ	Lambda	τ	T	Tau
δ	Δ	Delta	μ	M	My	υ	Υ	Ypsilon
ε	E	Epsilon	ν	N	Ny	φ	Φ	Phi
ζ	Z	Zeta	ξ	Ξ	Xi	χ	X	Chi
η	H	Eta	o	O	Omikron	ψ	Ψ	Psi
ϑ	Θ	Theta	π	Π	Pi	ω	Ω	Omega

HELIAKISCHER AUFGANG
erster Aufgang des Sternes nach der Zeit seiner Unsichtbarkeit, die dadurch verursacht wird, daß sich die Sonne während des Jahres scheinbar zwischen den Sternen bewegt und daß während einer bestimmten Zeit das Licht der Sterne in der Sonnenumgebung überstrahlt wird. So ist z. B. Ende Juni der Orion unsichtbar, denn die Sonne leuchtet direkt über ihm in den Zwillingen.

HELIAKISCHER UNTERGANG
der letzte sichtbare Untergang des Sternes von der Zeitspanne seiner Unsichtbarkeit.

HIMMELSÄQUATOR
Schnittlinie der Himmelsäquatorebene mit der Himmelssphäre. Er teilt den Himmel in eine nördliche und eine südliche Hälfte. Eine der Grundlinien der Äquatorialsysteme.

HIMMELSPOLE
Schnittpunkte der Himmelsachse (auch der Erdachse) mit der Himmelssphäre.

HÖHE DES STERNES
der Winkel, den die Verbindungslinie Beobachter — Stern mit der waagerechten Ebene einschließt. Er wird in Graden gemessen. Steht der Stern über dem Horizont, so ist die Höhe positiv, ist er unter dem Horizont, so ist sie negativ. Die Höhe ist eine der Koordinaten des Horizontalsystems. Siehe Koordinatensysteme.

ION
Atom, das ein oder mehrere Elektronen gewonnen oder verloren und somit nach außen eine positive oder negative Ladung erhalten hat. Ein nicht ionisiertes Atom verhält sich nach außen hin elektrisch neutral.

KONTINUIERLICHES SPEKTRUM
ein lückenloses Band von Farben in der Reihenfolge: Violett, Blau, Grün, Gelb, Orange, Rot. Bei eingehender Untersuchung kann man feststellen, daß es sich aus einem System von Linien und Bändern zusammensetzt. Aus den Teilen unter der Oberfläche des Sternes tritt Licht aus, das bei Zerlegung ein kontinuierliches Spektrum liefert. Die Atmosphäre des Sterns, die kühler ist, zeigt sich als System von Absorptionslinien. Aus dem Spektrum kann man unter anderem auch die Zusammensetzung der Sternatmosphären, die Temperatur des Sternes, die Rotationsgeschwindigkeit, die Geschwindigkeit des Entfernens und des Näherns der Sterne, die Doppelsterne usw. feststellen.

KOORDINATENSYSTEME

Benennung	Grundlinie	Anfang	Koordinate
Horizontal-system	Horizont Meridian	Südpunkt	Azimut a Höhe h
Äquatorial-system erster Ordnung	Himmels-äquator Meridian	Schnittpunkt der Grundlinien	Deklination δ Stunden-winkel τ
Äquatorial-system zweiter Ordnung	Äquator Äquinoktial-kolur	Frühlings-punkt	Deklination δ Rektaszen-sion α

Benennung	Grundlinie	Anfang	Koordinate
Geographische Koordinaten	Erdäquator Ortsmeridian von Greenwich	Schnittpunkt der Grundlinien	Geographische Breite φ Geographische Länge λ

Man unterscheidet noch weitere Systeme, z. B. Ekliptikal- oder galaktische Koordinaten.

KORONA
äußerste Schicht der Sonnenatmosphäre. Sie reicht weit in den interplanetaren Raum hinein. Bei totaler Sonnenfinsternis ist ein Teil der Korona als weißer Schein zu sehen, der die Sonne umgibt.

KULMINATION
Augenblick, in dem ein Himmelskörper durch den Ortmeridian geht. Man unterscheidet obere Kulminationspunkte (max. Höhe) und untere Kulminationspunkte (min. Höhe).

KRAFT
physikalische Größe, die die Ursache der Beschleunigung ist; auch die Ursache der Fähigkeit eines Körpers, Arbeit im physikalischen Sinn zu leisten.
Kraft = Masse x Beschleunigung. Arbeit = Kraft x Weg.
Je nach dem Ursprung unterscheidet man Gravitationskräfte, Kernkräfte u. ä.

LÄNGENKREISE
durch die Erdachse gehende Schnittlinien der Erdoberfläche mit einem Bündel von Ebenen. Es sind Hauptkreise, die durch beide Pole gehen.

LEUCHTKRAFT
- in der Physik: Aus einer Quelle in einen Einheitsraumwinkel austretender Lichtstrom,
- bei den Sternen: Die durch die Sternoberfläche in der Sekunde ausgestrahlte Gesamtenergie.

LICHT
elektromagnetische Strahlung, für die das Auge empfindlich

ist. Die Ausbreitungsgeschwindigkeit des Lichtes im Vakuum beträgt 300 000 km/s.

LICHTJAHR
Entfernung, die das Licht im Vakuum in einem Jahr zurücklegt. Sie ist gleich 9,46 . 10^{12} km oder 0,3068 Parsec, und beträgt also etwa 10 000 000 000 000 km. (Abk. l. y. = light year.)

LINIENSPEKTRUM – jede Linie gehört zu einem bestimmten Atom.

LUX
Einheit der Beleuchtungsstärke; es ist die Beleuchtung einer Fläche, die durch eine Quelle mit einer Leuchtstärke von einer internationalen Kerze (NK) aus einer Entfernung von 1 m hervorgerufen wird.

MITTAGSLINIE
Verbindungslinie des Nord- und Südpunktes. Tangente zum örtlichen Längenkreis im Beobachtungsort.

NOVA
ein Stern, dessen Helligkeit während weniger Tage um 10 bis 16 Größenklassen ansteigt, da eine plötzliche heftige Ausdehnung der Gashülle des Sternes eintritt. In der Regel ist nach einigen Tagen ein Helligkeitsabfall um mehrere Größenklassen zu verzeichnen. Seine ursprüngliche Größe erreicht der Stern erst wieder nach mehreren Jahren.

ÖRTLICHER LÄNGENKREIS
durch den Beobachtungsort verlaufender Längenkreis. Siehe Längenkreise.

PARALLAXE
Winkel, unter dem wir eine bestimmte Basis sehen. In der Astronomie ist es der Winkel, unter dem man von einem Stern aus die mittlere Entfernung der Erde von der Sonne sieht, wenn sie senkrecht zur Verbindungslinie Sonne – Stern steht.

PARSEC
eine Längeneinheit in der Astronomie. Es ist die Entfernung, aus der die mittlere Entfernung der Erde von der

Sonne unter einem Winkel von einer Bodensekunde zu sehen wäre. Abkürzung 1 pc = 3,26 Lichtjahre. Die mittlere Entfernung der Erde von der Sonne oder die sog. Astronomische Einheit beträgt 149 600 000 km.

PHOTON
elementare Menge (Lichtquant) der Strahlungsenergie. Es entsteht u. a. beim Übergang des Elektrons vom höheren auf niedrigeres Niveau im Atom. Die Energie des ausgestrahlten Photons hängt von der Art des Atoms und davon ab, welche Niveaus im Atom sich am Übergang des Elektrons beteiligen. Die Wellenlänge der entstandenen Strahlung ist der Energie der Photone, die die Strahlung bilden, indirekt proportional. Das Photon stellt die einzige Informationsquelle über sehr entfernte Vorgänge im Weltraum dar und weiß diese Informationen während der ganzen Reise durch den Raum, die auch Milliarden von Jahren dauert, zu behalten (siehe Spektrum).

PHOTOSPHÄRE
der niedrigste Teil der Sternatmosphäre. Bei der Sonne ist dies ihre sichtbare Oberfläche.

PLANET
ein kugelförmiger Himmelskörper, der nicht mit eigenem Licht leuchtet und einen Zentralstern umläuft.

PRÄZESSION
Phänomen, bei dem durch Einwirkung äußerer Kräfte die Schwungradachse eine Bewegung auf einem Kegelmantel ausführt. Diese Bewegung nennt man Präzession. Auch die Erdachse führt eine solche Bewegung aus, und zwar wandern die Himmelspole am Himmel zwischen den Sternen ungefähr auf einem Kreis und mit einer Periode von 26 000 Jahren. Die Folge der Präzessionsbewegung der Erde ist z. B. auch das Drehen des Fühlingspunktes auf der Ekliptik und das Verschieben der Zeichen gegenüber den Sternbildern.

REFLEKTOR
siehe Spiegelteleskop.

REFRAKTOR
ein Fernrohr, dessen Objektiv ein Sammellinsensystem bildet.

REKTASZENSION
Winkel mit dem Scheitel im Erdmittelpunkt, den der Stundenkreis des Sternes mit dem Äquinoktialkolur einschließt. Eine der Koordinaten des wichtigen Äquinoktialsystems zweiter Ordnung. Siehe Koordinatensysteme.

RIESE
ein Stern, der mit seinen Abmessungen unsere Sonne übertrifft und in die Gruppe der Riesen eingeordnet ist. Nicht jeder Stern, der größer ist als die Sonne, muß ein sog. Riese sein, sondern er kann z. B. zur Gruppe der Unterriesen oder der Überriesen u. ä. gehören.

SCHEINBARE STERNGRÖSSE
siehe Helligkeit.

SPEKTRALTYP DES STERNES (Spektralklasse)
Die Zugehörigkeit des Sternes zu einer Klasse richtet sich nach dem Aussehen seines Spektrums. Da sich die chemische Zusammensetzung der Sterne nicht sehr stark unterscheidet, hängt das Spektralbild von der Oberflächentemperatur des Sternes ab.

SPEKTROSKOPISCHER DOPPELSTERN
ein mit einem Fernrohr nicht trennbares System. Im Spektrum erscheint die Verdoppelung der Linien, die den Doppelstern verrät.

SPEKTRUM
das Licht einer Quelle, die sich aus verschiedenen Stoffen zusammensetzt, und Photone verschiedener Energien enthält. Im Licht sind demnach Strahlen verschiedenster Wellenlängen (also auch Farben) enthalten. Wird das Licht durch ein Prisma oder ein Gitter zerlegt, so erhält man in der Projektion auf einen Bildschirm das Spektrum. Auch der Regenbogen ist ein Spektrum, das durch Brechung des Sonnenlichtes in den Regentropfen entstanden ist.

SPIEGELTELESKOP

Ein Fernrohr, dessen Objektiv ein Hohlspiegel bildet.

STERN

ein in der Regel kugelförmiger Körper, der infolge von Kernprozessen in seinem Innern selbst eine Strahlungsquelle darstellt. Auch die Sonne ist ein Stern. Die übrigen Sterne sind von uns der großen Entfernung wegen als leuchtende Punkte sichtbar, obzwar sie mit ihrem Durchmesser und ihrer Lichtstärke die Sonne oft weit übertreffen.

STERNHELLIGKEIT

auch scheinbare Sterngröße (lat. magnitudo). Zuerst müssen die Begriffe Leuchtkraft und die Strahlungsintensität studiert werden. Die scheinbaren Helligkeiten oder Größen der Sterne wurden bereits vor zweitausend Jahren beschrieben. Man bezeichnete damals die hellsten Sterne als Sterne erster Größe, die schwächsten noch mit bloßem Auge sichtbaren als Sterne sechster Größe. In neuerer Zeit wurde dieser Begriff genauer festgelegt: Angenommen, zwei Sterne haben einen Helligkeitsunterschied von 5 Größenklassen. Dann ist das Verhältnis der Strahlungsintensitäten der beiden Sterne am Beobachtungsort 1 : 100. Dies bedeutet, daß dem Verhältnis einer Größenklasse ein Verhältnis entspricht, das der fünften Wurzel von 100, d. h. 2,512, gleich ist. Ein Stern 3ter Größe ist also 2,512 mal heller als ein Stern 4ter Größe. Die scheinbare Sterngröße ermöglicht also eine gewisse Klassifizierung dessen, wie wir den Stern am Himmel sehen. Sie sagt aber gar nichts von seiner wirklichen Leuchtkraft, geschweige denn von seinem Durchmesser. Mit der wirklichen Leuchtkraft hängt die absolute Helligkeit des Sternes zusammen. Man kann sie, sobald man die scheinbare Helligkeit und die Entfernung des Sternes kennt, nach der Formel $M = m + 5 - 5 \log d$ errechnen, wobei M die absolute Helligkeit des Sternes und d die Entfernung in Parsec ist.

STERNZEIT

Stundenwinkel des Frühlingspunktes. Der Sternhimmel dreht sich infolge der Erdumdrehung in 24 Stunden Sternzeit um 360 Grad. Geht der Frühlingspunkt durch den Meridian, so ist 0 Uhr Sternzeit. Die Sternzeit ist gleich der Summe der Rektaszension des Sternes und seines Stundenwinkels. Es ist gerade so viel Sternzeit, wie groß die Rektaszension der Sterne ist, die durch den Meridian gehen. Die Sternzeit informiert uns über die Sternbilder, die sich gerade im Meridian befinden, und somit auch über die Stellung des ganzen Himmels.

STRAHLUNG
ein durch den Raum fließender Strom von materiellen Teilchen oder Photonen. Danach unterscheidet man Teilchenstrahlung (Korpuskularstrahlung) und elektromagnetische Wellenstrahlung.

STRAHLUNGSINTENSITÄT
Menge der Strahlungsenergie, die durch eine senkrecht zur Strahlungsrichtung gestellte Fläche in einer Zeiteinheit durchgeht.

STUNDENWINKEL
Winkel, den der Stundenkreis mit dem astronomischen Ortsmeridian einschließt. Er wird in Stunden von 0 bis 24^h gemessen, u. zw. vom Schnittpunkt des Himmelsäquators mit dem sichtbaren Zweig des Himmelsmeridians nach rechts, und ist eine der Koordinaten des Äquatorialsystems erster Ordnung. Siehe Koordinatensysteme.

SUPERNOVA
eine Nova, deren Helligkeitsänderung viel intensiver ist als die einer gewöhnlichen Nova. Das Wesen des Phänomens ist offensichtlich anders als bei der Nova. Wahrscheinlich handelt es sich hierbei um schnell und in großem Maßstab ablaufende Kernreaktionen im Inneren des Sternes.

TEMPERATURSKALA
sie entsteht in der Weise, daß bestimmten Wärmezuständen (Siedepunkt, Gefrierpunkt) bestimmte Zahlen zugeordnet werden. Dadurch ist die Größe des Temperaturgrades und der Beginn (Null) gegeben.
Beispiel:

	Celsius	Reaumur	Fahrenheit	Kelvin
Gefrierpunkt	0 °C	0 °R	32 °F	273,16 °K
Siedepunkt	100 °C	80 °R	212 °F	373,16 °K

TRIGONOMETRISCHE PARALLAXE

Der Parallaxenwinkel wird nach dem Verschieben des Sternes gegen den entfernten Sternhintergrund gemessen. Die Verschiebung wird durch den Umlauf der Erde um die Sonne verursacht. Aus dem Dreieck Stern – Sonne – Erde kann man die Entfernung des Sternes von uns trigonometrisch festlegen.

VERÄNDERLICHER STERN

ist ein Stern, der in regelmäßigen oder unregelmäßigen Intervallen seine Helligkeit ändert. Die Ursache kann geometrisch oder physikalisch sein.

VERTIKALKREIS

Großkreis in der Himmelssphäre, der durch den Stern geht und senkrecht zum Horizont steht. Er geht durch den Zenit des Beobachtungspunktes.

WINKELMASS

der Kreis ist in 360° (Grad) geteilt, jeder Grad in 60′ (Winkel minuten), jede Minute in 60″ (Winkelsekunden). Zusammenhang mit der Winkelmessung in Zeiteinheiten:

1° = 4^m (Zeitminuten)
1′ = 4^s (Zeitsekunden)
1″ = 1/15 s

Siehe auch Winkelzeitmaß.

WINKELZEITMASS

Angabe der Winkelgröße in Zeiteinheiten. Eine häufig benützte Maßart in der Astronomie. Der Zusammenhang mit der Angabe in Graden erhellt sich aus folgendem: Die Erde dreht sich in 24 Stunden um 360°. Eine Stunde entspricht einer Drehung um 15 Grad. Die Stunde wird in 60 Minuten geteilt, eine Minute in 60 Sekunden. 1h = 60m = 3600s; 1h = 15°; 1m = 15′ (′ Zeichen für Bogenminute), 1s = 15″ (″ Zeichen für Bogensekunde). Umgekehrter Vergleich siehe Winkelmaß.

ZENIT

höchster Punkt am Himmel. Einer der Schnittpunkte der Senkrechten durch den Beobachtungsort mit der Himmelssphäre.

ZIRKUMPOLARSTERNE
Sterne, die an einem gegebenen Ort der Erde nie untergehen. Ihr Winkelabstand vom Himmelspol ist kleiner als die Höhe des Himmelspols über dem Horizont des Beobachtungsortes. Am Nordpol und Südpol sind alle Sternbilder zirkumpolar, am Äquator ist kein Stern zirkumpolar.

ZWERG
ein Stern, der so groß wie unsere Sonne oder kleiner ist, und zum Spektraltyp F, G, K oder M oder aber in die Gruppe der sog. weißen Zwerge — der Sterne mit großer Massekonzentration und minimalem Durchmesser — gehört.

ALPHABETISCHES VERZEICHNIS
der Sternnamen, die im Text oder auf den Karten angeführt sind

Namen des Sternes	Bezeichnung	Seite	Rektaszension h	m	Deklination °	′
Acamar	Theta Eri	166	02	56	−40	30
Achernar	Alpha Eri	166	01	36	−57	29
Achird	Eta Cas	132	00	46	+57	33
Acrab	Beta Sco	240	16	03	−19	40
Acrux	Alpha Cru	154	12	23	−62	49
Acubens	Alpha Cnc	120	08	56	+12	03
Adara	Epsilon CMa	124	06	57	−28	54
Adhafera	Zeta Leo	186	10	14	+23	40
Agena	Beta Cen	134	14	00	−60	08
Ain	Epsilon Tau	250	04	26	+19	04
Alamak	Gamma And	98	02	01	+42	05
Alaraph	Beta Vir	266	11	48	+02	03
Albali	Epsilon Aqr	104	20	45	−09	41
Albireo	Beta Cyg	156	19	29	+27	51
Alchita	Alpha Crv	152	12	06	−24	27
Alcor	80 UMa	260	13	23	+55	15
Alcyone	Eta Tau	250	03	45	+23	57
Aldebaran	Alpha Tau	250	04	33	+16	25
Alderamin	Alpha Cep	136	21	17	+62	22

Namen des Sternes	Bezeichnung	Seite	Rektaszension h	m	Deklination °	′
Algenib	Gamma Peg	218	00	11	+14	54
Algenib	Alpha Per	220	03	21	+49	41
Algieba	Gamma Leo	186	10	17	+20	06
Algol	Beta Per	220	03	05	+40	46
Algorab	Delta Crv	152	12	27	−16	14
Alhena	Gamma Gem	170	06	53	+16	27
Alioth	Epsilon UMa	260	12	52	+56	14
Alkalurops	My Boo	114	15	23	+37	33
Alkes	Alpha Crt	152	10	57	−18	02
Alnair	Alpha Gru	172	22	05	−47	12
Alnilam	Epsilon Ori	214	05	34	−01	14
Alnitak	Zeta Ori	214	05	38	−01	58
Alphard	Alpha Hya	178	09	25	−08	26
Alphirk	Beta Cep	136	21	28	+70	20
Alrai	Gamma Cep	136	23	37	−77	21
Alrami	Alpha Sgr	238	19	20	−40	43
Alrisha	Alpha Psc	226	01	59	+02	31
Alshain	Beta Aql	106	19	53	+06	17
Alsuhail	Lambda Vel	264	09	06	−43	14
Altair (Atair)	Alpha Aql	106	19	48	+08	44
Aludra	Eta CMa	124	07	22	−29	12
Alula australe	Xi UMa	260	11	16	+31	49
Alula boreale	Ny UMa	260	11	16	+33	22
Alwaid	Beta Dra	162	17	29	+52	20
Alya	Theta Ser	246	18	54	+04	08
Ancha	Zeta Aqr	104	22	14	−08	02
Antares	Alpha Sco	240	16	26	−26	19
Arich	Gamma Vir	266	12	39	−01	11
Arkab Prior	Beta 1 Sgr	238	19	19	−44	33
Arkab Posterior	Beta 2 Sgr	238	19	20	−44	54
Arktur	Alpha Boo	114	14	13	+19	27
Arneb	Alpha Lep	190	05	31	−17	51
Ascella	Zeta Sgr	238	18	59	−29	57
Asellus Australis	Delta Cnc	120	08	42	+18	20
Asellus Borealis	Gamma Cnc	120	08	40	+21	39
Asterion	Beta CVn	122	12	31	+41	38
Asterope	21 Tau	250	03	43	+24	24
Atiks	Omikron Per	220	03	41	+32	08
Atlas	27 Tau	250	03	46	+23	54
Aua	Delta Vir	266	12	53	+03	40

Namen des Sternes	Bezeichnung	Seite	Rektaszension h	m	Deklination °	′
Azelfafage	Pi 1 Cyg	156	21	40	+50	58
Azimech	Alpha Vir	266	13	23	−10	54
Azmidiske	Xi Pup	230	07	47	−04	44
Baten Kaitos	Zeta Cet	138	01	49	−10	35
Beid	Omikron 1 Eri	166	04	09	−06	58
Bellatrix	Gamma Ori	214	05	22	+06	18
Benetnash	Eta UMa	260	13	46	+49	34
Betelgeuse	Alpha Ori	214	05	52	+07	24
Botein	Delta Ari	110	03	09	+19	32
Canopus	Alpha Car	130	06	21	−52	40
Capella	Alpha Aur	112	05	13	+45	57
Caph	Beta Cas	132	00	06	+58	52
Castor	Alpha Gem	170	07	31	+32	00
Celaeno	16 Tau	250	03	42	+24	08
Cih	Gama Cas	132	00	53	+60	26
Cor Caroli	Alpha CVn	122	12	54	+38	35
Coxa	Zeta Leo	186	11	12	+15	42
Cursa	Beta Eri	166	05	05	−05	09
Dabih	Beta Cap	128	20	18	−14	56
Deneb Cygni	Alpha Cyg	156	20	40	+45	06
Deneb Algiedi	Delta Cap	128	21	44	−16	21
Deneb Kaitos	Beta Cet	138	00	41	−18	16
Deneb Okab	Delta Aql	106	19	23	+03	35
Denebola	Beta Leo	186	11	47	+14	51
Diadem	Alpha Com	146	13	08	+17	48
Dschubba	Delta Sco	240	15	57	−22	29
Dubhe	Alpha UMa	260	11	01	+62	01
Electra	17 Tau	250	03	42	+23	57
Enif	Epsilon Peg	218	21	42	+09	39
Etamin	Gamma Dra	162	17	55	+51	30
Fomalhaut	Alpha PsA	228	22	55	−29	53
Furud	Zeta CMa	124	06	18	−30	02
Gemma	Alpha CrB	150	15	33	+26	53
Gienah	Epsilon Cyg	156	20	44	+33	47
Gomeisa	Beta CMi	126	07	24	+08	23
Grafias	Zeta Sco	240	16	51	−42	17
Gredi	Alpha Cap	128	20	15	−12	42
Hamal	Alpha Ari	110	02	04	+23	14
Haris	Gamma Boo	114	14	30	+38	32
Hassaleh	Jota Aur	112	04	54	+33	05
Hatysa	Jota Ori	214	05	33	−05	56

Namen des Sternes	Bezeichnung	Seite	Rektaszension h	m	Deklination °	′
Heka	Lambda Ori	214	05	32	+09	54
Heze	Zeta Vir	266	13	32	−00	20
Homam	Zeta Peg	218	22	39	+10	34
Izar	Epsilon Boo	114	14	43	+27	17
Kaffaljidhma	Gamma Cet	138	02	41	+03	02
Kajam	Omega Her	174	16	23	+14	09
Kaus Australis	Epsilon Sgr	238	18	21	−34	25
Kaus Borealis	Lambda Sgr	238	18	25	−25	27
Kaus Medius	Delta Sgr	238	18	18	−29	51
Kelb Alrai	Beta Oph	212	17	41	+04	35
Kerb	Tau Peg	218	23	18	+23	28
Kochab	Beta UMi	262	14	51	+74	22
Kraz	Beta Crv	152	12	32	−23	07
Ksora	Delta Cas	132	01	23	+59	59
Kuma	Ny Dra	162	17	31	+55	13
Lesath	Ny Sco	240	16	09	−19	20
Maasym	Lambda Her	174	17	29	+26	09
Maia	20 Tau	250	03	43	+24	13
Markab	Alpha Peg	218	23	02	+14	56
Matar	Eta Peg	218	22	41	+29	58
Mebsuta	Epsilon Gem	170	06	41	+25	11
Megrez	Delta UMa	260	12	13	+57	19
Menkalinan	Beta Aur	112	05	56	+44	57
Menkar	Alpha Cet	138	03	00	+03	54
Menkhib	Zeta Per	220	03	51	+31	44
Merak	Beta UMa	260	10	59	+56	39
Merope	23 Tau	250	03	43	+23	48
Mesarthim	Gamma Ari	110	01	51	+19	03
Metallah	Alpha Tri	254	01	50	+29	20
Miaplacidus	Beta Car	130	09	13	−69	31
Minelauva	Delta Vir	266	12	53	+03	40
Minkar	Epsilon Crv	152	12	08	−22	20
Mintaka	Delta Ori	214	05	29	−00	20
Mira	Omikron Cet	138	02	17	−03	12
Mirach	Beta And	98	01	07	+35	21
Mirfak	Alpha Per	220	03	21	+49	41
Mirzam	Beta CMa	124	06	20	−17	56
Misam	Kappa Per	220	03	06	+44	40
Mizar	Zeta UMa	260	13	22	+55	11
Muliphein	Gamma CMa	124	07	01	−15	33
Museida	Pi 2 UMa	260	08	36	+64	30

Namen des Sternes	Bezeichnung	Seite	Rektaszension h	m	Deklination °	′
Naos	Zeta Pup	230	08	02	−39	52
Nash	Gamma Sgr	238	18	03	−30	26
Nashira	Gamma Cap	128	21	37	−16	53
Nath	Beta Tau	250	05	23	+28	34
Nekkar	Beta Boo	114	15	00	+40	35
Nihal	Beta Lep	190	05	26	−20	48
Nodus I	Zeta Dra	162	17	09	+65	47
Nodus II	Delta Dra	162	19	13	+67	34
Nunki	Sigma Sgr	238	19	01	−21	49
Peacock	Alpha Pav	216	20	21	−56	53
Phakt	Alpha Col	144	05	38	−34	06
Phegda	Gamma UMa	260	11	51	+53	58
Pherkad	Gamma UMi	262	15	21	+72	01
Pherkard	Delta UMi	262	17	48	+86	37
Pleione	Bu Tau	250	03	46	+23	59
Polaris	Alpha Umi	262	01	49	+89	02
Pollux	Beta Gem	170	07	42	+28	09
Porrima	Gamma Vir	266	12	39	−01	11
Procyon	Alpha CMi	126	07	37	+05	21
Pulcherrima	Epsilon Boo	114	14	43	+27	17
Rana	Delta Eri	166	03	41	−09	56
Ras Algethi	Alpha Her	174	17	12	+14	27
Ras Alhague	Alpha Oph	212	17	33	+12	36
Ras Elased Austr.	Epsilon Leo	186	09	43	+24	00
Ras Elased Bor.	My Leo	186	09	50	+26	15
Reda	Gamma Aql	106	19	44	+10	29
Regulus	Alpha Leo	186	10	06	+12	13
Rigel	Beta Ori	214	05	12	−08	15
Rotanev	Beta Del	158	20	35	+14	25
Rutilicus	Beta Her	174	16	04	+21	35
Sabik	Eta Oph	212	17	08	−15	40
Sadalachbia	Gamma Aqr	104	22	19	−01	38
Sadalmelek	Alpha Aqr	104	22	03	−00	34
Sadalsud	Beta Aqr	104	21	29	−05	48
Sadir	Gamma Cyg	156	20	20	+40	06
Saiph	Kappa Ori	214	05	45	−09	41
Sarin	Delta Her	174	17	13	+24	54
Scheat	Beta Peg	218	23	01	+27	49
Schedir	Alpha Cas	132	00	38	+56	16
Segin	Epsilon Cas	132	01	51	+63	25

Namen des Sternes	Bezeichnung	Seite	Rektaszension h	m	Deklination °	′
Sham	Alpha Sge	236	19	38	+17	54
Shaula	Lambda Sco	240	17	30	−37	04
Sheliak	Beta Lyr	198	18	48	+33	18
Sheratan	Beta Ari	110	01	52	+20	34
Sirius	Alpha CMa	124	06	43	−16	39
Sirrah	Alpha And	98	00	06	+28	49
Skat	Delta Aqr	104	22	52	−16	05
Spica	Alpha Vir	266	13	23	−10	54
Sulaphat	Gamma Lyr	198	18	57	+32	37
Svalocin	Alpha Del	158	20	37	+15	44
Talitha	Jota UMa	260	08	56	+48	14
Tania Australis	My UMa	260	10	19	+41	45
Tania Borealis	Lambda UMa	260	10	14	+43	10
Tarazed	Gamma Aql	106	19	44	+10	29
Taygeta	19 Tau	250	03	42	+24	19
Tejat Prior	Ny Gem	170	06	12	+22	31
Tejat Posterior	My Gem	170	06	20	+22	32
Theemin	Ypsilon 2 Eri	166	04	34	−30	40
Thuban	Alpha Dra	162	14	03	+64	37
Toliman	Alpha Cen	134	14	36	−60	38
Tureis	Jota Car	130	09	15	−59	03
Unuk Elhaia	Alpha Ser	246	15	42	+06	35
Wega	Alpha Lyr	198	18	35	+38	44
Vindemiatrix	Epsilon Vir	266	13	00	+11	14
Wasat	Delta Gem	170	07	17	+22	05
Wezen	Delta CMa	124	07	06	−26	19
Yed Prior	Delta Oph	212	16	12	−03	34
Yed Posterior	Epsilon Oph	212	16	16	−04	34
Zaurak	Gamma Eri	166	03	56	−13	39
Zavijah	Beta Vir	266	11	48	+02	03
Zibal	Zeta Eri	166	03	13	−09	00
Zosma	Delta Leo	186	11	11	+20	48
Zuben Elakrab	Gamma Lib	192	15	33	−14	37
Zuben Elakribi	Delta Lib	192	14	58	−08	19
Zuben Elgenubi	Alpha Lib	192	14	48	−15	50
Zuben Elschemali	Beta Lib	192	15	14	−09	12
Zuben Hakrabi	Epsilon Lib	192	15	04	−16	04

Alphabetisches Verzeichnis der Sternbilder

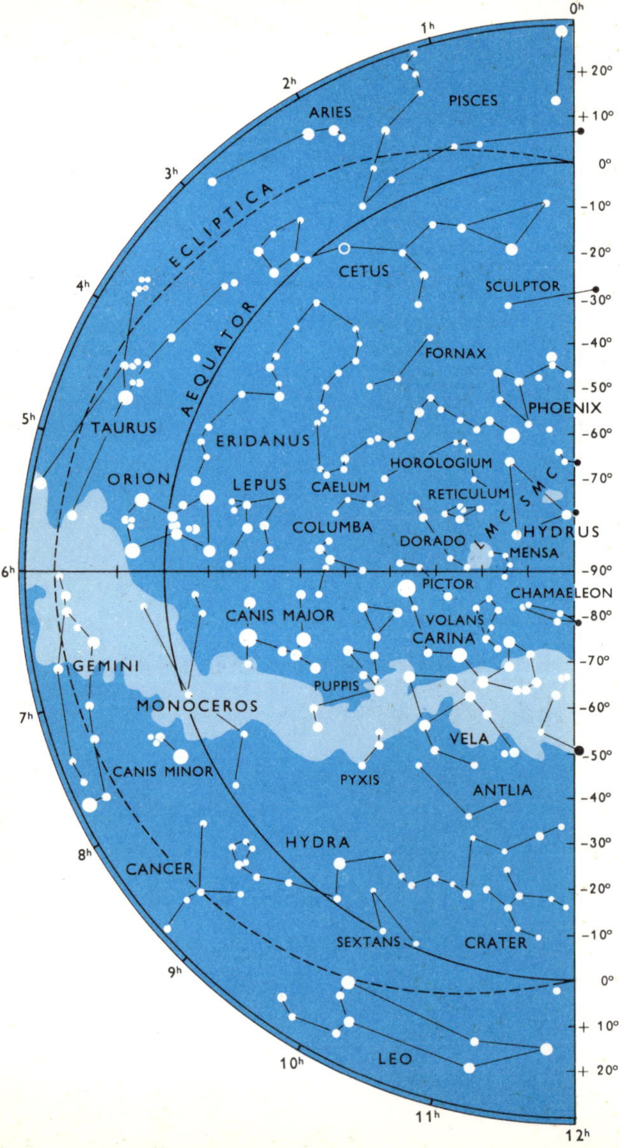

0h
1h
2h
3h
4h
5h
6h
7h
8h
9h
10h
11h
12h
+20°
+10°
0°
-10°
-20°
-30°
-40°
-50°
-60°
-70°
-90°
-80°
-70°
-60°
-50°
-40°
-30°
-20°
-10°
0°
+10°
+20°
ECLIPTICA
AEQUATOR
ARIES
PISCES
CETUS
SCULPTOR
FORNAX
PHOENIX
TAURUS
ERIDANUS
HOROLOGIUM
ORION
LEPUS
CAELUM
RETICULUM
SMC
LMC
HYDRUS
COLUMBA
DORADO
MENSA
PICTOR
CHAMAELEON
CANIS MAJOR
VOLANS
CARINA
GEMINI
PUPPIS
MONOCEROS
VELA
CANIS MINOR
PYXIS
ANTLIA
HYDRA
CANCER
SEXTANS
CRATER
LEO